야망의 대가

The Cost of Ambition

ⓒ 2025 by Miroslav Volf
Originally published in English under the title
The Cost of Ambition by Brazos Press, A division of Baker Publishing Group
P. O. Box 6287, Grand Rapids, MI 49516, U. S. A.
All rights reserved.

Used and translated by the permission of Baker Publishing Group
through rMaeng2, Seoul, Republic of Korea.

This Korean edition ⓒ 2025 by Duranno Ministry, Seoul, Republic of Korea

이 한국어판의 저작권은 알맹2를 통하여 Baker Publishing Group과 독점 계약한 두란노서원에 있습니다.
신 저작권법에 의하여 한국 내에서 보호받는 저작물이므로 무단 전재와 무단 복제를 금합니다.

야망의 대가

지은이 | 미로슬라브 볼프
옮긴이 | 노종문
초판 발행 | 2025. 7. 28.
등록번호 | 제1988-000080호
등록된 곳 | 서울시 용산구 서빙고로65길 38
발행처 | 사단법인 두란노서원
영업부 | 02)2078-3333 FAX | 080-749-3705
출판부 | 02)2078-3330

책값은 뒤표지에 있습니다.
ISBN 978-89-531-5127-7 03230

독자의 의견을 기다립니다.
tpress@duranno.com www.duranno.com

두란노서원은 바울 사도가 3차 전도 여행 때 에베소에서 성령 받은 제자들을 따로 세워 하나님의 말씀으로 양육하던 장소입니다. 사도행전 19장 8-20절의 정신에 따라 첫째 목회자를 돕는 사역과 평신도를 훈련시키는 사역, 둘째 세계선교™와 문서선교 단행본·잡지 사역, 셋째 예수문화 및 경배와 찬양 사역, 그리고 가정·상담 사역 등을 감당하고 있습니다. 1980년 12월 22일에 창립된 두란노서원은 주님 오실 때까지 이 사역들을 계속할 것입니다.

우월해지려는 열망이
우리를 어떻게 망가뜨리는가

야망의 대가

미로슬라브 볼프 지음
노종문 옮김

The Cost of Ambition

두란노

아름다운 문체로 심오한 주제를 다루고 있는 이 책은, '모방적 야망'(mimetic ambition)을 무엇보다도 중요하게 여기는 오늘의 세상에서 그것의 위험성을 경고해 준다. 볼프는 친숙한 텍스트들을 놀랍고도 새로운 시각으로 제시해 주며, 이를 통해 현대인의 삶에서 가장 긴급한 질문들을 숙고해 보도록 인도한다.

타라 이사벨라 버튼(Tara Isabella Burton)_ *Self-Made*(셀프 메이드) 저자

남보다 우월해지려는 인간의 성향은 인류 역사만큼이나 오래된 것이며, 오늘날 그 어느 때보다 중요한 문제가 되고 있다. 미로슬라브 볼프는 우리 안에 내장되어 항상 작동하지만 좀처럼 알아차리기 어려운 이런 성향이 우리 자신과 사회 전체의 안녕을 어떻게 가로막는지를 명확히 보여 준다. 나는 기업을 이끌면서 공동의 목표보다 개인의 이익을 앞세우며 서로를 이기려고 했던 동료들이 초래한 파괴적 결과를 수없이 목격했다. 좋은 소식은 이 책《야망의 대가》에 우리가 기꺼이 귀 기울이고 주목하고자 한다면, 이 곤경에서 벗어날 신뢰할 만한 길로 우리를 안내해 준다는 것이다.

스콧 스티븐슨(Scott Stephenson)_ 전(前) 베리스크애널리틱스(Verisk Analytics) 회장

학문적이면서도 쉽게 읽히고 도덕적 명료함과 연민을 겸비한 이 책은, 우리 시대를 규정하는 중대한 유혹을 이해하는 데 꼭 필요한 책이다.

엘리자베스 올드필드(Elizabeth Oldfield)_ *Fully Alive*(온전한 삶) 저자,
〈더 세이크리드〉(The Sacred) 팟캐스트 진행자

이 책 역시 우리를 실망시키지 않는다. 미로슬라브 볼프는 인간 조건에 관한 중대한 진단에 근거하여 언제나 강력하고 설득력 있는 글을 써 왔다. 《야망의 대가》에서 그는 자신의 우월성을 증명하고자 하는, 우리 사회에 만연하지만 그릇된 욕망의 기원과 그런 추구가 만들어 내는 수많은 문제들을 탐색해 보도록 독자들을 안내한다. 인간적이면서도 학문적이고, 심리학적으로 예리하며 신학적으로는 단단한 이 책에서, 볼프는 이러한 곤경으로부터의 구원이 오직 영광스러우며 은사를 관대하게 나누어 주시는 하나님을 올바로 인식할 때 가능하다고 말한다. 그럴 때 비로소 우리는 우월함을 향한 공허한 추구, 우리를 얽매던 몸부림을 내려놓고, 우리를 위한 그리스도의 성취 안에서 자유와 충만함을 누릴 수 있고, 우리와의 관계에서 나타내시는 하나님의 우월성을 받아들일 수 있다.

로버트 에먼스(Robert Emmons)_〈긍정 심리학 저널〉(The Journal of Positive Psychology) 편집장, The Little Book of Gratitude(작은 감사의 책) 저자

긴 옷을 입고 다니는 것과 시장에서 문안 받는 것과 회당의 높은 자리와 잔치의 윗자리를 원하는 서기관들을 삼가라. 그들은 과부의 가산을 삼키며 외식으로 길게 기도하는 자니, 그 받는 판결이 더욱 중하리라.

— **예수** 마가복음 12장 38-40절

"사랑 다음에는 흔히 야망이 뒤따르지만, 야망 다음에 사랑이 뒤따르는 경우는 거의 없다"라고 로슈포코 경은 말한다. 야망이 일단 가슴을 완전히 사로잡고 나면, 그 다음에는 경쟁자도 후계자도 용납하지 않게 될 것이다.

— **애덤 스미스** 《도덕 감정론》(*The Theory of Moral Sentiments*)

교만은 본질적으로 경쟁적이다. …… 교만은 무언가를 소유하는 데서 기쁨을 얻지 못하고, 오직 다른 사람보다 더 많이 소유하는 데서만 기쁨을 얻는다. 우리는 사람들이 부유하거나, 똑똑하거나, 잘생긴 것을 자랑한다고 말하지만, 그렇지 않다. 그들은 다른 사람보다 '더' 부유하거나, '더' 똑똑하거나, '더' 잘생긴 것을 자랑하는 것이다.

— **C. S. 루이스** 《순전한 기독교》(*Mere Christianity*)

미라(자신이 지고 있다는 것을 알고 나서): 나 이제 이 게임 안 할래!
나: 하지만 네가 이기면 다른 누군가는 지는 거야!
미라: 누군가가 지는 게임은 없어야 해!

— **내 딸이 다섯 살 때**

Contents

서문_ '더 높이, 더 깊이, 더 앞서기'를 외치는 시대정신 ○ 10

● PART 1.
남보다 나아지려는 야망,
그 끝에 남은 허기

1
"솔로몬이여, 내가 그대를 능가했노라!" ○ 18

2 쇠렌 키르케고르
비교의 불안, 내 영혼을 마르게 하는 독 ○ 58

3 존 밀턴
가장 높이 오르려다 끝없이 추락하다 ○ 94

● PART 2.

비교와 경쟁 너머, 탁월함을 향하여

4 사도 바울 I
  타인을 자신보다 낫게 여기며 ○ 160

5 사도 바울 II
  은혜의 자각, 욕망을 멈추게 하다 ○ 201

6 예수와 성경
  우월함 추구에서 소명으로 시선을 돌리다 ○ 233

결론_ 우월성 추구에 반대하는 24가지 논제 ○ 260

주 ○ 271

참고문헌 ○ 295

서문_

'더 높이, 더 깊이, 더 앞서기'를 외치는 시대정신

내가 언제부터 타인보다 더 나아지려고 애쓰는 것, 즉 우월성을 추구하는 것이 문제가 있다는 생각을 하기 시작했는지는 잘 모르겠다. '시작했다'라는 말이 그다지 적절하지 않은 표현인지도 모른다. 아마도 이 불확실한 시점을 더 그럴듯하게 표현하려면, 우월함을 추구하는 것이 위대한 선이라는 현세적 생각을 버리고 내 어린 시절의 암묵적인 '믿음'으로 돌아간 때가 언제인지 모른다고 말해야 할 것이다.

나는 부모님이나 마치 성녀 같던 내 유모가 어떤 일에서든 누군가를 능가하라고 하거나 그렇게 했다고 칭찬하신 것을 들어 본 기억이 없다. 나중에 깨달았지만, 우리 볼프 집안에서는 일을 잘하는 것을 당연하다고 여겼다. 아파트는 먼지 하나 없이 깨끗해야 하고(어머니), 토르테 위에 바른 초콜릿 스프레드는 완벽하게 평평해야 하며 케이크 장식인 아이싱은 정교하고 정확해야 했다(아버지). 우리가 다른 사람보다 더 잘했는지는 중요하지 않았다. 다른 사람은 우리 가족의 기준이 아니었다. 물론, 남보다 잘했는가 하는 것이 나에게는 종종 중요했다. 부끄럽게도 여전히 그렇다.

    나는 2019년 10월 미시간주 그랜드래피즈에서 열린 제2회 스포츠와 기독교 글로벌 회의(Second Global Congress on Sport and Christianity)에서 '흔히 당연시되는 우월성 추구가 생각만큼 가치 있지는 않다'고 처음 공개적으로 주장했다. 다소 인기 없는 주장을 기조연설에서 펼친 것이다. 스포츠에서 우월성 추구가 성공했을 때 얻는 금전적 보상과 평판의 가치는 클 수 있지만 나는 당시 최고 수입 운동선수이자 세계에서 가장 유명한 사람 중 하나였던 리오넬 메시(Lionel Messi)를 예로 들었다. 그러한 추구가 도덕적으로는 과연 가치 있는가 하는 점은 최소한 의심스럽다는 주장이었다.

    종종 가슴을 두드리며 '내가 최고다'라며 허세를 동반하는 우월성 추구가 나에게는 내 부모님의 본보기와 어긋날 뿐만 아니라, 더 중요하게는 기독교 신앙의 정신이나 덕목과도 상충하며, 신앙의 특징이어야 할 겸손에 대한 모욕처럼 보였다. 연설 주제를 선택하면서 나는 속으로 '논란 좀 일으켜 보자!'라고 생각했다.

    강연 후에도 우월함을 추구하는 문제는 나를 놓아주지 않았다. 한편으로는 우월성을 추구하는 데서 얻는 유익함과 다른 한편으로는 그것이 우리 자신과 우리 세계에 야기하는 실질적인 피해 사이에서의 긴장이 분명 있기 때문이다. 두 가지 예만 생각해 보자.

    하나는 윤리적 성장의 역사에서 가져왔다. *Cosmic Connections*(우주적 연결)의 마지막 부분에서 찰스 테일러(Charles Taylor)는 인류에게 공통된 핵심적인 윤리적 통찰들이 역사적으로 작동해 온 과정을 추적한다. 그는 몇몇 중요한 통찰들이 "다른 민족과 문명에 대한 지독한 우월감이라는 자기 이미지를 낳았고, 이는 결국 많은 불의를 정당화했다"라고 지적한다.[1] 유럽의 우월감은 다른 민족들을 열등하게 만들었고, 그들에 대한 수 세기에 걸친 폭력을 정당화해 왔다. 그중 가장 끔찍한 예는 노예 무역이다.

다른 예는 우월성 추구가 우리의 자기 가치감에 미치는 영향에 관한 것이다. 예일대학교 학생들은 특권을 누리는 집단이며, 사람들은 학생들이 편안한 마음으로 지낸다고 생각할 것이다. 대부분의 학생은 탁월한 재능이 있고, 부지런하고, 훌륭한 성취를 이루었다. 많은 이들이 고등학교를 수석으로 졸업했다. 그러나 예일대에 입학하면, 그들은 단지 비슷하게 뛰어난 오천 명의 학생 중 한 명일 뿐이다. 일부 학생들은 이 평준화 경험이 혼란스럽다. 동급생들과의 비교는 더 이상 그들이 기대했던 것만큼 자주 자신들에게 유리하게 작용하지 않는다. 그들은 최고 중의 최고라는 사실에서 자기 가치감의 많은 부분을 얻어 왔는데, 이제 대개 동등한 이들의 군중 속에 묻히면서(심지어 다른 사람 대부분이 어떤 면에서는 자신보다 우월하다) 그들의 자존감은 곤두박질친다. 우월감에만 익숙했던 그들은 열등감의 찌르는 듯한 고통을 느낀다.

열등감은 우월성 추구에 연료를 공급하며, 그 우월성 추구의 길에는 자부심과 열등감의 그림자가 둘 다 드리워져 있다. 우리는 "나는 어떤 이들보다, 어쩌면 대부분보다 낫다!"와 "모든 사람이 나보다 낫다. 혹은 적어도 중요한 사람은 다 그렇다" 사이에서 양극단을 오간다. 이런 흔들림 이면에는 무언의 확신이 있다. "나는 적어도 대부분보다는 나아야 한다. 그렇지 않으면 나는 부적절하고, 패배자며, 아무것도 아니다." 그리고 그 확신 뒤에는 또 다른 확신이 숨어 있다. "나의 가치는 타인과 비교한 내가 어떤 위치에 있는가에서 나온다. 타인과 비교했을 때의 내 위치가 바로 나다."

나는 이 책에서, 열등감과 우월성 추구 사이의 점점 강해지는 진자 운동에서 벗어나고, 타인과의 비교라는 속박에서 우리의 자기 가치감을 해방시키고, 우리 영혼의 깊은 곳에서 솟구치는 생수의 샘으로부터 물을 마시며, 타인과 비교하여 어떤 위치에 있든지 굴하지 않고 자신감 있게 살아가는 것이 가능함을 보여 주고자 한다. 만약 우리가 그럴 수 있다면, 우리 각자에게 그리고 우리 모두에게 새로운 세상이 밝아 올 것이다.

―――

나는 성경 전통과 중요한 신학 사상가들이 우월성 추구가 지닌 병폐를 직시하도록 우리의 눈을 새로이 뜨게 해 주고, 우리가 진정한 선(선 자체로서의 가치와 그것이 우리 자신과 타인과 세계에 가져다줄 혜택)을 기쁜 마음으로 추구하도록 조금씩 이끌어 주리라 확신했다.

성경을 빠르게 훑어보는 것만으로도 우월성 추구가 인간 고통과 악행의 이야기에서 얼마나 지배적인 주제인지를 알 수 있다. 모든 인류의 어머니가 낳은 사랑받은 첫아들 가인과 동생 아벨의 관계를 생각해 보라. 가인을 낳고 하와는 외친다. "내가 여호와로 말미암아 득남하였다"(창 4:1). 그녀는 둘째 아들에 대해서 덜 기뻐하며 그 이름을 '수증기', 바람에 흩어지는 안개라는 뜻으로 아벨이라 짓는다. 주님이 더 사랑받은 가인의 제물이 아닌 동생 아벨의 제물을 받으심으로써 우위의 순서를 뒤집어 놓으시자, 가인은 자신의 경쟁자인 동생을 살해한다(4:1-16).

성경의 다른 쪽 끝인 요한계시록에 등장하는 악의 화신, 열 뿔과 일곱 머리를 가진 짐승을 생각해 보라. 환상을 보는 요한은 온 세상이 그 짐승의 무적의 힘에 놀라고 그것을 경배하며 이렇게 외친다고 기록한다. "누가 이 짐승과 같으냐 누가 능히 이로 더불어 싸우리요"(계 13:4). 그 짐승의 힘은 누구보다도 우월하다.

이처럼 성서는 인간의 우월성에 대한 집착으로 처음과 끝을 장식한다. 사람들은 그 우월성을 얻고 유지하기 위해 살인과 전쟁이라는 극단적 수단을 동원한다. 그리고 창세기에서 요한계시록까지 이 주제는 거듭 되풀이된다. 나의 주요 대화 상대인 두 사람, 존 밀턴(John Milton)과 쇠렌 키르케고르(Søren Kierkegaard)가 우월성 추구의 악함을 논하고 그 대안을 스케치할 때, 그 둘은 무엇보다도 성경을 해석한다. 그리고 나의 세 번째 주요 대화 상대인 바울이 같은 작업을 할 때, 그는 성경을 쓰고 있다!

내가 이 책을 쓰는 동안 히브리 성경, 예수님, 바울, 밀턴, 키르케고르가 우월성 추구에 대해 무엇을 말하는지 탐구하며 써 내려간 문장들이 방향을 돌려 나에게 말을 걸어오기 시작했다. 나의 지성, 나의 마음,

곧 야망의 불꽃이 타오르는 내 내면의 화로에도 말 걸기가 이어졌다.

나는 이 책이 당신에게도 말 걸기의 책이기를 희망한다. 키르케고르가 만족했던 작은 백합, 온갖 영화를 누린 솔로몬보다 더 아름다웠음에도 나중에는 백합들의 여왕인 크라운 임페리얼(Crown Imperial)이 되지 못해 괴로워했던 그 백합을 통해서, 밀턴의 사탄이 지녔던 끝없는 야망, 자기혐오, 그리고 마침내 성전 꼭대기에서의 그의 최종적인 추락을 통해서, 최고가 되려 하는 동안 하나님의 선물을 "쓰레기 취급하고" 있었다는 깨달음을 얻은 바울, 또는 고린도인들에게 자랑의 어리석음을 설득하려고 역설적이게 의도적으로 자신의 자랑을 미친 듯 늘어놓는 바울을 통해서 당신에게 다가가기를 기대한다.

나는 히브리 성경, 예수님, 바울, 밀턴, 키르케고르가 말하려는 바가 실로 매혹적이고, 심오하며, 삶을 변화시키는 것임을 발견했다. 이 책을 쓰는 과정은 영적 훈련이었고, 정신의 변화였으며, 더 나아가 마음의 변화였다. 내 희망은 이 책을 읽는 것이 당신에게도 그러한 경험으로 다가가는 것이다.

나는 이 책을 독자가 처음부터 읽거나 끝에서부터 읽어도 괜찮게 구성했다. 이 책은 1장부터 읽거나 아니면 결론 부분의 우월성 추구에 관한 스물네 개의 논제부터 읽을 수도 있다. 또한 중간 어느 장부터 시작할 수도 있다. 각 장은 그 자체로 완결성이 있으며, 우월성 추구에 대한 독특한 관점과 문제점, 대안들을 제시한다. 각 장은 서로를 긴밀하게 보완하는데, 이 책 결론 부분의 간략한 요약에서 그 점을 제시할 것이다.

The Cost
of Ambition

PART 1.

남보다 나아지려는 야망,
그 끝에 남은 허기

1

"솔로몬이여, 내가 그대를 능가했노라!"

1

"내가 이 과업을 감당할 자격이 있다고 여겨 주신 하나님께 영광을! 오 솔로몬이여, 내가 그대를 능가했노라!" 로마제국의 황제 유스티니아누스 대제(Justinian the Great, 527-62)가 537년 12월 26일에 이렇게 외쳤다고 전해진다. 우리들 대부분은 유스티니아누스처럼 대단한 인물이 아니지만, 크고 작은 경쟁자를 이기고자 하는 그의 욕망만큼은 우리 자신의 것처럼 익숙하게 다가온다.

총대주교와 수많은 신자를 대동한 유스티니아누스는 하기아 소피아(Hagia Sophia, 532-537) 성당을 봉헌하며 이처럼 의기양양하게 외쳤다. 하기아 소피아는 비잔틴건축의 경이로운 전형으로, 황제 자신이 막대한 열정과 자원을 쏟아부으며 설계부터 건설까지 예리한 매의 눈으로 감독했던 그의 필생의 사업이었다. 이 외침은 후대의 윤색일 가능성이 많지만, 그 속에 담긴 정상의 자리를 향한 열망만큼은 진실하고 또한 맹렬했다.[1] 그는 이스라엘의 첫 성전을 건축한 솔로몬, 즉 유스티아누스 자신이 성경으로 여기던 책에서 비할 데 없는 지혜의 소유자로 묘사된 인물보다 자신이 더 우월함을 증명했다고 여겼다.

솔로몬 역시 우월함을 놓고 경쟁했었다. 그의 아버지 다윗 왕은 아들에게, "모든 신들보다 크〔신〕"(대하 2:5) 하나님을 위하여 지을 성전은 "극히 웅장하여 만국에 명성과 영광이 있게 하여야 할지라"(대상 22:5)라고 부탁했다. 그가 섬기는 하나님의 위대함과 그 하나님을 위해 지을 성전의 장엄함, 이 두 가지는 모두 솔로몬 자신의 우월함을 드높이는 데 기여하게 될 터였다. 그리고 유스티니아누스는 하기아 소피아를 완공함으로써 바로 그 솔로몬보다 자신이 더 우월함을 증명해 냈다.

콘스탄티노플에서 솔로몬과의 건축 경쟁을 처음 시작한 사람은 유스티니아누스가 아니었다. 527년, 서로마 황제의 후예이자 막대한 부호였던 여성 아니키아 율리아나(Anicia Juliana)는 자신의 위용을 과시하는 성 폴리욱토스 성당(the Church of St. Polyeuktos)을 완공했다. 이 성당이 세워졌을 당시, 이 성당은 콘스탄티노플에서 "가장 크고 가장 호화로운 교회였다."[2] 이 성당 내부에는 야자나무, 석류, 포도 덩굴, 활짝 핀 꽃, 백합 모양의 기둥머리 장식 등이 가득했는데, 이 모든 것은 솔로몬 성전에 대한 성경의 묘사로부터 직접 가져온 주제들이었다.[3] 더욱이 이 성당의 규모는 가로세로 100규빗(로마식이 아닌 성경의 표준 측량 단위!)으로, 이는 에스겔의 환상에 나타난 훨씬 더 위대한 종말론적 성전을 닮도록 설계되었음을 시사한다.[4] 건축 당시 율리아나의 성당은 그 규모와 호화로움에서 수도에 있던 다른 모든 성당을 압도했다.[5] 그 성당을 봉헌하는 시에는 다음과 같은 구절이 포함되어 있다. "그녀〔율리아나〕는 홀로 시간의 제약을 거스르고 하나님을 위한 거처를 세움으로써 명성이 뛰어난 솔로몬의 지혜마저 능가하였도다."[6]

성 폴리에욱토스 성당이 봉헌된 시기는 유스티니아누스가 황제의 자리에 오른 해였다. 특히 율리아나가 로마 황족의 후손인 반면 그는 일리리아의 미천한 농민 출신이었기에 이 성당은 그에게 육체를 괴롭히는 가시와도 같았을 것이다. 게다가 그녀의 막대한 재산도 문제였다. 유스티니아누스는 그녀가 재산의 일부를 국고에 헌납하기를 원했다. 그러나 율리아나는 주저하다가 자신의 황금 대부분을 녹여 금판으로 만들어 자신이 지은 교회의 천장 내부를 장식하는 데 써 버렸다.

유스티니아누스가 율리아나를 능가할 기회가 532년 니카 반란(the Nika Riots) 때 또 다른 성당이 화재로 소실되면서 찾아왔다. 새로운 성당의 설계는 40일 만에 완료되었는데, 이는 "니카 반란으로 인해 성당 재건이 실제로 필요해지기 전부터 이미 상당한 사전 준비가 있었음을 시사한다"⁷ 황제의 아낌없는 재정 지원 아래 숨 가쁘게 진행된 공사는 불과 5년 만에 완료되었고, 그 결과 탄생한 건축물은 실로 숨막힐 듯 경이로웠다. 이 성당의 규모는 율리아나의 성당의 두 배에 달했고, 솔로몬의 성전을 왜소하게 만들 정도였다. 열왕기상 6장에 따르면 솔로몬의 성전은 길이 27.43미터, 너비 9.14미터, 높이 17.73미터로 완공까지 7년이 걸렸다. 반면 유스티니아누스의 하기아 소피아는 바닥 면적만 솔로몬 성전의 스물네 배에 이르렀고, 높이는 55미터였으며, 공사 기간은 단 5년에 불과했다. 더 중요한 점은 건축 기술의 발전과 혁신적인 설계 덕분에, 이 건물은 로마 판테온을 비롯한 이전의 어떤 건축물과는 비교할 수도 없을 만큼 풍부한 빛이 들어온다는 것이다. 다양한 각도에 위치한 여러 창들에서 쏟아져 들어오는 빛은 내부 공간을 가득 채웠으며, 넓게 펼쳐진 대리석 바닥과 곡면과 평면을 따라 끝없이 펼쳐지는 다채로운 모자이크와 찬란하게 어우러졌다. 이는 지상의 새 예루살렘이었으며, 진정 하나님의 거처가 될 만한 공간이었다.⁸

이로써 유스티니아누스는 고대의 경쟁자인 솔로몬과 동시대의 경쟁자인 율리아나를 능가했다. 자신의 성당을 완공함으로써, 그는 이제 제국의 새로운 수도 콘스탄티노플이 옛 수도 로마를 능가하게 되었다고 자랑할 수 있었다. 유스티니아누스 휘하의 시인이자 궁정 관리였던 파울로스 실렌티아리오스(Paul the Silentiary, 575년경 사망)는 황제를 대신하여 다음과 같이 노래했다. "그대〔콘스탄티노플〕의 팔 안에 이 무한한 성전을 일으킴으로써, 그는 그대를 낳은 티베르 강가의 어머니(로마)보다 그대를 더 찬란하게 만드셨다. 길을 비켜라, 뛰어난 명성의 로마 카피톨리움이여. 내가 명한다, 길을 비켜라! 위대하신 하나님이 우상보다 뛰어나시듯, 나의 황제는 그 경이로운 건축물을 아득히 능가하셨다!"[9]

하기아 소피아가 눈부시게 장엄했음에도 설계상의 문제점과 성급했던 공사는 거의 즉각적으로 그 모습을 드러내기 시작했는데, 이는 부분적으로 우월성 추구가 낳은 결과였다. 로버트 아우스터하우트(Robert Ousterhout)는 이 건물의 전례 없는 무게가 구조적 결함을 어떻게 악화시켰는지 상세히 기술한다. 게다가 공사를 서두르느라 아직 완전히 마르지 않은 모르타르 위에 건물을 쌓아 올렸고, 이는 영구적인 변형으로 이어지는 '소성 유동'(plastic flow) 상태를 초래했다.[10] 공사가 진행되면서 이러한 문제들을 바로잡으려는 시도들이 있었지만, 결국 557년의 지진으로 돔이 붕괴되고 말았다.[11] 율리아나는 527년에 이미 사망했으므로, 이 거대한 성당 앞에서 굴욕감을 느끼지도 않았고, 그 돔이 무너졌을 때 남의 불행을 고소해할 수도 없었다. 건물은 원래 건축가 중 한 명의 아들이 설계하여 재건축되었고, 562년에 아마도 교만이 한풀 꺾였을 유스티니아누스에 의해 다시 봉헌되었다. 이후 여러 차례 수리되었지만 대체로는 재건 당시의 구조를 유지하고 있다.[12]

탁월함과 자기 과시 이 둘을 나란히 추구했고, 장엄한 성취와 고통스러운 실패를 동시에 맛보았으며, 강탈과 착취 뒤에 위대한 장인정신과 헌신이 있었다. 하나님에 대한 감사는 오만함과 거의 환상에 가까운 경쟁심의 가쁜 호흡 속에서 이루어졌다. 이런 것들이 바로 유스티니아누스의 우월성 추구가 보여 주는 문제들이다.

  문제는 유스티니아누스, 율리아나, 그리고 솔로몬이 그들의 성전을 바쳤던 하나님의 성품을 고려할 때 더욱 심각해진다. '하나님의 집의 위대함이 하나님의 위대함을 반영해야 한다'는 다윗과 솔로몬의 생각은 하나님이 다른 신들과 비교할 수 없이 위대하시며, 전혀 다른 범주의 위대함을 지니신다는 사실을 떠올리기 전까지는 그럴듯해 보인다. 하나님은 만물의 창조주시므로, 솔로몬 자신이 말했듯이 "하늘과 하늘들의 하늘이라도" 하나님을 그 안에 모실 수 없다(대하 2:6). 다윗이 처음에 하나님을 위해 성전을 짓겠다고 제안했을 때, 예언자 나단에게 전달된 하나님의 거부의 메시지는 듣지 않기가 어려웠다. 하나님은 요청하지 않으셨다. 하나님은 과거 왕정에 대해 그러셨듯이 묵인하셨을 뿐이다(삼하 7:1-16).

  율리아나와 유스티니아누스가 서로에 대해, 그리고 솔로몬에 대해 벌인 경쟁은, 비록 그들이 창조한 건축물의 아름다움이 기독교의 종말론적 소망의 영광을 표현하려는 몸짓이었다 할지라도[13], 그 행위 자체가 그들 신앙의 핵심이자 토대인 진리를 정면으로 거스른 것이었다. 기독교 신앙의 중심에는 온 우주의 주인이신 이스라엘의 하나님이 처음에는 나사렛 출신의 미천한 여인의 태 안에, 그다음에는 그녀가 낳은 아기 안에 더 영속적으로 함께하시고자 오셨다는 확신이 자리 잡고 있다. 머리 둘 곳조차 마땅치 않았던 그 '변방의 유대인'의 몸이야말로 하나님의 가장 고귀한 성전이었다(요 2:21). 가장 높으신 분이 가장 낮은 자들과 같이 되셨다. 사랑의 겸손은 하나님이 인류를 향해 보여 주시는 하나님 영광의 핵심적인 측면이다. 그렇다면 이러한 측면은 율리아나와 유스티니아누스의 경쟁과는 어울리지 않는 불일치를 낳는다. 이 둘은 하나님을 기리기 위해 성전을 지으며 서로에 대한 우월성을 추구했지만, 바로 그 행위로써 그들은 바로 그 하나님의 본질적인 겸손을 기리는 데 실패하고 있었다.

―――

오늘날 스포츠의 인기가 보여 주듯이, 우월성 추구는 널리 퍼져 있으며, 아마도 미국에서는 특히 더 그러할 것이다. 운동 경기의 문화는 정치, 경제, 교육, 예술, 심지어 일상생활에서보다 일반적인 우월성 추구를 반영하기도 하고 자극하기도 한다.[14] 오바마 대통령은 스포츠의 문화적 효과를 긍정적으로 잘 표현했다. 그가 언급했듯이, 사람들이 스포츠에 매력을 느끼는 이유는 "그것이 진정한 능력주의(meritocracy)가 작동하는 몇 안 되는 영역 중 하나이기 때문이다. 거기에는 허울뿐인 말장난이 별로 없다. 궁극적으로 누가 이기고 누가 지는지, 누가 실력이 있고 없는지가 여실히 드러난다."[15] 능력주의에 따라 우월함을 추구하는 것, 이것이 바로 사람들이 스포츠와 삶의 대부분 영역에서 받아들이는 이상이다.

우월성 추구는 단지 솔로몬, 율리아나, 유스티니아누스 같은 왕족들처럼 위대하고 뛰어난 사람들이나 스스로 그런 존재라고 상상하는 사람들만의 것이 아니다. 또한 이는 명확히 구분된 삶의 영역,

예를 들어 스포츠나 시장처럼 안정된 규칙 아래 있는 영역에서만 일어나는 것도 아니다. 우월성 추구는 말 그대로 어디에나 존재한다.

나는 시카고 오헤어 공항의 B 터미널에서 C 터미널로 이동하고 있다. 에스컬레이터와 무빙워크를 타는 대신 작은 여행 가방과 책가방을 든 채로 걷는다. 예순 개의 계단을 내려가고, 무빙워크 옆을 따라 지하 통로 전체 길이를 계속 걸어가고, 반대편 끝에서 다시 예순 개의 계단을 올라간다. 그리고 나는 운동은 하지 않고 칼로리 대신 화석 연료를 태우고 있는 대중보다 조금 우월하다고 느낀다. (물론 이건 미친 생각이다. 왜냐하면 나는 이 사람들 중 누구도 알지 못하며, 그들의 운동 습관이나 화석 연료와의 관계도 전혀 모른다. 그들의 건강 상태나 무빙워크, 에스컬레이터를 선호하게 만들 만한 신체적 제약에 대해서는 더 말할 것도 없다. 게다가 방금 비행기에서 내렸고 다른 비행기를 타려고 서둘러 움직이는 마당에, 화석 연료 소모를 줄이겠다는 나의 이런 결단은 대체 얼마나 환경적인 미덕이 될 수 있겠는가!?)

또는 우리가 우리의 완벽하게 좋은 차(가령 저렴한 혼다)를 차고에 넣을 때, 이웃집 앞에 주차된 신형 아우디를 보고, 떨어진 우리 차의 가치에 스스로 위축되고 만다. 그러다 다른 쪽 이웃의 훨씬 더 오래되고 연비가 나쁜 혼다를 흘끗 보고는 움츠러든 기분이 약간 나아진다. 적어도 우리 차는 그들 차보다 낫고, 그것이 우리를 그들보다 우월하게 만들어 준다.

우리는 우리의 덕과 부, 옷차림과 외모, 학자로서의 성공이나 인플루언서로서의 힘, 근육의 탄력과 소셜 미디어에서 받은 '좋아요'

수, 친구의 범위와 출신지, 또는 우리가 세계적인 부자라면 우주 탐사선 로켓의 정교함과 도달 범위까지도 비교한다. 그리고 이 모든 것에서 우리는 종종 자신을 단일한 가치 척도 위에 놓고, 경쟁자들보다(반드시 그들 모두는 아닐지라도 적어도 몇몇 관련 경쟁자들보다는) 우위에 있음을 확인하는 찰나의 희열을 얻고자 한다. 그러나 만약 우리가 그들 아래에 있음을 발견하면 쓰라린 열등감과 질투심이 우리 영혼 깊이 파고들며, 우리는 그들을 따라잡고 추월하려 애쓰거나 누군가가 기준을 완화해 주어 우리도 A를 받을 수 있기를 바란다.

그렇지 않으면 우리는, 점점 더 잦아지는 현상처럼, 우리가 부적절하다고 느끼는 감정에서 나오는 독기 어린 자식인, 집요한 우울증의 악령들이 우리 영혼을 점령해 버릴지도 모르기 때문이다. 당신은 우리가 타인과 거의 동등한 상태에 도달하면 이러한 고통과 분투가 끝나리라 생각할지도 모른다. 그렇지 않다. 경쟁을 통해 달성된 모든 평등 상태는 불안정하다. 그리하여 따라잡고 추월하려는 우리의 분투와 실패했을 때의 고통은 계속된다.

이제 당신은 내가 말하는 우월성 추구가 단순히 더 나아지려는 노력이 아니라 다른 누군가보다 더 나아지려는 노력을 의미한다는 걸 파악했을 것이다. 이 장 끝에서 나는 이 정의를 더 자세히 탐구할 것이다. 즉 우월성 추구와 탁월성 추구의 차이, 어떤 것에서 더 나은 것과 사람으로서 더 나은 것의 차이, 우월성 추구의 도덕적 가치와 금전적 가치의 차이를 살펴볼 것이다(단락 5를 보라). 그러나 먼저 나는 우월성 추구를 편안하게 받아들이고 심지어 찬양하며 사는 것이 무엇을 위태롭게 하는지(단락 2), 특히 근대 후기에 이르러 그 추구가 얼마나 만연해 있고 집요하게 작동하는지(단락 2와 단락 3), 그리고 그것이 우리 삶의 많은 영역에서 얼마나 깊이 영향을 미치는지(단락 4)에 대해 더 말할 필요가 있다.

2

비록 우리가 우월성 추구로 물든 물속에서 하릴없이 헤엄치고 있지만, 우리는 종종 데이비드 포스터 월리스(David Foster Wallace)가 동정심 있는 삶에 관한 2005년 졸업식 연설 서두에서 들려준, 이제는 너무나 유명해진 우화 속 두 마리의 어린 물고기와도 같다. 나이 든 물고기가 반대 방향으로 헤엄쳐 가는 두 어린 물고기 옆을 지나가면서 고개를 흔들며 말을 건넨다. "안녕, 얘들아. 물은 좀 어떠니?" 그러자 두 어린 물고기는 좀 더 헤엄쳐 가다가 기어이 한 마리가 다른 한 마리를 돌아보며 말한다. "도대체 물이 뭐야?"[16]

자신들을 사방에서 둘러싼 물을 알아차리지 못하는 어린 물고기들은 물을 전혀 신경쓰지 않는다. 그렇다면 우리는 왜 우리 모두가 우월성 추구라는 물속을 헤엄치고 있음을 알아차려야 하고 한편으로는 이를 걱정해야 할까?

우월성 추구가 생명을 북돋는 요소인지, 아니면 위험한 오염물질인지, 아니면 어쩌면 그 둘 다에 조금씩 해당하는지에 대한 오래되고 이제는 반쯤 잊힌 논쟁이 있다. 기원전 700년경에 살았던 그리스 시인 헤시오도스(Hesiod)는 그의 교훈시 〈일과 날〉(Works and Days)의 시작 부분에서 좋은 에리스(Eris) 여신인 우월성 추구의 여신을 찬양한다. 그는 "사악한 전쟁과 불화"를 낳는 경쟁의 여신인 나쁜 에리스도 있다는 걸 아주 잘 안다. 나쁜 에리스는 "잔혹한 존재"이며, 정죄받아 마땅하다. 반면에 좋은 에리스는 매우 다른 성향을 지녔다. 제우스(Zeus)가 좋은 에리스를 땅 속의 뿌리들 위에와 인간들 사이에 두었다고 언급한 후, 헤시오도스는 이렇게 쓴다.

> 그녀는 숙련되지 않은 사람조차 일하게 만든다.
> 그리고 재산이 없는 사람이 다른 부유한 사람을 보면, 그 역시
> 서둘러 씨를 뿌려 심고 자기 집을 정돈하러 나선다. 이웃은
> 번영을 위해 이웃과 경쟁한다. 이 에리스는 사람들에게 더없이
> 좋다. 심지어 도공은 도공에게, 목수는 목수에게 질투심을 품고,
> 거지는 거지를, 음유시인은 음유시인을 시기한다.[17]

우월성 추구와 이를 추동하는 질투는 단지 개인의 발전에만 기여하지 않는다. 기술, 예술, 과학의 진보는 바로 이에 기반을 두고 있다

고 헤시오도스는 주장한다. 제우스는 현명하게도 좋은 에리스를 바로 땅 속 뿌리들 위에 두었다. 많은 좋은 것들이 그것으로부터 자라난다.

성경 전통의 중요한 흐름들은 헤시오도스의 우월성 추구에 대한 찬양과 뚜렷한 대조를 이룬다. 종종 솔로몬 왕과 동일시되는 고대의 저자 코헬렛(Qohelet, 전도자)은 "모든 수고와 모든 재주가 다 이웃에 대한 시기에서 말미암은 것"(전 4:4; 저자의 번역)이라는 점에서는 헤시오도스와 맥락이 같다. 그러나 코헬렛(이하 전도자로 표기 - 편집자)의 세계에서는 "빠른 경주자들이라고 선착하는 것이 아니며 용사들이라고 전쟁에 승리하는 것이 아니며 지혜자들이라고 음식물을 얻는 것도 아니며 명철자들이라고 재물을 얻는 것도 아니며 지식인들이라고 은총을 입는 것이 아니니 이는 시기와 기회는 그들 모두에게 임함이니라"(전 9:11). 그의 요점은 우월한 기술과 힘을 가진 자들이 때때로 패배한다는 것뿐만 아니라, 그들이 이길 때조차도 그들의 승리는 상처뿐인 승리라는 것이다. 그들의 모든 부지런함에도, 그들의 끝은 궁극적으로 빈손이 될 것이다. 우월성 추구에서 비롯된 기술과 수고는 그 결과가 아무리 인상적일지라도 "헛되어 바람을 잡는 것"이다(전 4:4).

이렇듯 서양 전통의 고대 문헌에는 우월성 추구에 대한 두 가지 상반된 관점이 있다. 한 전통에서 이는 개인과 문화의 진보를 가능케 하는 원천이다. 다른 전통에서는 거짓된 영광, 즉 공허하고 해로운 영광이 인간들 사이에 군림하게 만드는 기만적이면서도 매혹적인 수단이다.

2천 년 이상이 지난 후, 장 자크 루소(Jean-Jacques Rousseau)는

《인간 불평등 기원론》(Discourse on the Origin and the Foundation of Inequality among Men) 또는 《제2 담론》(Second Discourse)으로 알려진 작품에서 두 전통을 긴장 가운데 결혼시킨다. 그는 한쪽 배우자를 다른 쪽보다 분명히 더 선호하지만, 루소가 우월성 추구에서 비롯되는 도덕적 타락과 문화적 진보를 정확히 어떻게 평가하는지는 학문적 논쟁의 대상이다.[18] 이 주제에 대한 그의 관심은 "사람들이 자신의 필요를 충족시키기 위해 서로에게 점점 더 의존하게 되는 세상에서" 인간의 자유를 어떻게 보존할 것인가에 대한 우려에서 비롯한다.[19] 루소는 아마도 우월성 추구에 대한 가장 중요하고 가장 영향력 있는 근대의 비판가일 것이다.

루소는 사람이 자신에 대해 갖는 두 가지 종류의 사랑, '아무르 드 수아메므'(amour de soi-même)와 '아무르 프로프르'(amour propre)를 구별한 것으로 유명하다. 첫 번째는 단순히 자기애(self-love)로 번역할 수 있다. 그는 이를 "모든 동물이 자기 보존에 주의를 기울이도록 이끄는 자연스러운 감정이며, 인간에게서는 이성(reason)에게 인도되고 연민으로 조정되어 인간성과 미덕을 생산하는 것"이라고 설명한다.

두 번째 종류의 사랑인 아무르 프로프르는 번역하기 불가능하며 따라서 대부분 번역되지 않은 채로 남아 있다. 그 말로써 그가 의미하는 바는 대략적으로 우월성에 대한 욕망이라고 말할 수 있다. 그는 이를 "단지 상대적인 감정이며, 인위적이고 사회에서 태어난 것"이라고 설명한다.[20] 아무르 프로프르는 사람들이 서로를 비교하는 사회적 환경에서 발생하기 때문에 "상대적"이다. 그것이 불화를 일으키기에 "인위적"이다. 그것이 루소는 인류 발전의 어느 시점에서 인간들 사이의 접촉이 확장되고 그들 사이의 유대가 강화되었을 때, 사회에서 탄생하는 것에 관해서 다음과 같이 묘사한다.

> 모든 사람은 다른 모든 사람을 보기 시작했고 자신도 보여지기를 바라게 되었으며, 공적인 존경(esteem)은 가치를 얻었다. 노래나 춤을 가장 잘 추는 사람, 가장 잘생긴 사람, 가장 강한 사람, 가장 능숙하거나 가장 설득력 있는 사람이 가장 높이 평가받았으며, 이것이 동시에 불평등과 악덕을 향한 첫걸음이 되었다. 이러한 첫 번째 선호들로부터 한편으로는 허영심과 경멸이, 다른 한편으로는 수치심과 질투가 생겨났다. 그리고 이 새로운 누룩들이 일으킨 발효는 마침내 행복과 순수에는 치명적인 혼합물을 생산했다.[21]

비교를 통해 우월하거나 열등한 것으로 보여지고 평가받는다는 존경이라는 개념이 형성되고 나니, 모든 사람은 경멸을 피하고 좋은 평가를 열망했다. 궁극적으로 그들은 "가장 높이 평가받기를" 열망했다. 루소가 믿기에 이 열망은 "불평등과 악덕을 향한 첫걸음"이었다.[22]

일단 존경이 가치 있어지자, "모든 사람이 그에 대한 권리를 주장했고, 누구에게서든 이를 빼앗는다면 응징을 피할 수 없게 되었다." 많은 경우, 인격에 대한 경멸은 신체적 상해보다 더 견디기 어려워졌다. 그리고 이것으로부터 끔찍하고 피에 굶주린 복수에 대한 욕망이 생겨났다. 그러나 그런 복수심을 억제하기 위해, 같은 원천으로부터 "예의와 관련된 최초의 의무들"이 생겨났다.[23] 우월성 추구는 악덕과 미덕 모두의 원천이다. 루소가 인류 이야기의 후반부에 쓰듯이, 우리는 그것 덕분에 "인간들 사이의 가장 좋은 것과 가장 나쁜 것, 우리의 미덕과 악덕, 우리의 학문과 오류, 우리의 정복자들과 철학자들"을 빚지고 있다.[24] 이 문장을 읽으면서, 우리는 루소의 마음속에서 부정적인 효과와 긍정적인 효과가 대략 균형을 이룬다고 결론짓고 싶은 유혹을 받을 수 있다. 그러나 그것은 실수일 것이다. 바로 그 문장은 이렇게 끝난다: "다수의 나쁜 것들과 소수의 좋은 것."[25]

비록 《제2 담론》의 목표가 인간 불평등의 기원을 추적하고 그 기초를 확인하는 것이지만, 이 마지막 문장과 책의 맨 끝부분은 루소의 더 깊은 관심사가 그 시대의 사회적 조건이었음을 시사한다. 근대에(여기서는 18세기 중반을 의미한다) "우리의 아무르 프로프르의 성마른 활동"[26]은 그것의 나쁜 효과들을 강화한다. 그것은 인간을 노예로 만든다.[27] 그것은 타인의 평가하는 시선에 부응해야 한다는 압도적인 필요의 감옥 안에서 그들을 고역에 시달리게 한다. 그것은 타인과 동등해지거나 그들을 능가하고 사회적 존경을 얻기 위한 헛되고 끝없는 노동으로 이어진다. 우월성 추구에 매진하는 사람은 "항상 자기 바깥에 있으며, 오직 타인의 의견 안에서만 살 수 있고, 말하자면, 자기 자신의 존재 감정을 오로지 그들의 판단에서만 얻는다." 더 나쁜 것은 이것이다.

모든 것이 외양으로 축소되고, 명예, 우정, 미덕 등 모든 것이기만과 연극이 된다. 그리고 결국에는 심지어 악덕조차도 자랑할 만한 것으로 내세울 비결을 찾아내게 된다. 요컨대 너무나 많은 철학, 인간애, 예의 그리고 숭고한 격률들 속에 있으면서도 우리는 우리가 무엇인지를 용감히 스스로 묻지 않고 영원히 타인에게 묻는다. 결국 우리는 미덕 없는 명예, 지혜 없는 이성, 그리고 행복 없는 쾌락이라는, 기만적이고 경박한 외양 외에는 아무것도 가지지 못한다.[28]

이것은 전도자를 넘어선다! 여기서 우월성 추구는 단순한 헛됨이 아니다. 그것은 해로운 공허함의 문화를 창조하는 바람을 좇는 것이다. 우월성 추구가 어떤 문화적, 물질적, 심지어 지적인 진보를 자극하든 간에, 이러한 이득들은 그것이 야기하는 인간 삶의 공허함을 보상할 만큼의 가치가 없다. 루소는 모든 "명예, 우정, 미덕"은 단지 기만과 연극일 뿐이라고 과장하며 주장한다. 그럼에도 우리는 이 구절을 읽으면서 그가 우리를, 예를 들어 소셜 미디어에 비추어지는 우리의 삶을 묘사한다는 느낌을 받는다.

3

루소의 간결하지만 통렬한 우월성 추구의 비판은 그가 이 내용을 쓴 거의 3세기 전보다 오늘날 상황에 더 적절해 보인다. 근대 사회에서 비교, 경쟁 그리고 타인보다 조금이라도 낫고자 하는 갈망에 대한 압력은 더 강해졌다. 루소의 《제2담론》에서, 그리고 애덤 스미스(Adam Smith)와[29] 그들 모두보다 한 세기 이상 앞섰던 토머스 홉스(Thomas Hobbes)의 사상에서도,[30] 우월성 추구는 사회적 동물로서의 인간에게 고유한 추동력으로 나타난다. 오늘날 그러한 추동력은 우리 삶의 대부분 영역에 동력을 공급하는 강력한 정신적 연료로 "강화"되었으며, 하르트무트 로자(Harmut Rosa)가 근대의 사회적 삶의 특징이라고 부른 체계적인 "증식의 논리"(logic of increase)를 추진하는 핵심 요소가 되었다.[31]

전근대 사회에서 근대 사회로 이행하는 과정에서 우월성 추구의 성격은 변화했다. 보다 일반적으로 인간 욕망의 성격이 어떻게 변했는지 생각해 보라. 전근대 사회의 욕망을 이해하기 위한 좋은 자료로써 우리는 전도자를 돌아볼 수 있다. 인간을 바다에 비유하며, 전도자는 이렇게 쓴다. "모든 강물은 다 바다로 흐르되 바다를 채우지 못하며, 강물은 어느 곳으로 흐르든지 그리로 연하여 흐르느니라. …… 눈은 보아도 족함이 없고 귀는 들어도 가득 차지 아니하도다"(전 1:7-8). 전도자는 소유와 향유 속 어딘가에서 멈추어 영속적으로 만족하는 것은 인간 본성에는 없다고 믿는다.[32] 우리는 유한하지만, 우리의 욕망은 거의 무한해 보이며, 항상 우리의 손이 닿는 범위를 넘어선다. 욕망은 만족할 줄 모르지만, 전근대 시대에는 인간의 물질적 재화에 대한 구체적인 욕망들이 비교적 제한적으로 남아 있었다. 더 중요한 점은 그러한 욕망들은 대체로 그것들이 향했던 재화보다 선행했다는 것이다. 사람에게는 필요가 있다. 그것을 만족시킬 대상이 있다.

욕망은 사람과 그 대상 사이를 매개한다.

근대의 욕망은 이런 식으로 작동하지 않는다. 존 케네스 갤브레이스(John Kenneth Galbraith)는 그의 고전 *The Affluent Society*(풍요한 사회)에서 근대 시장 경제가 기존의 필요에 부응하여 이를 만족시킬 상품을 생산하기보다는 오히려 "그 상품이 충족시킬 것으로 추정되는 욕구를 창출한다"라고 지적한다. 그것은 "스스로 창조해 낸 공백을 채운다."[33] 근대 경제는 우리의 욕망들을 발생시키고 그 후에 그 욕망을 만족시킨다. 우리 마음의 틈새로 슬며시 파고들어, 파고든 그것이 우리를 대신하여 우리 안에서 욕망한다. 알고리즘에 유혹되어 의도했던 것보다 더 오래 스크롤을 해 본 이라면 누구나 자기 자신의 욕망인 듯 작동하는 이질적인 힘을 경험했을 것이다.

근대가 진행되는 과정에서 우월성 추구의 성격은 욕망의 성격이 변한 것과 유사한 방식으로 변했다. 잠시 후에 설명하겠지만, 우리는 교육, 경제, 정치, 예술, 과학 등에서 타인과 경쟁하는 것이 삶의 객관적인 조건인 사회에 살고 있다. 우리 중 다수는 생존과 번영이 타인을 이길 수 있는 능력에 달려 있는, 자기 자신을 경영하는 기업가가 되었다. 만약 실패하면 우리는 쇠퇴할 테고 극단적인 경우에는 죽을 수도 있다. 우리는 경쟁자들보다 우월해야만 한다는 압력을 받는다. 대부분의 경우, 탁월함에 대한 객관적인 기준은 없다. 탁월하게 여겨짐은 스포츠에서처럼 경쟁 자체에 의해 설정되는 움직이는 과녁이다. 당신은 관련된 타인들에 비해 거의 동등하거나 약간 우월할 때 탁월하다. 그런 조건들 아래서 우리는 우월성 추구를 우리의 가치 체계와 정체성 감각 속으로 통합한다.

타인보다 더 나아지려는 노력은 단지 우리의 가치뿐만 아니라 우리의 정체성을 형성하는 필수 부분이 되었고, 따라서 우리의 욕망의 일부가 되었다. 우리가 타인을 능가했을 때, 우리는 자랑스러워한다. 동시에 또한 불안해하는데, 왜냐하면 모든 성공은 일시적이며 그것을 성취한 동일한 수단에 의해서만 확보될 수 있기 때문이다. 타인이 우리를 능가했을 때 우리는 부적절하고, 열등한 존재가 된다. 우리가 일을 할 수 있는지뿐만 아니라 인간으로서 과연 충분한 자질이 있는지에 대한 확신도 잃게 된다. 놀랍지 않게도, 우울증은 지난 50여 년간 대표적인 심리 장애가 되었다. 알랭 에렌베르그(Alain Ehrenberg)가 *The Weariness of the Self*(자아의 피로)에서 주장하듯이, 우울증은 타인보다 더 나아지지 못하고 성취하는 데 실패했다는 느낌을 가진 이들을 괴롭히는 "부적절함의 질병"이다.[34]

4

이 부적절함의 질병은 우리 삶의 많은 영역에서 민감하게 체감된다.[35] 나는 우월성 추구가 우리를 해롭고 우울하게 만드는 오늘날의 세 가지 영역, 즉 소셜 미디어, 교육, 정치를 간략하게 살펴봄으로써 이를 설명할 것이다. 우리 중 다수는 도처에 존재하는 우월성 추구가 우리를 어떻게 더 나쁘게 만들었는지에 대한 이런 설명들에 공감할 것이다.

소셜 미디어가 정신 건강에 미치는 부정적인 영향은 이미 풍부한 자료로 입증된다. 2023년 5월, 미국 공중보건국장은 특히 청소년에 대한 여러 위험 요인을 경고하는 권고문을 발표했다.[36] 위험들은 복잡하고 다면적이며, 다양한 종류의 유해 콘텐츠 노출에서부터 시간 사용과 일상 활동의 중단 문제에 이르기까지 모든 걸 포함한다.

한 가지 핵심적인 위험은 소셜 미디어가 비교를 강화하는 방식과 관련이 있다. 인간은 항상 다양한 종류의 사회적 비교에 개입되지만, 소셜 미디어는 이러한 역학을 급격히 강화시킨다. 이는 상상할 수 있는 거의 모든 축(신체적 외모, 음악적 재능, 재치, 박식함, 인기, 부, 수학 능력, 한 번에 얼마나 많은 계란을 먹는지……)에서 비교를 유도한다. 그것은 타인들을 철저히 연출된 모습으로 보여 주고 '좋아요'와 댓글 등 직접 측정할 수 있는 방식으로 제시한다. 이런 일을 우리 손끝에서 행하고, 끊임없이 공세를 쏟아 붓고, 콘텐츠에 점점 더 많이 참여하도록 보상을 준다. 이러한 비교들은 필연적으로 우리 자신을 불만족스럽게 느끼게 하고, 우월성을 얻으려 애쓰거나 그럴 수 없음에 절망하게 만든다.

구체적으로 십대 소녀들을 말하면서, 공중보건국장은 소셜 미디어가 부추기는 사회적 비교가 "신체 불만족, 섭식 장애, 그리고 우울 증상과 관련이 있다"라고 지적한다.[37] 그러나 유사한 효과가 우리들 각자에게도 미칠 수 있다. 예를 들어, 신학자들은 공개적으로 공유될 만큼 아름답고 충분히 가득 찼다고 생각되는 동료들의 사무실과 책장 이미지를 보고, 이에 열등감을 느끼거나 우월성을 향해 분투하도록 새롭게 동기를 부여받을 수 있다. 또는 자기 분야의 다른 인물들이 성취한 잘 팔리는 새 책, 예정된 학회 발표, 곧 나올 논문에 실린 뛰어난 새 아이디어 등의 업적을 접했을 때 상처를 받을지도 모른다. 해당 분야의 동향을 따라가는 것과 치열한 개인적 비교 및 자리다툼 사이의 경계는 종종 아주 미세하다. 그러나 소셜 미디어는 우리의 비교하는 능력과 우월성을 위해 싸우려는 욕망을 오직 현대에만 가능한 방식으로 고조시킨다. 그리고 우리의 안정감, 정신 건강, 우리가 시간을 바치는 일들의 종류, 심지어 우리의 자아 감각에 파괴적인 결과를 초래한다.

      소셜 미디어는 너무 쉬운 예처럼 보일 수 있다. 그러나 우월성 추구는 교육과 같이 근본적으로 가치 있는 추구에마저 침투하여 이를 오염시켰다. 수많은 논평가들이 미국 최고 대학들의 입학률 급락을 관찰해 왔다. 이는 지원자 수 증가와 입학 기준 상승 때문이기도 하지만, 결론은 동일하다: 더 많은 학생들이 엘리트 교육이라는 우월한 지위를 놓고 경쟁함에 따라 경쟁이 치열해진다. 소셜 미디어와 마찬가지로, 이 경쟁의 핵심 피해 대상은 점점 더 어린 나이부터 미래의 대학 지원서를 중심으로 삶을 구축하도록 요구받는 학생들이며 그들의 정신 건강이다. 여러 연구에 따르면 "성취도가 높은 학교 환경에서 자라는 청소년들은 …… 약물 및 알코올 사용, 내재화 및 외현화 문제 등 여러 영역에서 심각한 장애를 보일 가능성이 일반 표본보다 통계적으로 더 높다."[38] 이 아이들의 전형적인 지위와 물질의 풍부로움에도, 그들이 처한 경쟁은 그들의 정신 건강에 해로운 영향을 미친다. 한 리뷰 논문의 저자들은 이러한 질병의 근본 원인을 주저 없이 "현대 미국 문화에서 개인적 지위를 극대화해야 한다는 생각이 만연한 것"이라고 지적하며, "이것이 개인과 공동체의 안녕을 어떻게 위협할 수 있는지" 설명한다.[39]

이 우월성 추구는 단지 참여자들에게만 해로운 것이 아니다. 최근 입학 부정 스캔들이 보여 주듯이, 이는 사람들이 경쟁하는 대상인 선(good) 자체를 망가뜨린다. 《공정하다는 착각》(The Tyranny of Merit)의 서문에서 마이클 샌델(Michael Sandel)은 윌리엄 싱어(William Singer)가 부유한 고객 자녀들의 입학 허가를 위해 시험 감독관 및 스포츠 코치에게 뇌물을 제공하는 것과 같은 불법적인 수단을 어떻게 사용했는지를 살펴본다.[40] 물론, 거액 기부자와 동문의 자녀들이 다양한 특혜를 받는 것처럼, 별반 다르지 않은 일이 항상 일어난다. 보다 일반적으로, 경쟁이 치열한 학교 입학은 소득과 높은 상관관계가 있는데, "아이비리그 학교 학생의 3분의 2 이상이 소득 상위 20% 출신이며, 프린스턴대학교와 예일대학교에는 미국 전체 하위 60% 출신보다 상위 1% 출신 학생이 더 많다."[41]

이처럼 능력과 지위 문제가 얽힌 것은, 샌델의 지적대로, 고등 교육을 받는 목적의 변화를 나타낸다. 엘리트 학교 입학이 점점 더 순수한 지위와 경제적 불안정성에 대한 보험의 문제가 됨에 따라 초점은 교육 그 자체로부터 멀어진다. 사람들은 단순히 교육적 성취가 아닌 승리를 추구한다. 또는 아마도 이 엘리트 학교 학생들은 이미 입학 경쟁에서 승리했고 무엇을 공부하든 거의 확실하게 직업을 보장받기 때문에, 때때로 자신들이 흥미를 느끼는 과목을 자유롭게 추구한다고 느낄 수도 있다! 어느 쪽이든, 일단 고등교육이 우월성 추구의 대상으로 물화(物化, reified)되면, 그것은 본래의 책무를 잃고 지위가 암묵적 목적이 되어 버린다. 우월성 추구는 그 자체로 탁월한 가치와 성취 과정에서조차도 바로 그 탁월함을 침식할 수 있다.

―――

정치 역시 우월성 추구의 요구로 빚어져 왔다. 우리가 끊임없이 정보의 순환에 휩쓸리면서, 정치는 관심 경제(the attention economy: 정보의 홍수 시대에 사람들의 관심이 한정된 자원이 되어 그것을 끌어내는 것이 중요한 가치가 된 현상-옮긴이)의 요구에 동화되었다. 정치는 항상 권력과 영향력에 관한 것이었지만, 오늘날에는 점점 더 순수한 경쟁을 중심으로 돌아간다. 통치의 목표는 공동선이 아닌 지배가 되어 버렸다. 많은 것이 희생되었는데 그중 하나는 공적 담론에서 진실이 가졌던 역할이다: 지도자들은 권력을 유지하는 데 도움이 된다고 생각하는 건 무엇이든 말하도록 동기를 부여받는다.

2018년, 랜드연구소(RAND)는 오바마 전 대통령의 여름 독서 목록에 올랐던 "진실 쇠퇴"(Truth Decay)에 관한 보고서를 발표했다.[42] "정치 및 시민 담론"에서 "사실과 데이터와 분석에 대한 역할 축소, 신뢰 감소, 존중 저하"로 정의되는[43] 진실 쇠퇴는 양극화 증가 및 시민 담론의 침식과 얽힌 것으로 밝혀졌다.

이것이 선출된 지도자들의 행동에 미치는 영향은 놀랍지 않다. 최근 한 연구는 정치인들 사이에서 진실을 말하기를 선호하는 정도가 재선과 부정적인 상관관계가 있음을 시사한다.[44] 인기와 그에 따른 선거 승리라는 형태의 우월성이 그 자체로 선이 될 때, 그것은 그 나름대로의 교전 규칙, 그 자체의 내적 선, 그 자체의 가치 기준들을 만들어 내는 경향이 있다. 그리고 현실 자체가 가려진다.

소셜 미디어, 교육, 정치에 대한 나의 간략한 언급은 우월성 추구가 만연하며, 독특하게 현대적이고 매우 해로운 양상으로 나타남을 지적했다. 나는 다음 부분에서 그러한 추구의 몇 가지 해로운 효과들을 검토할 것이다. 타인과의 비교로 우월성을 추구하는 것은 그것이 해결한다고 주장하는 열등감을 창조한다. 그것은 문화 시스템과 사회 구조 내에서 전염성이 매우 강하다. 그것은 현실에 대한 왜곡되고 기만적인 관점을 만들어 낸다. 그리고 그것은 지위를 위해 낮은 가치의 재화를 추구할 때 인센티브를 주고, 탁월함의 가치를 최소화한다.

5

지금까지 나는 우월성 추구

에 대해 많은 이야기를 나누었으나, 그것이 정확히 무엇인지는 아직 상세히 말하지 않았다. 내가 이 용어를 어떻게 사용하는지 해명하려면 몇 가지 구분이 필요하다. (여기서의 논의는 다소 전문적이다. 따라서 우월성 추구가 단순히 더 나아지기 위함이 아니라 '타인보다 더 나아지는 것'에 관한 것임을 염두에 둔다면, 이 부분을 건너뛰고 책 나머지를 읽어도 무방하다. 다만 이후 우월성 추구의 도덕적 가치와 도구적 가치의 관계, 혹은 무언가에 대해 더 나아지려는 노력과 한 인간으로서 더 나은 존재가 되려는 노력 사이의 관계 등에 관해 혼동이 생긴다면, 그때 이곳으로 돌아올 수 있을 것이다.)

―――

비교 대 경쟁. 비교는 우리가 비교하는 대상들 사이에서의 유사점이나 차이점을 단순히 주목하는 행위처럼 아주 사소할 수 있다. 예를 들어, 내가 내 집 차도로 차를 몰고 들어가면서 이웃집 차도에 주차된 아우디(가령 최신 전기차 모델이라고 하자)와 내가 타는 혼다 사이의 차이점들을 인지한다고 가정해 보자. 이 두 종류의 차를 어느 정도 알기에, 나는 아우디가 대부분의 면에서 훨씬 더 우수한 차임을 인식한다. 두 차를 평가하면서, 나는 두 차의 기능은 물론 상대적 가치도 비교한다. '내 이웃이 나보다 더 좋은 차를 가졌다'라는 말은 가치에 대한 비교의 진술이지, 경쟁적 진술은 아니다.

그러나 내가 적어도 이웃의 차만큼 좋은 차를 소유하기를 바라기 시작하거나, 적어도 차들 사이의 품질 격차를 줄이려는 마음을 품게 되는 순간, 더 이상 단순한 비교에 머물지 않는다. 나는 비교라는 녹색 지대를 넘어, 그의 차가 나의 척도가 되어 버린 이웃과 잠재적으로 경쟁하는 적색 지대로 들어선 것이다. 나는 이제 그의 차와 동등하거나 더 낫지는 못하더라도, 최소한 우수하다고 인식하는 면에서 그 차에 더 가까운 차를 소유하고자 추구하게 된다.

왜 우리는 대부분 단순히 비교만 하고 그 비교에서 배우는 것에 만족하지 못할까? 왜 우리는 서로를 능가하려고 애쓸까? 나의 논의 목적상 우월성 추구의 궁극적인 원인에 대한 설명은 규명하지 않고 남겨 두어도 괜찮다. 어쩌면 내가 우월성을 추구하는 이유는 아담과 하와가 궁극적인 우월성 추구자인 사탄에게 유혹되어 하나님과 같이 되고 서로보다 더 우월해지기를 원했고, 나에게도 그 그릇된 욕망을 물려주었기 때문일지도 모른다. 이것이 밀턴과 더불어 기독교 내 많은 전통이 견지했던 생각이다(3장을 보라).

혹은 장 자크 루소가 생각했듯이, 내가 사회 속에서 그 욕망을 습득했을 수도 있다. 인류가 자연 상태에 머물렀더라면 나는 우월성을 추구하지 않았겠지만, 사회 속에서 살아가기에 타인보다 더 나아지려는, 어쩌면 최고가 되어 '가장 높이 평가받는' 존재가 되려는 욕망을 품었을 것이다.[45] 또는 고대의 생존을 위한 투쟁이 내 존재의 근간에 그러한 욕망을 각인시켜 놓았기에 내가 자연스럽게 느꼈을 수도 있다.[46]

아마 이 모든 요인이 작용하고 있을 것이다. 그 이유가 뭐든 간에, 나는 종종 단순히 내 차와 이웃의 차를 비교하는 데 그치지 않는다. 나는 적어도 그와 동등하거나, 바라건대 더 나은 차를 소유하기를 갈망하며, 어떻게든 그를 이기고자 한다. 만약 우리가 타는 차에서가 아니라면, 다른, 어쩌면 내게는 더 중요할지 모르는 존경과 같은 면에서라도 이기고자 했을 것이다. 적어도 내가 스스로에게 어떤 형태의 영적 훈련을 부과하지 않는 한, 나는 그러한 경향을 보인다.

탁월성(excellence) 추구 대 우월성(superiority) 추구. 탁월성 추구란 어떤 면에서 더 나아지려는, 향상하려는, 또는 최소한 (특히 나이가 들면서) 더 나빠지지 않으려는 노력을 의미한다.[47] 이는 나 자신보다 더 나아지려는 노력이다. 이와 대조적으로, 우월성 추구는 타인보다 더 나아지려는 노력이며, 이는 내 형제자매, 이웃, 혹은 학교 친구보다 더 나아지려는 수준부터 현존하는 누구보다도 더 나은 수준, 심지어 GOAT(Greatest Of All Time, 역사상 가장 위대한 인물)가 되려는 수준까지 그 범위가 다양하다. 내가 보기에 이 두 가지는 서로 완전히 다른 종류의 추구다.

탁월성 추구는 내가 근접하거나 어쩌면 넘어서고자 노력하는 어떤 객관적인 기준, 또는 내가 스스로 고안하고 설정한 어떤 목표를 기준으로 삼는다. 그 기준 자체는 가치 있을 수도 있고(내 수입의 절반을 기부하거나 어떤 이들이 깨끗한 물을 먹을 수 있도록 돕는 일과 같이), 사소할 수도 있으며(내 열 손가락의 손톱 모두를 최소한 5센티미터 이상으로 기르려는 것), 해로울 수도 있다(대량의 핵무기를 비축하려는 욕망처럼). 만약 내가 탁월성을 추구하면서 경쟁한다면 나는 나 자신과 경쟁하는 것이다. 타인의 성취는 부차적인 관심사일 뿐이다. 예를 들어, 이웃의 새 아우디 전기차를 보는 것은 내가 내연 기관 자동차에서 더 지속 가능하고 친환경적인 차로 바꾸기로 다짐했었다는 사실을 상기시켜, 그 목표를 추구하도록 나를 다시 되돌려 놓을 수 있다.

반면, 우월성 추구는 본질적으로 경쟁적이다(이에 대해 아래에서 더 다룬다). 우월성 추구는 또한 그것이 가치 있든, 사소하든, 해롭든 간에, 개선과 본질적으로 연결되어 있지 않다는 점에서도 다르다. 나는 다른 사람이 더 나빠지거나 내 경쟁자의 성과를 방해함으로써 그 사람보다 더 나아질 수 있다. 심지어 모든 사람이 전반적으로 더 나빠지는 상황에서도 내가 여전히 다른 모든 사람보다 더 나아지는 게 가능하다. 우월성 추구는 종종 자기 자신이 더 나아지려는 노력을 포함하기도 하지만, 반드시 그럴 필요는 없으며 오히려 그러한 노력에 해가 될 수도 있다. 따라서 우월성 추구는 탁월성 추구와는 범주적으로 구별된다.[48]

우월성 추구와 탁월성 추구의 차이를 분명히 하기 위해, 이 둘을 구분하는 두 가지 방식을 배제하는 것이 도움이 될 수 있다. 첫째, 우월성 추구에는 비교가 포함되고 탁월성 추구에는 그렇지 않다는 것이 둘을 구분하는 점은 아니다. 많은 경우, 탁월성 추구 역시 비교를 포함할 것이다. 스포츠나 예술에는 탁월성에 대한 객관적인 기준이 없다. 탁월성의 기준은 특정 실천 행위가 진화하는 성격에 따라

변한다. 가령 내가 바이올린이나 농구를 배우고 있다고 해 보자. 나는 위대한 바이올린 연주자(가령 다비드 오이스트라흐(David Oistrakh)]를 듣거나 위대한 농구 선수(가령 르브론 제임스(LeBron James)]를 관찰하고, 그들만큼 잘 연주(또는 플레이)하는 법을 배우기 위해, 어쩌면 언젠가는 그들보다 더 잘하게 되기 위해, 그들을 모방하려 할 것이다. 나의 비교와 나의 노력은 뚜렷이 다른 두 가지 목표를 가질 수 있다(종종 이 둘은 하나로 합쳐지지만). 나의 주된 목표는 연주(플레이)를 잘하는 것일 수 있으며, 이 경우 나는 배우고 향상하기 위해 나의 연주(플레이)를 그들과 비교할 것이다. 나의 비교는 탁월성을 위한 것이다. 오이스트라흐와 제임스는 내가 도달하고 넘어설 수 있고 따라서 추구하기에 합리적인 목표들의 예가 된다.[49]

다른 한편으로, 주된 목표가 그들보다 더 잘하는 것일 수도 있다. 이 경우 나는 배우면서, 성공한다면 내가 그들보다 낫다는 것을 보여 주기 위해 나의 연주(플레이)를 그들과 비교할 것이다(여기 언급된 두 예의 경우라면 역사상 가장 위대한 인물이 되는 것에 가까울 것이다). 나의 비교는 이제 우월성 추구를 위한 것이다.

둘째, 우월성 추구에는 경쟁이 포함되고 탁월성 추구에는 그렇지 않다는 것도 둘을 구분하는 점이 아니다. 스포츠 철학자 프란시스코 하비에르 로페스 프리아스(Francisco Javier López Frías)가 해석한 바에 따라, 선수 생활 내내 서로 경쟁해 온 두 쌍의 엘리트 운동선수들을 예로 들어 보자. 리오넬 메시와 크리스티아누 호날두의 경쟁 관계에서 두 선수는 모두 공인된 우월성을 추구하며 기록을 깨고 타이틀을 쌓으면서 서로를 뛰어넘으려고 노력했다. 이와 대조적으로, 래리 버드와 매직 존슨 사이의 경쟁 관계에서는(80년대 미국 NBA의 두 전설 - 옮긴이) 상호 존중과 감탄에 초점이 맞춰져 있었다. 두 선수 모두 자신들의 격돌을 우월성을 달성하고 증명할 기회로서가 아니라 자기 개선의 촉매제로 언급했다.[50] 우월성 추구는 항상 경쟁을 포함하지만, 어느 한쪽도 우월성을 추구하지 않는 경쟁적인 관계가 가능하다.[51]

우월성 추구와 탁월성 추구 사이의 차이를 설명하는 간단한 방법은 그들이 욕망하는 대상이 다르다고 말하는 것이다.[52] 우월성 추구에서 나의 목표는 다른 사람보다 일정한 거리만큼 위에 서는 것이다. 탁월성 추구에서 나의 목표는 내가 타인들과 어떻게 비교되는지와 무관하게 어떤 선을 달성하는 것이다. 어떤 경우에는 이 둘 사이의 경계선을 긋기 어려울 수 있으며, 두 가지 추구가 동시에 이루어질 수도 있다. 우월성 추구로 탁월성을 추구할 수 있으며(아마도 래리 버드와 매직 존슨의 경쟁 관계처럼), 탁월성 추구로 우월성을 추구할 수도 있다. 하지만 많은 경우 그 둘 사이의 구분은 명확하며, 내가 이미 제안했고 앞으로도 주장하겠지만, 중요하다.

무언가에 대해 나아지는 것 대 인간으로서 더 나은 존재가 되는 것. 우월성 추구의 일반적인 구조를 설명하는 한 가지 방법은 삼자 관계 공식(triadic formula)을 사용하는 것이다: "A는 C에서 B보다 우월하

려고 노력한다." A는 우월성을 추구하는 자를, B는 그들이 우월해지려는 대상을, C는 그들이 우월성을 추구하는 측면을 나타낸다.[53] 우리가 우월성을 추구하는 측면인 C에는 많은 것들이 있으며, 그 대부분은 어떤 종류의 수행 능력(performance)이나 소유다. 우리가 얼마나 오래 숨을 참을 수 있는지, 얼마나 체스를 잘 둘 수 있는지, 우리가 얼마나 덕이 많은지, 우리의 신이 얼마나 위대한지, 우리의 투자 포트폴리오가 얼마나 큰 규모인지, 또는 우리의 발가락 모양이 얼마나 잘생겼는지 등이다. C에는 거의 한계가 없다. 우리가 하나의 문화나 집단으로서 어떤 C를 중요하게 여기는 경향이 있고 그들이 우월성 추구를 하나의 가치로 받아들인다면 그 문화나 집단에 속한 사람들에게는 다른 이들보다 C에서 우월해지는 게 중요해질 것이다.

하지만 종종 A가 C라는 영역에서 B보다 우월하다는 것은 A가 B보다 더 전반적으로 우월하다는 것 즉, A가 B보다 더 나은 인간이며 인류의 더 우월한 표본이라는 표시로 여겨진다. 물론 그 반대 면은 B가 인간으로서 더 열등하며, 인류의 더 열등한 표본이라는 것이다. 우월성 추구가 그들의 '일'이 아니라 인격 자체에 관련될 때, 우리는 중요한 인류학적 분수령에 도달한다. 우리 모두는 우리의 능력이나 소유와 무관하게 인간으로서 동등한 가치를 지니는가, 아니면 인간으로서 우리의 가치는 수행 능력이나 어떤 자질이나 사물의 소유와 관련된 상대적 지위에 의존하는가?

스티븐 다월(Stephen Darwall)은 두 종류의 존중을 구분한다.[54] 하나는 평가적 존중(appraisal-respect)으로, 이는 우리가 어떤 수행 능력이나 소유를 근거로 사람들에게 주는 존중이다. 사람들마다 수행 능력과 소유가 다르기에, 우리가 그들에게 주는 평가적 존중 또한 다를 것이다. 다른 종류의 존중은 인정적 존중(recognition-respect)이다. 우리는 한 인간을 인간이기에(또는 어떤 직위에 있는 사람을 그 직위 자체 때문에) 인정하고 존중한다. 모든 인간은 동등하게 인간이며, 그들은 인간으로서 동등한 가치를 지닌다. 따라서 우리는 그들에게 동등한 인정적 존중을 주어야만 한다.

다월의 구분은 임마누엘 칸트(Immanuel Kant)의 논의에 기반한다. 칸트는 우리의 가치가 수행 능력이나 소유에 기반한 '가치'(worth)와는 구별되는, 우리의 평등하고 공통된 인간적 '존엄성'(dignity)에 기초한다고 주장한다. 만약 우리가 인간이 존엄성은 갖지 않고 가치만을 지닌다고 생각한다면, 우리는 우월성을 추구하려 할 것이다. 왜냐하면 우월성은 인간으로서 우리가 소유하는 어떤 가치를 증가시킬 것이기 때문이다. 반면, 만약 우리가 인간이 동등한 인정적 존중(recognition-respect)을 요구하는 존엄성을 지닌다고 생각한다면, 우리가 자신의 '가치'를 추구하거나 타인에게 평가적 존중(appraisal-respect)을 보내는 과정에서, 더 나은 수행 능력이나 더 큰 소유가 인정적 존중의 평등함을 훼손하지 않도록 항상 경계해야만 할 것이다.

종종 A가 C라는 영역에서 B보다 더 낫고자 노력하는 이유는 A가 B보다 더 나은 사람으로 인정받기를 원해서다. 실제로, 특히 현재 우리의 사회 환경에서 우월한 수행 능력과 소유는 그 수행자와 소유자가 인간으로서 우월한 가치를 지닌다는 판단으로 이어지는 경향이 있다. 수행이나 소유에서 우월성을 달성한 결과는, 그리고 때로는 달성이 의도하는 목표는 패배한 자들에게 열등한 가치를 부여하는 것이다. 그러면 우리는 우월하고 열등한 수행 결과와 소유라는 구분뿐 아니라 우월하고 열등한 인간 존재라는 구분도 갖게 된다.

그러한 열등감의 부담은 무력하고 패배자로 인식되는, 주로 '가난한 자들'에게 지워진다. 우월성을 추구하는 자들은 가난한 자들을 무시하거나, 착취하거나, 노골적으로 경멸하는 경향이 있다. 왜냐하면 그들을 돕는 것은 단지 그들의 "행복의 평온함을 방해"[55]하는 것을 넘어서 그들의 추구를 중단시키고 후퇴시킬 것이기 때문이다. 예수님이 말씀하셨듯이, 회당의 높은 자리와 잔치에서 윗자리를 추구하는 자들은 종종 과부의 가산을 삼키는 자들과 동일한 자들이다(막 12:38-40). 아델라 코르티나(Adela Cortina)가 가난한 자들에 대한 거부라고 부르는 아포로포비아(aporophobia) 현상[56]은 자아 감각을 자신이 인간으로서 타인보다 우월하다는 것에 두는 사람들 사이에서 특히 두드러진다.

───

우월한 것 대 우월하다고 인정받는 것.[57] 밀접하게 관련되어 있지만, 우리는 누군가보다 더 낫기를 원하는 것과 남들이 우리가 더 낫다고 인정해 주기를 원하는 것을 구분할 수 있다. 달리 말하면, 나는 다른 사람보다 우월하다고 스스로 생각하는 데서 어떤 만족감을 얻을 수도 있지만, 종종 다른 사람이 나를 그렇게 인정해 줄 때 더 큰 만족감, 다른 종류의 만족감을 느낀다. 내 머릿속으로 내 차와 이웃의 차를 비교하는 것과 이웃 몇몇이 아우디나 테슬라가 없는 저 패배자들에 대해 말하는 소리를 듣는 것은 전혀 별개의 문제이며, 후자가 훨씬 더 끔찍할 것이다! 반대로, 어쩌면 나는 경쟁자보다 더 나은 바이올리니스트나 축구 선수가 되고 싶을 수도 있다. 그리고 어쩌면 어떤 의미에서는 내가 그들보다 더 낫다는 걸 아는 것만으로도 충분할 수 있다. 하지만 의심할 여지 없이, 나는 그들 역시 가득 찬 콘서트홀이나 경기장도 그것을 인정해 주기를 더 바랄 것이다. 앞서 보았듯이, 루소는 오래전에 그 점을 지적했다.

    만약 우월성에 대한 욕망이 거의 대부분의 경우 우월하다고 인정받고자 하는 욕망이기도 하다면, 이를 구분하는 것이 왜 중요한가? 앞으로 나올 장들에서 우리가 보게 될 한 가지는, 우월성이 핵심 가치가 되는 환경에서는 때때로 공적 평가에서 얻은 우월한 자의 지위, 즉 우월성에 대한 인정이 그 사람의 자질이나 타고난 능력으로부터, 애초에 그 사람이 우월할 수 있었던 측면인 C들로부터, 분리되어 자유롭게 떠돌 수 있다는 것이다. 그러면 우리는 지위나 공적인 순위가 그 자체로 하나의 선이 된다고 말할 수 있을 것이다. 사람은 실제로는 어떤 것에서도 더 낫지 않으면서 우월한 지위를 추구할 수 있다. 반대로, 사람은 우월하면서도 그렇게 인정받으려는 욕망이 전혀 없을 수도 있다. 그러므로 우월성과 우월성에 대한 인정은 다르다. 이 차이는 순전한 지위(우월하든 열등하든)라는 현상을 설명해 주며, 앞으로 다룰 여러 사례를 이해하는 데 도움을 줄 것이다.

우월성 추구의 도덕적 가치 대 도구적 가치. 2008년에서 2020년 사이, 리오넬 메시는 세계에서 가장 인기 있는 스포츠의 최고 선수로 인정받았다. 그가 우월성 추구를 통해, 가령 크리스티아누 호날두를 포함한 다양한 경쟁자와의 경쟁 속에서 그 영예를 달성했다고 가정해 보자.

만약 메시의 선수 생활이 우월성 추구로 추동되었다면, 그 추구는 그가 일련의 복잡한 신체 기술을 거의 완벽에 가깝게 발전시키는 데 도움을 주었다. 그 기술은 그 자체로 하나의 가치이며, 거장의 바이올린 연주에 비견할 만하다. 그것이 그를 명성으로 이끌었고, 그의 영광이 절정에 달했을 때는 아마 살아 있는 어느 누구와도 비교할 수 없었을 것이다. 그는 10억 달러 이상을 벌었다고 전해진다. 우월성 추구는 그에게 엄청난 도구적 가치를 지녔다.

이 책에서 내가 관심을 가지는 것은 그러한 도구적 가치보다는 그것의 도덕적 가치, 즉 우월성 추구가 그것을 추구하는 자들과 그들의 추구에 영향을 받는 자들에게 주는 도덕적 선 또는 악이다.

6

　왜 내가 이런 종류의 추구에 동기를 부여하는 것으로 간주될 만한 자만(pride)이나 시기(envy)와 같은 고전적인 악덕 대신 우월성 추구에 초점을 맞추기로 선택했는지 의아해할 수도 있다.[58] 어쩌면 우리는 우월성 추구라는 새로운 용어를 도입하기보다는 겸손이라는 덕목을 기르는 방법에 대해 이야기해야 할지도 모른다. 아마 그럴 수도 있을 것이다. 하지만 나는 우월성 추구를 그 자체로 논의할 만한 타당한 이유가 있다고 생각한다. 한 가지 이유는, 나는 우월성 추구를 단순히 그것과 연관된 악덕이나 그것에 맞서기 위해 우리가 함양할 수 있는 덕목으로만 보지 않고, 인간 행위의 한 패턴으로 보기 때문이다. 이러한 류의 추구가 현대 문화에서 그토록 편재하게 된 것은 이것이 증가(increase)라는 현대의 논리로 강화된 전염성 있는 행동이기 때문이다.

　둘째, 사람들은 여러 동기에서 우월성을 추구하며, 그 동기 중에 자만과 시기도 포함된다. 사람들은 불안감이나 열등감으로 우월성을 추구할 수도 있다. 한편으로 그들은 단순히 우월성 추구가 사람이 으레 하는 것이며, 타인을 이기고 가능하면 GOAT의 지위에 도달하려는 노력이야말로 살 만한 가치가 있는 모습이라고 믿을 수도 있다. 만약 우월성 추구가 내가 앞서 정의한 대로 하나의 특정한 욕망의 대상에 관한 것이라면, 그러면 나는 여기서 그것이 실제로 바람직한 것인지를 탐구하는 데 관심이 있다. 이는 특정한 덕과 악덕에 관한 질문과 관련은 있지만 그것으로 환원될 수는 없다.

셋째, 우월성 추구는 단순히 태도가 아니라 행동이기 때문에, 그것에 주의를 기울임은 우리가 자기 성찰로 나아가도록 이끌 수 있다. 우리 중 많은 이들은 자신이 자만하거나 시기한다고 여기지 않을 것이며, 혹은 그렇게 여기더라도 우리는 그것을 우리의 기질상 비교적 잘 변하지 않는 특징으로 여기고 어느 정도 체념할 수도 있다. 하지만 비교와 노력은 현대 생활의 보편적인 특징이므로, 우월성 추구에 대한 이야기는 우리에게 고려해 볼 구체적인 행동과 활동들을 제시한다(비록 우리가 그것들이 적절하다고 판단한다 할지라도). 이후의 장들에서 보여 주겠지만, 실제로 자신의 지적 또는 도덕적 우월성을 입증하기 위해 우월성 추구에 반대하는 주장을 펼치는 것도 가능하다! 따라서 이 프로젝트의 바람은 우리의 도덕적 삶에 대해 더 신중하게 생각하도록 돕는 질문들을 제기하는 것이며, 새로운 언어는 종종 생각을 자극하는 데 도움이 된다.

7

오늘날 우월성 추구에 대한 비판의 목소리는 매우 미약하여 거의 들리지 않는다. 나의 주장을 펼치려면 동맹이 필요하다. 그래서 나는 서로 다른 시대의 세 명의 기독교 사상가인 철학자(쇠렌 키르케고르, Søren Kierkegaard), 시인(존 밀턴, John Milton), 신학자(바울)를 탐구함으로써, 더 간략하게는 예수님의 가르침과 모범, 아브라함과 이스라엘 백성의 이야기를 살펴봄으로써 우월성 추구의 문제점을 개략적으로 그릴 것이다. 각각의 탐구에서 우월성 추구 문제들의 몇몇 측면이 드러나며, 부분적으로 겹치기는 하지만 구별되는 대안도 드러난다. 하지만 나의 모든 대화 상대자들은 각자 자신의 방식으로, 그리고 때로는 서로 대립하면서, 우월성 추구에 의문을 제기한다. 그들은 모두 이 책의 주된 확신을 지지한다. 즉 우리가 우월해지려고 노력하는 대상이 그 자체로 선하든(탁월한 시를 쓰는 것처럼) 극도로 악하든(지극히 높으신 분에게 도전하는 것처럼) 우월성 추구는 나쁘다는 것이다.

처음 세 인물을 연결해 주는 것은 우월성 추구에 대한 그들의 비판뿐만 아니라, 그리스도께 바치는 고대의 시 혹은 찬가인 소위 '카르멘 크리스티'(Carmen Christi, 그리스도의 노래)가 그들에게 미친 영향이다. 사도 바울은 이 찬가를 직접 지었거나 인용했을 것이다. 그는 빌립보 교회의 교인들에게 서로를 자신보다 우월한 존재로 여기고 자신의 이익이 아니라 타인의 이익을 돌보라고 권고하는 가운데(빌 2:3-4) 이 찬가를 쓴다. 5절의 명령, "너희 안에 이 마음을 품으라 곧 그리스도 예수의 마음이니"로 시작되는 카르멘 크리스티는 다음과 같다.

> 그는 근본 하나님의 본체시나
> 　하나님과 동등됨을
> 　취할 것으로 여기지 아니하시고
> 오히려 자기를 비워
> 　종의 형체를 가지사

사람들과 같이 되셨고
　사람의 모양으로 나타나사
　　자기를 낮추시고
　　죽기까지 복종하셨으니
　　곧 십자가에 죽으심이라
　이러므로 하나님이 그를 지극히 높여
　모든 이름 위에 뛰어난 이름을 주사
　　하늘에 있는 자들과 땅에 있는 자들과
　　땅 아래에 있는 자들로
　　모든 무릎을
　　예수의 이름에 꿇게 하시고
　모든 입으로
　　예수 그리스도를 주라 시인하여
　　하나님 아버지께 영광을 돌리게 하셨느니라(빌 2:6-11).

　그리스도께 바치는 이 찬양은 밀턴의 두 위대한 시, 《실낙원》(*Paradise Lost*)과 《복낙원》(*Paradise Regained*)의 구조를 이루며, 바울이 사탄의 야망에 대한 비판과 하나님 아들의 사탄에 대한 승리를 설명할 때 핵심이 된다.[59] 키르케고르는 "비교의 불안한 정신"(the restless mentality of comparison)[60]이라고 부르는 우월성 추구에 대한 자신의 비판을 주로 그리스도의 가르침 위에 세운다. 하지만 카르멘 크리스티는 그가 신적인 스승이 인간의 육신 속으로 오심을 읽어 내는 렌즈다.

그 스승은 그가 《철학적 단편》(Philosophical Fragments)에서 말하듯이, "자신을 위해 질투하지 않으시고, 오히려 사랑 안에서 가장 비천한 자와 동등해지기를 갈망하신" 하나님이셨다.[61] 키르케고르와 밀턴이 바울과 카르멘 크리스티에 의존하고 있다면, 왜 나는 이 책을 바울과 함께 시작하지 않고, 이 장 마지막 부분에서야 바울의 우월성 추구 비판과 그 대안을 제시했는가? 이 프로젝트 초기에 나는 바울이 이 주제에 관해 다른 두 사람보다도, 혹은 내가 아는 다른 어떤 사상가보다도 더 독창적일 뿐만 아니라 더 포괄적이고 더 설득력이 있다고 믿게 되었다. 또한 그는 우리가 예수님의 가르침이나 히브리 성경에서 발견할 수 있는 것보다도 더 포괄적으로 이 문제를 다룬다. 그럼에도 최종적인 결론은 예수님과 이스라엘 백성의 소명에 의해 결정된다.

나의 대화 상대자의 범위가 좁다는 것 - 모두 서구 기독교의 중심 인물들이고, 남성이며 20세기가 시작되기 전에 태어났다 - 은 이 책의 한계다. 이는 대체로 나의 신체적 삶과 지적 여정의 우연성에서 비롯된 결과이며, 나의 탐구의 포괄성을, 그리고 일부 독자들에게는 설득력을 감소시킨다. 하지만 바로 그 한계는 또한 다른 이들이 또 다른 대화 상대자들과 함께 이 주제를 다루도록, 그리고 내가 여기서 제안한 바를 논박하거나, 확인하거나, 혹은 정교화하도록 부탁하는 것이기도 하다. 나의 중심 목표는 내가 우리 시대의 문화에서 간과되고 있지만 가장 중요한 주제라고 여기게 된 이 문제에 관해 활발하고 엄밀한 대화가 다시 일어나도록 불을 붙이는 것이다.

2

쇠렌 키르케고르

비교의 불안,
내 영혼을 마르게 하는 독

쇠렌 키르케고르가 우월성 추구의 문제를 가장 인상적으로 표현한 것은 하나의 비유를 통해서다. 그는 산상수훈에 나오는 염려에 대한 예수님의 가르침을 논하면서 이 비유를 이야기한다. 예수님은 활짝 열린 하늘 아래서 들판에 모인 무리들에게 말씀하신다. "그러므로 내가 너희에게 이르노니 목숨을 위하여 무엇을 먹을까 무엇을 마실까 몸을 위하여 무엇을 입을까 염려하지 말라"(마 6:25). 여기서 "그러므로"가 이 명령을 앞 구절과 연결하는데, 앞에서 예수님은 "한 사람이 두 주인을 섬기지 못할 것이니 혹 이를 미워하고 저를 사랑하거나 혹 이를 중히 여기고 저를 경히 여김이라 너희가 하나님과 재물을 겸하여 섬기지 못하느니라"(마 6:24)라고 가르치신다.

염려는 사람이 거짓 신인 맘몬(부)이나 권력 또는 부와 권력 모두를 아우르는 뛰어남과 같은 거짓 신을 섬길 때 뒤따르는 증상이다. 예수님은 청중에게 왜 염려하지 말아야 하는지를 말씀하시면서 하늘의 새와 들의 백합을 생각해 보라고 권하신다. 하나님은 그들의 염려의 도움 없이도 새들을 먹이시고 백합을 입히신다.

예수님 시대의 청중은 하루하루를 겨우 버티며 불안정한 삶을 살아가는 이들이 대부분이었다. "오늘 우리에게 일용할 양식을 주시옵고"라는 주기도문의 간구는 그런 현실을 반영한다. 당장 다음 날의 먹을 것, 잠잘 곳의 기본적 필요가 채워질지 몰라 걱정해야 했다.

키르케고르는 생존에 필요한 것들이 충족되는 사람들까지 포함하도록 예수님의 염려에 대한 가르침을 확장하면서, 그러한 필요가 충족되는 방식의 차이들에서 생기는 염려에 초점을 맞춘다. 그가 글을 쓰던 시기는 1807년 영국군이 도시를 거의 완전히 파괴한 지 수십 년 만에 코펜하겐의 경제가 마침내 회복되던 시기였으므로, 키르케고르는 삶의 불안정성을 너무나 잘 알고 있었다. 하지만 그 자신은 상속받은 재산으로 살았다. 이 책의 독자 대부분이 그러하듯(하지만 오늘날 세상의 많은 이들과는 달리), 그 역시 기본 생활필수품에 대한 염려는 없었다.

그에게 염려에 대한 예수님의 가르침은 주로 우리가 이웃보다 열등하다고 느끼지 않기 위해서나 우리의 우월감이 훼손되지 않기 위해 무엇을 먹고 입을지 생각하는 것과 관련이 있다. 이것이 그가 "비교의 염려"라고 부르는 것이다.[1] 인간의 필요는 심지어 식량과 의복 같은 기본적인 필요조차 단순히 우리의 불안정한 신체성에 대한 위협으로부터 나온 심리적 메아리가 아니라고 그는 생각한다. 그것들은 주로 사회적 기대에 조율되어 있다. 키르케고르는 이러한 불안정성의 문제는 제쳐 두고(완전히 무시하는 것은 아니다. 단지 다루지 않을 뿐이다) 남들보다 뛰어남을 추구하는 데서 발생하는 염려를 탐구한다.

그가 말한 요점을 설명하기 위해, *Upbuilding Discourses in Various Spirits*(다양한 정신 안에서의 교화적 담론, 1847)에서 키르케고르는 들의 백합 비유를 들려준다. 여기서는 아주 간략하게만 소개하려 한다.

자기 삶에 아주 만족하는 시냇가의 작은 백합 한 송이가 다른 꽃들과 더불어 자라고 있었다. 볼 수 있는 눈이 있는 사람에게 그 백합은 역사상 가장 화려했던 왕 솔로몬보다 더 영광스런 옷을 입고 있었다. 어느 날, 어디선가 날아든 작은 새 한 마리가 백합과 친구가 된다. 이 새는 자기가 하늘을 날아다니며 본 더없이 화려하고 영광스러운 백합들에 대한 이야기를 늘어놓는다.

키르케고르는 이 새를 사악한 새라고 부른다. 백합의 사랑스러움을 기뻐하기보다 자유롭게 돌아다닐 수 있는 자신의 능력 덕에 얻게 된 우월한 지식을 뽐내기에만 바쁜 새……. 그보다 더 나쁜 것은 이 새는 "보통 이야기를 마칠 때마다 백합의 자존심을 깎아내리며 끝

맺었다는 것이다. 자기가 보았던 영광과 비교하면 그 백합은 아무것도 아닌 것처럼 보인다는 말이었다. 실로 너무 하찮아서 그 백합이 실제로 백합이라 불릴 자격이 있는지조차 의문이라고 했다."

한 송이의 작은 백합은 그 화려한 백합들뿐 아니라 날고 있는 새에게도 열등감을 느낀다. 당연히 백합은 염려하기 시작한다. "온종일 나 자신과 자기 삶의 조건에만 몰두하게 된다." 그 염려는 소모적인 갈망을 낳는다. 스스로 "다른 모든 이들과 함께 화려한 백합으로 살고 싶으면서도 다른 모든 이들에게 부러움을 사는 '크라운 임페리얼'(Crown Imperial) 백합이 되고 싶은" 갈망이었다.[2]

이야기 끝을 짐작하기는 어렵지 않다. 작은 새는 백합의 갈망을 만족시키기 위해 백합 주위의 땅을 쪼아 조심스레 뿌리를 뽑아 주기로 동의한다. 모든 이에게 부러움의 대상이 되려는 백합의 꿈을 이룰 수 있는 곳, 즉 화려한 백합들이 모여 있는 곳으로 옮겨 주기로 한다. 그러나 그 영광의 땅으로 가는 도중, 염려하던 그 백합은 끝내 시들어 죽고 만다. 우월성을 추구하며 열등감으로부터 도망치려다가 결국 죽고 만 것이다.

1

비교와 우월성 추구는 다양성을 전제로 한다. 키르케고르는 인간들 사이의 차이를 예리하게 인식하며 이 차이를 찬양한다. 그의 철학 전체가 지향하는 중요한 목표는 고유한 개인들을 '군중'의 평준화 효과로부터, 더 넓게는 시대정신(Zeitgeist)으로부터 구출하는 것이다. 이 말인즉 그의 최대의 적인 게오르크 W. F. 헤겔(Georg W. F. Hegel)의 철학에서처럼 전체성에 삼켜지거나 카를 마르크스(Karl Marx)의 사회 이론에서처럼 어떤 비인격적인 세계사적 과정에 삼켜지는 것으로부터 구출하는 것이다.[3] 각각의 인간 존재는 다른 모든 존재들과 구별되며 서로 유사하지 않다.

> 기독교 세계에서든 이교 세계에서든 지상적 삶의 비유사성(dissimilarity)으로 옷 입거나 감싸이지 않은 사람은 아무도 없다. 그리스도인이 자신의 몸 없이 살지 않고 그렇게 살 수도 없는 것과 마찬가지로, 모든 인간에게 태생, 지위, 환경, 교육 등으로 특수하게 주어지는 지상적 삶의 비유사성 없이는 살 수 없다. 우리 중 어느 누구도 순수한 인간성(pure humanity)이 아니다.[4]

키르케고르의 '비유사성'(세상의 모든 평가는 유사성을 전제로 하는 것에 반하여, 우리 각자의 존재가 구별되며 유사하지 않음을 강조함 - 옮긴이)은 우리가 말하는 '다양성'보다 더 넓은 개념이다. 계급, 인종, 젠더, 민족성과 같은 범주를 넘어서서 친구 대 적, 친족 대 타인, 배운 자 대 못 배운 자, 저명한 자 대 비천한 자 등의 대비처럼 개인들을 서로 구별 짓는 모든 것을 포괄한다. 키르케고르는 각 사람이 다른 어떤 누구와도 동등하게, 변경 불가능한 존재로서의 인간이며, 또한 각 사람이 자신의 고유한 방식으로 그러하다고 생각한다. 그래서 각자는 필연적으로, 비록 부분적으로는 변경 가능하지만, "지상적 삶의 비유사성으로 감싸여 있다."

기독교는 인간들로부터 그 차이들을 벗겨 내는 데는 아무 관심이 없다. 어떤 일반적인 순수한 인간성의 창조를 원하기는커녕, 기독교의 목표는 모든 차이를 지닌 채로 "단지 인간을 정결하게 만드는 것"이다.[5]

비록 우리가 순수한 형태의 인간성을 결코 마주칠 수 없지만, 키르케고르의 견해에서는 인간들 사이의 차이가 그들의 인간성을 정의하지 않는다. 만약 그렇다면 그 차이가 인상적이지 않은 인간들을 덜 인간적이거나 전혀 인간이 아니라고 여길 가능성이 열릴 것이다. 이것이 백합이 저지른 실수다. 새에게 받은 영향으로 스스로를 너무도 하찮게 여기며 더 이상 백합이라 불릴 자격이 없다고 생각하기 시작했다.[6] 키르케고르가 생각하기에, 그러한 비인간화는 이교적 정신이 지닌 위험이다. 그의 견해로는 이교적 정신은 모든 인간의 동등한 인간성과 친족 관계를 긍정할 자원이 없으며, 아마 관심도 없을 것이다.[7]

기독교에서 차이들보다 더 중심인 것은 모든 사람의 공통된 인간성이다. 무엇보다도, 복음의 메시지는 한 순전한(mere) 인간 존재로서의 우리들 각자를 향해 주어진다. 그 존재는 바로 하나님이 만드시고 예수 그리스도가 구속하신 존재다.[8] 인간이 하나님 안에서보다 "세속적인 것의 일시적인 비유사성들" 안에 삶의 중심을 두려고 할 때, 그에 따라서 모든 인간 존재가 예외 없이 동등하게 존중받고 사랑

받아야 한다는 것을 잊을 때 인간은 파국적으로 잘못된다. 각자는 "개별적으로" 누구나 사랑받아야 하지만, 아무도 "예외적으로" 사랑받아서는 안 된다.[9]

우월성 추구에 대한 키르케고르의 입장은 '이웃 사랑' 즉 인간이기에 어느 누구든 대상이 되는 무조건적이면서도 개별화된 사랑이 '에로스적 사랑'과 '우정의 사랑'보다 우선이라는 그의 강조점과 연결되어 있다. 이 두 사랑은 모두가 선호하며 사랑하는 대상의 구체적인 특성에 의존한다. 키르케고르는 이 점이 그 두 사랑을 자기애의 변형들로 만든다고 주장한다.[10]

백합은 홀로 있는 동안에는 안전했다. 그러나 사악한 새가 나타나 백합으로 하여금 다른 이들과 함께 있는 자신을 상상하게 만들었을 때, 위험 지대로 들어섰다. 백합과 달리, 인간은 본질적으로 사회적인 존재이다. 그리고 인간성의 가장 좋은 것의 많은 부분이 우리의 사회성에서 비롯한다. 하지만 구별되고 서로 다른 인간들이 함께 있음은 동시에 주요한 유혹의 원천이 된다. 이는 내가 1장에서 보여 주었듯이 루소에게 핵심적인 문제였다.[11] "사람들과의 일상적인 교제 속에서, 다채로운 다양성과 그 여러 연결 속에서, 사람은 …… 인간 존재가 되는 것이 무엇인지 잊어 버린다. 개인들 간의 다양성 때문에 그것을 잊어버린다."[12]

비교들과, 곧 설명하겠지만 구체적으로는 비교들의 불안함이 그러한 망각을 만들어 낸다. 작은 백합은 자신을 다른 이들과 비교하고, 자신의 본질적인 영광을 잊고, 인지된 열등감의 고뇌를 떨쳐 내려 애쓰며 우월성을 추구했다. 그리고 시들어 버렸다.

======

내가 1장에서 언급했듯이, 현대 사회의 많은 이들이 우월성 추구야말로 바로 인간이 하는 일이라고 믿는다. 그러한 추구는 생존에 필수이며 인간 진보의 열쇠라는 것이다. 근대성의 격렬한 비판가인 프리드리히 니체(Friedrich Nietzsche)는 우월성 추구(그가 보기에 어떤 종류의 우월성 추구)가 탁월성을 길러 줄 뿐 아니라, 종교적이든 철학적이든, 삶을 부정하는 도덕성보다 훨씬 더 나은 대체물을 제공한다고 주장한다.

이와 대조적으로, 키르케고르는 우월성 추구가 우리의 인간성 자체를 침식한다고 주장한다. 비교의 과정에서 우리는 우리의 차이와 구별에 집착하게 되고, 동시에 우리의 자질과 성취가 직접적으로 비교될 수 있다고 생각하게 될 위험이 있다. 이 모든 과정에서 우리는 우리의 공통된 인간성을 잊어버릴 위험이 있다. 세상에서의 이러한 존재 방식을 키르케고르는 "비교의 불안한 정신"이라고 부른다. 이 정신에 굴복한 사람은 "마침내 너무 멀리 나아가서, 다양성 때문에 자신이 인간 존재임을 잊고, 절망 속에서 자신을 다른 사람들과 너무 다르다고 여기며, 심지어 인간 존재와도 다르다고 여긴다."[13] 문제의 근원은 차이나 사회성 그 자체가 아니라 그것들에 대한 개인의 특수한 태도다.

비교를 불안하게 만드는 것이 무엇인지에 대한 질문으로 넘어가기 전에, 우선 키르케고르의 비교 일반에 대한 분석부터 살펴보자. 실제 삶에서든 상상 속에서든 자신과 비교할 대상이 아무도 없을 때 비교는 명백히 불가능하다. 그러나 다른 사람이 주변에 있다면 비교는 불가피하다고 키르케고르는 생각한다. 비교는 다른 사람과 대화하는 과정에서도 내포되어 있고, 그저 바라보기만 해도 우리는 비교를 시작한다.

큰 고통을 겪는 친구 곁에 7일간 침묵 속에 있던 욥의 위로자들에 대해 키르케고르는 이렇게 쓴다. "어떠한 개인도, 심지어 침묵하는 동안에도 그의 존재가 비교의 관점에서 아무런 의미를 갖지 않는 방식으로 현존할 수는 없다."[14] 욥과 그의 위로자들이 함께 고요히 앉아 있는 동안에도 그들 사이에는 비교가 일어난다. 이들은 현재 욥의 고통스러운 상태를 과거의 대단한 번영, 깊은 신앙심, 높았던 그의 명성과 비교한다. 또한 욥의 지위를 친구들의 지위와 비교하고 있다. 욥은 "동방 사람 중에 가장 훌륭한 자"였다(욥 1:3). 이들은 아마도 약간의 시기심이 뒤섞인 상태로 마지못해 그를 우러러보았을 것이다. 이제 욥의 위대함은 무너졌고, 그들은 그 위에 우뚝 서 있다. 욥이 고통스러운 생명 외에는 모든 걸 빼앗긴 채 잿더미에 파묻혀 있는 반면, 그들의 처지는 변한 것 없이 그대로다.

이는 모두 단순한 비교이지만, 그것들이 얼마나 쉽게 키르케고르가 '불안한'(restless) 것이라 부르는 상태가 되어 우월성과 열등성에 대한 경쟁적인 주장으로 변질될 수 있는지를 가늠할 수 있다. 우월성 추구의 씨앗은 이미 그 비교들 속에 있다. 나는 창세기에 나오는 인간 타락에 대한 밀턴의 설명에서도 유사한 역학을 보여 줄 것이다. 하와는 무해한 비교로 시작하지만, 사탄이라 불리는 "사악한 새"에게 잘못 이끌려, 결국 모든 피조물 중 최고가 되려고 추구하게 된다(3장을 보라).

더 나음과 더 못함 사이의 간극은 비교를 불안하고 경쟁적이 되도록 만든다. 경쟁의 명시적인 목표는 종종 평등, 즉 열등한 상태로부터의 상승에 지나지 않는다. 하지만 모든 인간은 독특하기에 키르케고르가 "세속적인 것의 일시적인 비유사성들"[15]이라 부르는 것은 제거될 수 없으며, 엄격한 의미에서의 평등은 결코 달성될 수 없다. 공간과 시간 속의 존재로서 모든 인간은 서로 구별된다. 그리고 세속성의 틀 안에서는 피조물을 사랑하시는 창조주 하나님께 호소하지 않고는 그들을 평등하다고 간주할 만한 척도가 없다.[16] 그리고 설령 평등이 달성된다 하더라도 결코 안정적이고 안전하게 유지될 수 없다.

그 결과, 다른 사람보다 더 못한 처지가 되지 않기를 바라는 동안에도 개개인은 다른 사람보다 적어도 아주 조금은 더 낫기를 원하는 경향이 있다. "미소 짓는 허영심"에 속아서 다른 사람과 자신을 비교하면서, 각 사람은 "지배자가 되기를", "비범한 존재가 되기를" 욕망한다.[17]

욥의 친구들이 앉아서 침묵 가운데 그의 고난을 존중하는 마음으로 바라보는 동안, 그들은 단지 자신들이 욥보다 더 나은 처지에 있다는 생각만 하지 않는다. 추수의 법칙, 뿌린 대로 거두는 것이 우주의 도덕적 질서임을 믿기에 의로운 자신들은 번영하고 죄를 지은 욥의 고통은 당연하다고 생각한다. 그들은 자신들이 욥보다 더 나은 처지에 있을 뿐만 아니라 도덕적으로도 그보다 우월하다고 여긴다.

태어난 날을 저주하는 욥의 첫 번째 절망적인 연설 후에 그들이 욥에게 말을 걸지만, 우정 어린 조언이라는 가면 아래 자신들의 우월성을 과시할 뿐이다. 그 과정에서 그들은 자신도 모르게 능력주의적 사고가 부적절하며 심지어 비인간적임을 증언하게 된다(4장과 5장에서 보여 주겠지만, 바울도 이 점을 강조하고 있다).

이것이 바로 "비교의 불안한 정신"인데 그 형태는 능력주의적일 수도, 비능력주의적일 수도 있다. *Upbuilding Discourses*(교화적 담론) 후반부에서 키르케고르는 이를 "비교로써 뛰어남을 얻고자 갈망하는 것"이라고 묘사한다.[18] 우월성에 대한 갈망은 소박할 수도 있는데, 이때 우리는 "적어도 한 사람이라도 지배하기를" 욕망한다.[19] 여기서 "지배하다"는 누군가보다 "더 낫다"라는 넓은 의미로 사용된다. 하지만 우월성에 대한 갈망은 동시에 교만하고 허영심에 차 있으며, 심지어 자기애적일 수도 있다. 이 경우 우리는 모든 사람을 "지배하기를", 최고가 되고 최고로 보이기를, 역사상 가장 위대한 자가 되고 그렇게 보이기를 욕망한다.

2

우월성 추구에서 비롯된 불

안한 비교에 참여하는 것은 단순히 어른이 되는 것이며 순진한 어린 아이로 남지 않는 것이라 생각할 수도 있다. 키르케고르는 이에 동의하지 않는다. 불안한 비교는 영혼을 손상시킨다. 사람이 열등감에 신음하든 우월감에 젖어 있든 상관없이 그렇다. 어느 한 지점에서 키르케고르는 우월성 추구를 "가장 강력하게 부패를 초래하는 오염 중 하나"[20]라고 묘사한다. 왜 그런가?

첫째, 내가 이미 보여 주었듯이, 염려라는 괴로움이 있다. 비교의 척도에서 우리가 낮은 곳에 있든 높은 곳에 있든 우리는 염려한다. 만약 우리가 낮은 곳에 있다면 이웃의 수준이나 그 이상으로 올라갈 방법에 대해 염려한다. 만약 우리가 높은 곳에 있다면 추월당할까 봐 염려한다. 그 척도 위에서 우리가 어디에 있든 거의 항상 우리 아래와 위에는 다른 누군가가 있다. 그리하여 어쩔 수 없이 우리는 양방향 모두를 걱정한다. 자신을 다른 사람들보다 낫다고 볼 때, 우월성으로 우리는 오만해지고 더 못한 이들을 경멸한다. 자신을 다른 사람들보다 못하다고 볼 때, 우리는 시기하고 열등감의 무게에 짓눌려 신음한다. 어느 쪽이든 우리는 염려한다.

둘째, 단지 차이점만 주목하는 비교와는 달리 불안한 비교는 각 사람의 특수성을 지워 버리는 경향이 있다. 이는 본질적으로 진실하지 않다. 우리가 자신을 비교할 때, 우리는 자신을 다른 사람 자리에 놓거나 다른 사람을 우리 자리에 놓는 것이다.[21]

불안하고 경쟁적인 비교는 각 사람을 가치 있다고 여겨지는 지적 역량, 도덕적 올바름, 부, 아름다움 등의 특정 선을 획득하는 여부로 측정하고, 그들을 낮은 데서 높은 데까지, 최악에서 최고까지의 척도 위에 두고 등급을 매긴다. 비교가 만들어 내는 사회적 공간 안에서 그러한 척도에 따른 성공 또는 실패가 각 사람을 규정하는 특징이 된다. 그들이 다른 방식으로(다른 아름다움의 기준에 따라) 아름다울 수 있다거나 다른 종류의 지능을 가졌을 수 있다는 점은 무시된다. 우리는 또한 그들의 성격을 구성하는 다른 특징도 무시하는 경향이 있다. 척도는 고유한 것을 평범한 것으로 쉽사리 눌러 버린다.

셋째, 키르케고르는 공통의 척도를 사용하여 사람의 지위를 결정하며 평가하는 것이 그들의 자아 감각을 손상시킨다고 지적한다. "다른 사람들과의 접촉에서 그는 매 순간 다른 이들을 통해 자신이 지금 이 순간 무엇인지를 알아내기 위해 기다려야만 하는 것처럼 보인다."[22] 한 사람은 무수한 유동하는 이미지들로 흩어지며, 각 이미지는 주어진 시간에 특정 인물과의 비교 속에서 획득된다. 그들은 항상 자신이 누구인지 알기 위해 기다리고 있는데, 매 순간 새로운 비교 속에서 획득된 새로운 자아가 옛 자아를 대체하기 때문이다.

넷째, 불안한 비교는 키르케고르가 단순한 인간성(mere humanity)이라 부르는 것의 비할 데 없는 영광을 평가절하한다. 산상수훈에서 예수님은 솔로몬이 그의 모든 영광 안에 있던 순간조차 들의 평범한 백합화 한 송이만큼 아름답게 입지는 못했다고 주장하신다. 키르케고르는 만약 어떤 백합이라도 솔로몬 왕의 화려함보다 더 영광스럽다면, 인간 존재에 대해서는 훨씬 더 그러해야 한다고 추론한다. 왕으로서 솔로몬의 모든 영광은 "모든 인간이 인간으로서 갖는 영광에 비하면 아무것도 아니며, 따라서 솔로몬도 자신이 가장 영광스러운 존재가 되고 그 사실을 인식하려면, 자신의 모든 영광을 벗어 던지고 단순히 한 인간이 되어야만 한다!"²³

우리의 바로 그 인간성은 우리 사이의 어떤 구별보다 훨씬 더 위대한 선이며, 이는 밀턴이 낙원에서의 아담과 하와의 "벌거벗은 위엄"을 묘사하며 암시한 것이다(《실낙원》 4:290; 3장을 보라). 이것이 우월성 추구를 반대하는 키르케고르 주장의 핵심이다. 그가 추구하는 바를 이해하기 위해 그의 인간학 속으로 잠시 들어가 볼 필요가 있다.

───

인간은 자의식을 지닌 존재이기에 스스로에게서 '벗어나서' 자신과 관계를 맺을 수 있다. 키르케고르에 따르면, 자아란 바로 나와 나 자신 사이의 관계다. 그러나 인간은 결코 혼자가 아니며, 혼자 서거나 홀로 자신을 확립할 수 없다. 나는 언제나 타인을 필요로 한다. 나는 타인과 관계 맺음으로써 나 자신과 관계를 맺는다. 앞에서 살펴보았던 "불안한 비교"에 관한 글들을 쓴 직후에 집필한 《죽음에 이르는 병》(The Sickness unto Death) 첫머리에서, 키르케고르는 자아를 "자기 자신과 관계를 맺으며, 그러한 관계 맺음 가운데 타인과 관계를 맺는 하나의 관계"라고 정의한다.²⁴ 지금까지 나는 두 가지 관계, 즉 자아와 자아 자신과의 관계, 그리고 자아와 또 다른 자아와의 관계를 언급했다.

그러나 키르케고르는 이러한 자기 관계적이면서 타자 관계적인 자아는 세 번째 관계 없이는 존재할 수 없다고 단언하는데, 이는 바로 그러한 자아와 하나님이 맺는 구성적(창조적) 관계다. 자아는 무한하고 영원하신 하나님에 의해 세워지며, 자아는 의식적이든 무의식적이든 자신이 행하는 모든 것을 하나님과의 관계 속에서, 하나님 앞에서 – 바로 "그것을 정립한 그 힘" 앞에서 – 살고 행한다.[25]

　　자아는 관계이므로, 잘못된 관계의 가능성이 얼마든지 열려 있다. 키르케고르는 우리가 자신이나 타자와 관계 맺는 방식에서 우리의 인간성을 배반할 수 있다고 생각한다. 이것이 바로 《죽음에 이르는 병》의 책 제목이 말하는 요점이다. 이 죽음은 육체적 죽음이 아니라 영적 죽음, 참된 자아의 죽음을 가리킨다. 그러한 죽음에 대한 또 다른 명칭은 절망이다. 우리가 흔히 생각하듯 감정의 상태로서의 절망이 아니라, 자아의 거짓됨, 자아의 자기 배반 상태로서의 절망이며, 이는 "최악의 불행이자 비참함일 뿐만 아니라" 자아의 "파멸"이다.[26]

　　이 병이 왜 그토록 심각한 것인지를 이해하려면, 우리는 건강이 무엇인지부터 알아야 한다. 진정한 건강에 대해 키르케고르는 이렇게 쓴다. "절망이 완전히 뿌리 뽑힌 상태의 자아를 기술하는 공식은 다음과 같다. 자아는 자기 자신과 관계를 맺으며, 기꺼이 자기 자신이 되고자 하며, 자기를 세운 힘 안에서 투명한 안식을 찾는다."[27] 이 인용문에서 자아를 "세운 힘"은 하나님이다. 투명하게 안식한다는 것은 타자와 관계 맺을 때 우리가 자신과 온전히 하나가 되어 있는 것을 의미한다. 마치 우리가 음악에 사로잡혀 있을 때나 사랑하는 무언가를 하며 흔히 말하는 몰입의 상태에 있을 때 우리 자신과 하나가 되는 것과 같다. 키르케고르는 우리가 우리 자신과 하나가 되고 기꺼이 우리 자신이 되고자 할 때, 또한 우리 존재의 기반이며 그 앞에서 살고 있는 하나님과의 관계 안에서 그렇게 할 때 건강하다고 말한다.

절망에는 두 가지 주요 형태가 있다. 하나는 "자기 자신이 되기를 원하지 않는 것"이다. 흔히 우리가 절망을 생각하는 방식일 것이다. 다른 형태의 절망은 다소 놀랍게도 우리의 우월성 추구를 이해하는 데 필수적이다. 이 절망은 "자기 자신이 되기를 원하는 것"이지만, 우선적으로 하나님이 아닌 타자들과의 관계 맺음으로써 그렇게 하려는 것이다. 이 부분에서 세속적 구별들과 불안한 비교들이 개입한다.

===

서열화된 구별들과 우월성 추구로 규정되는 사회적 공간 안에서 내가 우선적으로 다른 사람들과의 관계 맺음을 통해 나 자신과 관계를 맺을 때 나는 절망의 상태에 있는 것이다. 다시 말해 내가 부, 권력, 교육, 민족적 소속감 등과 같은 것으로써 나 자신을 확립하고자 할 때, 이를 위해 내가 경쟁적인 방식으로 다른 사람들만큼 또는 그들보다 더 나아지려고 애쓰고 있을 때 나는 절망의 상태에 있는 것이다.

나는 더 이상 투명하지 않으며, 나 자신과 하나 되어 안식하지 못한다. 나는 자기 비하와 영광 및 우월성 추구 사이에서 분열한다. 타인과의 관계를 형성하는 경쟁적 추구는 나 자신과의 관계를 오염시키고 불안정하게 만든다. 다른 인간들을 닮고자 스스로 만들어

내는 내 이미지는 마치 아름다운 작은 백합이 자신이 크라운 임페리얼처럼 되어야 한다고 생각했을 때처럼, 나 자신의 고유하고 영광스러운 인간성을 가려 버린다. 내가 세상 속 가장 뛰어난 표본들의 형상을 따라 나를 창조하려 할 때, 그들은 하나님의 자리를 대신하고 나는 나 자신을 파멸시킨다.

사악한 새에게 이끌려 하나님이 정립해 주신 지금의 나 본연의 존재에서 벗어나 다른 이들과의 불안한 비교로 잘못된 열망을 품게 될 때 나는 "죽는다." 물론 하나님 안에서 자기 자신과 하나가 됨은 수동적인 상태가 아니라 역동적인 관계다. 이것은 자신을 하나님이 이미 정립해 두신 독특한 인격으로, 시간 속에서 자신 및 타인과 관계를 맺고 있는 존재로 능동적으로 받아들인 결과다.

모든 인간은 각자 자신의 방식으로 동일한 영광을 지니며, 이 영광은 그들이 스스로 애써서 얻을 수 있는 어떤 구별을 통한 영광과는 비교할 수 없을 정도로 위대하다. 등반가가 높은 산 정상에 서서 저 아래 펼쳐지는 변화무쌍한 구름 모양을 내려다보듯이, 모든 인간은 단지 인간이라는 이유만으로 가장 높은 봉우리에 서 있으며 어떠한 시기심도 교만도 없이 인류의 모든 다양함을 관찰한다.[28]

키르케고르는 우월성 추구가 이 영광스러운 존재를 실체 없는 구름으로 바꾸어 버린다고 암시한다. *Christian Discourses*(기독교 강화)에서 그는 이렇게 표현한다. 그들의 가장 깊은 내면에서 그러한 사람은 죽은 것이나 다름없다. 우리 사이를 거니는 것은 그들의 고귀함(우월함)일 뿐, 참된 자아가 아니다. 그것은 진정한 인간의 껍데기요,

실체 없는 유령일 뿐이다.[29] 우월성 추구 속에서 자아는 상실한다. 자아의 보편적 인간성과 고유한 특수성 모두가 배반당한다.

인간이 염려라는 고통을 스스로에게 지우고 자기 자신으로부터 소외된 상태에 빠지면서까지 추구하는 그 목표는 무엇일까? 그것은 우월성 또는 키르케고르의 용어로는 "고귀함"(loftiness)이다. 그러나 고귀함은 허구다. 물론 우리가 추구하는 속성 가령 근육의 탄력, 글의 유려함, 기억력의 크기 등이 허구일 필요는 없으며(세상에서 가장 긴 수염을 갖는 것같이 일부 명백히 허구인 것도 있지만), 심지어 진정으로 바람직한 것일 수도 있다. 그러나 그 속성 때문에 다른 사람에 대해 갖는 우월감(고귀함)은 허구적이라고 키르케고르는 주장한다.

어떤 사람이 특정한 종류의 아름다움을 추구한다고 가정해보자. 걱정 많은 작은 백합이 그랬던 것처럼 또는 토니 모리슨(Toni Morrison)의 《가장 푸른 눈》(The Bluest Eye)에 나오는 피콜라라는 어린 흑인 소녀가 그랬던 것처럼 말이다. 피콜라는 너무나 간절하게도 푸른 눈을 원했다. 인종차별적 경멸의 시선과 백인 스타의 화려함이 그녀로 하여금 푸른 눈을 아름다움의 정점이라고 상상하게끔 만들었기 때문이다. 물론 크라운 임페리얼 백합은 실제로 아름다울 수 있고, 푸른 눈도 마찬가지다. 그러나 그 특정한 아름다움의 모습을 지배적이고 보편적인 규범으로 삼는 것은 그것을 비인간화하는 허구로 만드는 일이다. 그러한 아름다움의 이상적 기준에서 뛰어나기를 갈망하는 사람들은 대부분 고귀함을 위한 싸움에서 패배하고, 거짓을 좇다가 결국 자신을 잃고 심지어 죽음에 이르게 된다. 염려 많은 백합과 인종적

자기혐오에 빠졌던 피콜라가 그랬던 것처럼…….³⁰

승자의 운명이 조금 더 낫긴 하지만, 키르케고르가 보기에는 크게 다르지 않다. 명예로운 칭호로 표현되는 "고귀함에 대한 갈망"에 사로잡힌 사람을 묘사하며 그는 이렇게 쓴다.

> 그는 자신이 탐내던 것이 되어 버린다. 인간으로 보이긴 하지만, 사실 칭호 그 자체가 되는 것이다. [그런 인간] 안에는 순전한 공허함과 허황됨 외에는 실로 아무것도 없다. 하지만 겉모습은 존재한다. 길 가던 사람의 경의를 요구하는 세속적 고귀함의 표식을 지닌 헛된 겉모습 말이다. 마치 장례식에서 훈장을 받쳐 주고 있는 쿠션처럼. 그는 이 모든 고귀함을 받쳐 주고 있을 뿐이다.³¹

4장에서 살펴보겠지만, 사도 바울 또한 일부 신자들의 '약함'과 '존귀하지 않음'이 단지 겉모습일 뿐이라고 폭로한다. 다만 그것은 공동체를 무너뜨릴 만큼 강력한 겉모습이며, 따라서 공동체 구성원이 반드시 포기해야만 하는 것이다.

3

우월성 추구를 통해 무(nothingness)로 미끄러져 들어가는 것에 대한 키르케고르의 대안은 무엇인가? 우월성 추구가 의존하는 "세속적 비유사성들"을 없애 버리려는 시도는 선택지가 아니다. 차이들은 가치 있을 뿐만 아니라 제거될 수도 없다. 우리의 공통된 인간성은 인간의 수만큼이나 많은 비유사한 사례들 속에서만 존재한다. 우리는 인간을 제거함으로써만 비유사성들을 제거할 수 있다.

또 다른 선택지는 완전하고 안정적인 동등성을 달성하는 것이 불가능함을 알면서도 유사성을 극대화하는 것일 수도 있다. 그러나 그것 역시 개별성을 상당히 지워 버리는 결과를 낳을 것이다. 더 중요한 점은 단순한 유사성만으로는 키르케고르가 우리가 도달할 필요가 있다고 생각하는 지점에 다가갈 수 없다는 점이다. 비교를 통해 차별성을 얻겠다는 갈망은 비록 미천한 자와 고귀한 자의 간극이 크게 줄어든다 하더라도, 여전히 남아 있을 것이다.

게오르크 짐멜(Georg Simmel)이 지적하듯이, 사회적 감정은 절대적 차이보다는 상대적 차이에 더 달라붙는다. 그는 이 점을 "장미들"의 비유를 들어 설명한다. 성공한 농부들로 가득한 땅을 상상해 보라. 어떤 이들은 유용하고 건강에 좋은 곡식을 재배하고, 다른 이들은 인간이 상상할 수 있는 가장 아름다운 장미를 재배한다. 우리는 왜 두 부류의 농부 사이에 긴장과 질투가 발생하는지, 왜 오직 아름다움만을 위해 장미를 기르는 사람들이 스스로를 우월하다고 여기는지, 왜 곡식을 재배하는 사람들이 그들에게 반발하는지를 어느 정도 이해할 수 있다. 그러나 장미 재배 농부들만의 세상이 생기고 그들의 부가 모두 동등한 상태라 해도, 곧 "자연이 모든 획일화 시도에 저항하여 만들어 낸 색깔과 형태, 향기와 매력의 미세한 차이들" 때문에 동일한 질투와 자부심, 동일한 열등감과 우월감이 생겨날 것이다.[32]

키르케고르의 대담하고 논쟁적인 제안은 비교를 통해 탁월함을 얻겠다는 갈망을 포기하고 열등함에 대한 걱정과 우월성에 대한 추구를 전부 제거하자는 것이다.[33] 각 개인은 방대한 비유사성 네트워크의 일부이지만, "이 모든 …… 비유사성의 비교는 기독교를 전혀, 조금도 사로잡지 못한다. 그러한 집착과 관심은 또 다른 속된 태도에 불과하다."[34]

백합과 새들(어린 백합을 망친 유혹하는 사악한 새가 아니라, 예수님이 언급하신 하나님의 먹이심을 염려 없이 의존하는 착한 새들)은 우리의 스승이 되어야 한다. 키르케고르는 *Christian Discourses*(기독교 강화)에서 이를 다음과 같이 표현한다. 참새와 방울새 사이에 빼어남의 수준은 차이가 있지만, 그들 사이에서 빼어남을 따른 분류는 존재하지 않는다. 각각은 "존재하는 그 모습 그대로이며", "자신에 대해 만족한다." "자신이 다른 새들만큼 '좋은 새인가'를 염려하지 않는다. …… 그러한 모든 것에 대해 전혀 생각하지 않고 그저 존재하는 기쁨에 벅차서 재잘댈 뿐이다."[35] 물론 인간은 새가 아니다. 우리는 비천함과 탁월함을 구분할 수 있는 생각하는 피조물이다. 그럼에도 목표는 참새처럼 되는 것이다. 우리 자신이 존재한다는 기쁨에 벅차서 살아가는 것이다.

또한 우리의 목표는 백합처럼 되는 것이다. 곧 "눈곱만큼도 자신의 비천함에 대해 걱정하지 않고" "순수한 자기만족 속에서" 살아가는 것이다.36 백합은 비천함에 대한 걱정뿐만 아니라, 자신의 비범한 아름다움으로 인한 자만심에서도 자유롭다. 앞에서 키르케고르는 하나님이 솔로몬의 영광보다 더 영광스러운 옷을 입히신 백합의 은유를 사용하면서 이러한 수사적 물음을 던진다.

> 백합이 자신의 고운 옷을 보고, 그 옷 때문에 하나님이 자신을 사랑한다고 생각한다면 이는 가련한 착각이 아니겠는가? 그런 생각에 영향을 받고 산다면, 들판에 당당히 서서 바람과 장난을 치며, 부는 바람처럼 염려 없이 지내는 대신 고개도 들지 못한 채로 시들어 말라 버리지 않겠는가?37

만약 백합이 그리 생각한다면, "다른 것들보다 더 고귀하지 않으면" 고귀하지 않다는 생각, 즉 고귀함에 대한 염려라는 질병에 걸리게 될 것이다.38

하지만 인간이 어떻게 비천함이나 고귀함에 대한 염려 없이 살아갈 수 있을까? 자신이 다른 사람과 어떻게 다른지를 알아내는 것이 좋은 출발점이라 생각할 수 있다. 자신의 특별함을 찾아내고 그 속에서 자기만족을 느끼며 안주하는 것이다. 하지만 키르케고르는 이 단순하고 당연해 보이는 과정이 덫이라고 주장한다. 그 노력은 비교를 수반하며, 따라서 결국 우월성 추구로 이어지고, 유령 같은 무

(nothingness) 속으로 빠져들기 쉽다.

인간이 존재의 기쁨과 순수한 자기만족을 얻기 위해 필요한 것은 자기 평가의 대상을 전환하는 것이다. 우리는 우리의 차별성보다는 순전한 인간성에 초점을 맞춤으로써만 우리를 "세운 힘 안에 투명하게" 안식할 수 있다.[39] 우리는 사랑의 하나님을 우리의 정체성을 위한 일차 기준으로 삼고, 자신이 '하나님 앞에서'(코람 데오; coram Deo) 살아가고 있음을 인식해야 한다.

키르케고르에게 '인간성'은 개인이 성취하는 어떤 것이 아니다.[40] 만약 그렇다면, 그러한 성취는 비교를 불러일으킬 것이다. 우리는 더 인간적이거나 덜 인간적이 될 수도 있다. 그리고 그것이 우리를 비교의 염려에서 벗어나 존재의 기쁨으로 나가도록 인도할 수는 없을 것이다. 그러나 '인간성'은 우리가 특수한 인간 피조물이라는 사실 자체로 우리 각자에게 주어진다. 인간성의 원형이신 그리스도를 닮은 정도에서는 차이가 나타나고 그 안에 일종의 노력이 포함되기는 하지만, 이 역시 개인이 성취하는 것이 아니다. 그 원형은 단순한 본보기가 아니라 신뢰할 수 있는 약속이기도 하다. "다른 어떤 약속도 이보다 더 신뢰할 수는 없다"라고 키르케고르는 강조한다. 왜냐하면 "그 원형은 (약속의) 성취"이기 때문이다.[41] 따라서 그 원형을 닮아 가는 각 개인의 고유한 성장 또한 선물이다.

4장에서 다룰 바울의 용어를 쓰자면, 각 개인의 참된 자아는 바로 그들 안에 살아 계신 그리스도에 의해 구성된 자아다. 하나님 앞에서 살아갈 때 나는 신용이나 공적(merit)을 쌓지 않으며, 따라서 내가 다른 사람에 비해 우월하거나 열등하다는 생각을 정당화할 수 없다.[42] 특정한 인간의 다른 어떤 특징, 아름다움이나 지적 능력, 부, 사회적 권력에 관해서는 그것들의 가치가 전적으로 원형을 닮아 살아가는 삶의 양식에 얼마나 부합하는가에 달려 있다.

진정한 고귀함, 참된 세속적 영광은 오직 하나뿐이다. 그것은 하나님의 부르심에 응답하여 코람 데오로 살아가며 하나님 안에서 투명하게 안식하며 사는 인간 존재이다. 키르케고르는 각자가 이런 방식으로 고귀하며, "다른 누구보다 더 높지 않으면서도"[43] 세속적 기준으로 자신이 얼마나 높거나 낮은지 전혀 염려할 필요 없이 고귀하다고 쓴다. 각자는 다른 사람들 사이에서의 상대적 지위와 관계없이 자기 존재의 기쁨으로 살아간다. 이는 모든 인간에게 적용되며, 가장 고귀하다고 여겨지는 이들에게도 마찬가지다. 진정으로 고귀해지기 위해, 예를 들어 왕족 중 가장 고귀한 자는 '고귀함의 차이를 뛰어넘어' 살아야 한다. 이런 방식으로 고귀할 때, 왕은 '비천함의 차이를 뛰어넘어' 살게 된 가장 비천한 백성과 정확히 동등해질 것이다.[44]

세속적인 기준으로 고귀하다고 여겨지는 어떤 지위도 사실은 비천한 것이며 단지 뜬 구름에 불과하다. 각자 나름대로의 아름다움이 있겠지만, 실은 영광스러운 '순전한' 인간성이라는 산 정상 아래에 깔린 구름이다. 그 가장 높은 산의 정상에서, 순전한 인간들은 그들의 스승인 공중의 새와 들의 꽃, 하나님이 세우시고 동등하게 사랑하시는 다른 모든 피조물에 둘러싸여 있다.

4

키르케고르는 하나님 앞에서의 고귀함이 주는 자기만족과 우월성 추구의 역설적인 자기 파괴를 대조한다. 하지만 '자기만족'은 모호한 용어다. 그는 '순수한' 자기만족과 '교만한' 자기만족을 구별하고, 또한 우리가 '열망하는'(aspiring) 자기만족과 '무관심한' 자기만족이라 부를 수 있는 것을 구별한다.

키르케고르는 "순수한 자기만족"이라는 표현을 "존재의 기쁨"과 거의 동의어로 사용한다. 그가 드는 예는 다른 새들과 함께 있는 새인데, 이 새는 "다른 새들과 번갈아 재잘거리며 기쁨과 자유를 누리며 살아간다." 각각의 새는 다른 새들과 합창하는 데 만족하지만, "다른 새들을 만족시키려고 노래하는 것은 아니다." 다른 새들의 인정이나 더 나아가 그들보다 우월하다는 느낌 없이도 "자기 자신으로 존재하는 데 만족한다."[45]

이는 교만한 비교에 뿌리를 둔 자기만족과 대조된다. 누가복음에서 예수님은 "자기를 의롭다고 믿고 다른 사람을 멸시하는"(눅 18:9) 자들에 대한 비유를 말씀하신다. 이 비유에서 바리새인은 저 새들과 정반대 유형이다. 바리새인은 자신에게 만족하기 위해 스스로를 다른 사람보다 우월하다고 생각해야만 한다. 키르케고르는 그가 자신이 "다른 사람들 곧 토색, 불의, 간음을 하는 자들과 같지 아니하고 이 세리와도 같지 아니함을"(눅 18:11) 하나님께 감사하면서, "세리를 보면서" 또 그와 비슷한 이들과 자신 사이의 "거리를 재면서" "교만하게 자기만족을 찾았다"고 지적한다.[46] 바리새인이 하나님 앞에서 자신의 우

월성을 자축할 때, 그의 자기만족은 오만한 경멸로 드러난다.[47]

키르케고르가 "순수한 자기만족"과 "존재의 기쁨"을 지칭할 때 가장 선호하는 말은 "자족"(contentment)이다.[48] 일반적으로 자족한다는 것은 있는 그대로의 자신에게 만족하고, 자신이나 자신의 상태를 개선하는 데 무관심함을 의미한다. 참새나 백합처럼, 자족하는 사람들은 그저 있는 그대로 존재한다. 하지만 이 말은 키르케고르가 말하는 자족의 정확한 의미는 아니다. 그가 생각하는 핵심 목표는 원형(그리스도)을 닮아 가는 성장이므로, 그가 염두에 둔 자족은 자아가 자신에게 만족하는 것과 자아를 개선하는 것이 양립할 수 있어야 한다. 이는 무관심한 자기만족이기보다 열망하는 자기만족이어야 한다. 그가 《죽음에 이르는 병》의 초고 자료 일부에서 표현했듯이, "이상을 찬양하면서 자신이 그것을 추구하지 않는 것은 실로 신성모독일 것이다."[49]

키르케고르의 감탄(admiration)에 대한 설명은 그가 어떻게 자기만족과 자기 개선을 결합하는지를 잘 보여 준다. 감탄은 자신을 누군가와 비교하고 (특정 영역에서) 그들의 우월성을 인정하며 그들처럼 되려고 노력하는 것을 포함하는데, 그럼에도 불구하고 그는 감탄을 장려한다. 하지만 우월성 추구를 동반하는 불안한 비교와 자기만족을 수반하는 감탄의 비교 사이에는 차이가 있다.

우리가 다른 사람에 대해 감탄하는 데는 두 가지 방식이 있다. 하나는 고통스러운 자기 비하를 수반하는 방식이고, 다른 하나는 자신을 즐겁게 받아들이는 기쁨 속에서이다. *Christian Discourses*(기독교 강화)의 힘과 약함에 대한 논의 도중 나오는 한 구절에서, 키르케고르는 열등감의 괴로움을 느끼지 않으면서 감탄하는 게 어떤 것인지를 상세히 설명한다.

> 감탄은 …… 두 가지 측면에서 볼 수 있다. …… 첫 번째 측면은 감탄하는 사람이 감탄 속에서 우월성과 관계함으로써 느끼는 약함의 감정이다. 하지만 감탄은 우월성에 대해 행복을 느끼는 관계이며, 따라서 이 감정은 복된 감정이다. 자기 자신과의 진정한 하나 됨 속에서는 아마도 감탄하는 것이 감탄받는 것보다 더 복될 것이다. 감탄의 첫 번째 감정이 고통이라는 점은 다음과 같은 경우에 드러난다. 만일 누군가가 우월성을 감지하지만 이를 기쁘게 받아들이지 않고 마지못해 인정한다면, 그는 행복과는 거리가 멀다. 오히려 그는 극도로 불행하며, 가장 괴로운 고통 가운데 있다. 하지만 그가 내심 불행하게라도 감탄했던 우월성에 기꺼이 항복하고 온전한 감탄에 자신을 맡길 때, 그는 마침내 승리의 기쁨을 경험한다. 그가 더 많이 항복할수록, 자신의 감탄에 진정으로 일치할수록, 그는 우월성보다 더 우월해지는 상태에 가까워진다. 감탄 속에서 그는 형언할 수 없는 행복을 느끼며 우월성의 모든 압박에서 해방된다. 그는 우월성에 굴복한 것이 아니라, 감탄 속에서 승리한 것이다.[50]

만약 내가 도무지 본받을 수 없고 따를 수 없는 수준의 용감한 사람에 대해 감탄하게 된다면, 그리고 고통스러운 열등감 속에서 그리한다면 나는 그들에 대해 잘못된 방식으로 감탄하는 것이다. 사실, 키르케고르는 내가 그들에 대해 전혀 감탄하고 있지 않다고 본다. 왜냐하면 진정한 감탄은 "복된 감정", "우월성에 대한 행복한 관계"이기 때문이다. 그럼에도 불구하고 그 행복한 관계는 초연한 놀라움, 즉 수동적인 감탄이 아니다.

단순히 감탄하는 사람이 아니라 모방하는 사람이 되어야 한다. 그 차이를 설명하면서 키르케고르는 이렇게 쓴다. "모방하는 사람은 자신이 감탄하는 대상이 되었거나 그러기 위해 노력하는 사람인 반면, 감탄하는 사람은 자신을 개인적으로 분리된 상태로 유지하며, 의식적이든 무의식적이든 감탄하는 그것이 자신에게 요구하는 감탄하는 무언가가 되거나 적어도 그렇게 되도록 노력해야 한다는 것을 보지 못한다."[51]

내가 나 자신보다 우월한 용기의 소유자를 진정으로 감탄할 때, 나는 그 용기를 감탄할 만한 것으로 인정하고, 그 용기가 세상에 구현되는 것을 보며 기뻐하고, 나 자신의 방식으로 용기를 소유하기를 갈망한다. 나는 이들을 절대 시기하지 않는다. 이들 앞에서 위축되지도 않고, 그들보다 우월해지려고 애쓰지도 않는다. 그들을 따라잡거나 능가하기 위해서가 아니라, 그들처럼 됨으로써 나 자신이 더 나은 모습이 되기 위해 그들이 지닌 용기를 똑같이 추구한다. 그들을 진정으로 감탄할 때, 나는 나 자신과 하나가 되어 있다.

중요한 의미에서, 키르케고르는 이러한 행복한 감탄이 우리가 감탄하는 사람의 우월성보다 '우월할' 수도 있다고 지적한다. 어떤 의미에서 왕족인 것보다 인간인 것이 더 큰 고귀함인 것과 유사하다. 나는 우월성 추구의 유혹을 극복했으며, 나의 특수한 형태의 순전한 인간성이라는 영광의 산 정상에 서서 부지런히 나 자신을 나만의 충만함으로 확장시키고 있다. 그리고 이 모든 과정에서 나보다 우월한 사람을 감탄과 기쁨으로 바라본다. 이것은 충만함으로 성숙해지는 과정에서 얻는 "순수한 자기만족"이다. 이것은 "교만한 자기만족"과 극명한 대조를 이루며, "교만한 자기만족의 배후"에는 우월성과의 불행한 관계가 존재한다.

═══════

우리가 감탄하는 자질들(원형이신 그리스도 안에서 가장 탁월하게 예시된)을 구현하려 노력함은 올바르게 자족하며 기꺼이 자기 자신이 되고자 하는 인간이 행하는 일 중 하나일 뿐이다. 키르케고르에게 일이란 일반적으로 인간의 완전성(perfection)이다. "일함으로써 인간은 하나님을 닮는다. 하나님이 일하시는 분이기 때문이다." 만일 그들이 잘 일한다면, 사실상 그들은 "하나님과 함께" 일하는 것이다.[52] "세속적 비교의 비참함"을 극복하고, 진정한 명예와 완전성이 무엇인지 아는 사람들은 "일하는 것이 얼마나 영광스러운지"를 안다.[53] 이는 인간이 되는 것이 영광스러운 것과 유사한 것이다.

일의 목적은 비교를 통해 차별성에 대한 갈망을 만족시키는 것이 아니라, 원형이신 분을 모방하고, 다른 사람들을 섬기며, 그럼으로써 하나님이 자신의 인간성 안에 세우신 개인적 독특함을 더 충만히 살아가는 것이다.

우리가 소명을 실천할 수 있도록 직업 같은 것들을 추구함은 우리가 할 수 있고 해야만 하는 일이다. 하지만 키르케고르는 우리가 어떤 지위에 있든, 우리의 고유성이 무엇이든 간에, 그것들을 느슨하게 "입고 있어야" 한다고 촉구할 것이다. 우리의 고유성의 어떤 특정한 형태보다 더 중요한 것은 우리의 구체적인 삶에서 나타나는 "순전한 인간성"과 하나님을 향한 우리 삶의 "투명성"이다.[54]

5

내가 제시한 바처럼, 키르케고르는 비천한 자와 고귀한 자를 둘러싼 삶의 조건들의 차이가 갖는 도덕적 중요성에는 무관심한 듯 보인다. 그의 관심사는 가난의 염려, 풍요의 염려, 비교의 염려이지, 가난의 조건, 풍요의 조건, 불안한 비교를 피하기 어렵게 만드는 조건들이 아니다. 조건의 차이는 그의 우월성 추구에 대한 사유에서 중요하지 않은 것 같다. 세속적 관계에서의(코람 문도, coram mundo) 고귀한 자와 비천한 자는 유일하게 중요한 고귀함 즉 우리의 세속적 삶을 하나님 앞에서(코람 데오), 기쁘고 부지런한 만족 속에서 함께 살아가는 것에 관한 한 동등하게 비천하다.

키르케고르는 심지어 가난하고 약한 자들이 바로 그들의 가난과 약함 때문에 부유하고 권세 있는 자들보다 유리하다고 주장한다. 가난한 자들은 차별성 속에서 영광을 추구하도록 이끄는 부와 권력에 둘러싸여 있거나 이를 의존하지 않기에 세속적 고귀함(우월함)의 공허를 보다 쉽게 인식할 수 있다. 그는 (전적으로 설득력 있지는 않지만) 가난한 자들이 세속적 고귀함에 대한 추구를 더 쉽게 포기할 것이며, 따라서 참된 고귀함으로의 여정을 시작할 가능성이 더 높다고 생각한다. 이 비천한 자들의 유리한 점은 그것은 특정한 강력한 유혹들로부터 면제되었다는 것이며, 그 자체로는 도덕적인 것이 아니다.

역으로 말하면, 세속적 의미에서 고귀한 사람은 이런 점에서는 불리한 처지에 있다. 그러나 세속적 의미에서 고귀한 사람들에게는 변명의 여지가 없다. 그들은 "문자 그대로 가난하고, 멸시받고, 비천하게 됨으로써" 스스로를 도울 수 있기 때문이다.[55] 그들은 유혹받는 환경으로부터 스스로를 옮겨 놓을 수 있다. 그럼에도 불구하고, 두 경우 모두에서 결정적인 것은 그들의 외적 조건이 아니라 오히려 내적 태도, 즉 세속적 지위와 무관한 "자기 자신의 비천함에 대한 느낌"이다.[56]

그리고 모든 인간이 공유하는 진정한 인간적 고귀함에 대한 느낌이다(비천한 자들이 우월성 추구의 유혹에 저항하는 능력과 관련하여 고귀한 자들보다 도덕적으로 유리하다는 생각은, 이동성이 구조적으로 제한되어 부자와 가난한 자 사이의 간극을 거의 메울 수 없다고 여겨졌던 전근대적이고 정적인 사회에서는 어느 정도 타당성을 지닌다. 이는 현대적이고 역동적인 사회, 특히 무

일푼에서 부자가 되는 이야기가 사회 이데올로기의 일부인 사회에서는 설득력이 떨어진다. 이러한 사회에서는 다른 사람과의 경쟁 속에서 우월성을 추구하는 것이 종종 비천한 자들에게도 생존 조건이 된다. 만약 그렇다면, 우월성 추구의 문제를 진지하게 취급한다면 가난한 자들 사이의 무자비한 경쟁을 요구하지 않는 사회 정책을 수립할 필요가 있다).

―――

키르케고르에게 자기 자신의 비천함에 대한 느낌은 본질적으로 중요하지만, 우리의 하나님과 관계와 공통의 인간성과의 관계에 비추어 볼 때 세상 속에서 행동하는 것 또한 중요하다. 하나님 앞에서 우리가 공유하는 이 비천함은 (세속적 의미에서) 고귀한 자가 비천한 자를 대하는 관계에 어떤 결과를 가져오는가? 키르케고르는 이 질문을 광범위하게 탐구하지는 않지만, 그가 말하는 바는 중요하다.

누가복음에서 예수님는 자신을 자기 집으로 초대한 주인에게 말씀하신다.

> 네가 점심이나 저녁이나 베풀거든 벗이나 형제나 친척이나 부한 이웃을 청하지 말라 두렵건대 그 사람들이 너를 도로 청하여 네게 갚음이 될까 하노라 잔치를 베풀거든 차라리 가난한 자들과 몸 불편한 자들과 저는 자들과 맹인들을 청하라 그리하면 그들이 갚을 것이 없으므로 네게 복이 되리니 이는

의인들의 부활 시에 네가 갚음을 받겠음이라(눅 14:12-14).

이 가르침의 중심에 있는 명백한 질문은 이것이다. 왜 가난한 자들을 초대해야 하는가? 예수님이 주시는 답은 "그들이 갚을 것이 없[기]" 때문이다(눅 14:14). 가난한 자들에 대한 초대는 (비록 의인들의 부활 시에 "갚음"이 있겠지만) 사랑의 행위이지 은밀한 물물교환이 아니다.

《사랑의 실천》(Works of Love)에서 키르케고르는 이 이야기와 관련된 덜 명백한 질문을 탐구한다. 왜 예수님은 부유한 친척과 친구들을 위한 식사는 '점심'이나 '저녁'이라 부르면서, 소외된 이들을 위한 식사는 '잔치'라고 부르는가? 더 적절한 명칭은 '자선 식사'가 아니겠는가? 음식이 "최상급이고 값비쌀"지라도, "열 종류의 포도주가 있을"지라도, 비천한 자들을 위한 식사는 잔치가 될 수 없을 것처럼 보인다.[57] 친구들과 내가 선택한 이들이 없다면 어떻게 잔치가 가능하겠는가? 그럼에도 예수님은 문화적 관행과 명칭을 바꿀 것을 주장하신다. "가난한 자들을 초대하는 것, 그것이 바로 잔치다." 키르케고르는 계속해서 말한다. "기독교적 평등과 그 언어 사용은 너무나 철저해서, 당신이 가난한 자들을 먹여야 한다고 요구할 뿐만 아니라, 당신이 그것을 잔치라고 불러야만 한다고 말한다."[58] 하지만 왜 그런가?

고귀한 자와 비천한 자 사이의 비유사성을 고려할 때, 이 비천한 자들에 대한 선호(가난한 자들에 대한 우선적 선택!)야말로 그들의 비천함이나 당신의 고귀함을 고려하지 않고 이웃을 사랑하는 것이 의미하는 바다. "각자를 개별적으로 대하되 아무도 예외적으로 대하지 않는다."⁵⁹ 그 행위가 당신 자신의 사회적 지위에 미치는 영향에 대해서는 전혀 고려하지 않고, 비천한 자들을 고귀한 자들과 동등한 지위로 끌어올리라. "가난한 자들과 비천한 자들을 단지 가난하고 비천한 자들로만" 대하지 말라.⁶⁰

―――

하지만 키르케고르는 가난한 자들을 위한 이러한 잔치에도 불구하고, 부, 권력 또는 사회적 지위 등의 불일치를 포함한 비유사성들은 그대로 남아야 한다고 생각한다. 한 가지 이유는 그의 정적인 사회관이다. 하나님의 섭리가 비유사성들을 할당하므로, 각 사람은 자신의 비유사성들을 받아들이고 자신의 "적절한 위치"에 머물러야 한다.⁶¹ 또 다른 이유는 인간이 스스로 "마음의 생각이 교만한 자들을" 흩고 "권세 있는 자를" 자리에서 내리고 "비천한 자를" 높이는 일을 이루려 하면(눅 1:51-52), 갈등과 분열을 조장하여 가장 중요한 각 사람의 동등한 내면의 영광을 보지 못하게 만들기 때문이다. 키르케고르는 다음과 같이 쓴다.

> [기독교는] 비유사성, 즉 차별성의 비유사성이든 비천함의 비유사성이든 그것을 폐지하기 위해 돌진하기를 원치 않아 왔으며, 또한 세속적인 방식으로 비유사성들 사이의 타협을 이루기를 바라지도 않았다. 오히려 기독교는 비유사성이

개인에게 느슨하게. 마치 왕이 자신이 누구인지를 보여 주기 위해 벗어 던지는 망토처럼 느슨하게. 초자연적 존재가 자신을 감추기 위해 뒤집어쓴 누더기 옷처럼 걸쳐져 있기를 원한다.[62]

사회적 비유사성들을 폐지하는 대신, 키르케고르는 비교를 통해 차별성을 얻으려는 갈망에 저항해야 한다고 조언한다. 그런 갈망은 비유사성들을 강화한다. 우리는 비유사성들에 대한 염려에서 벗어나 성장하기를 추구해야 하며, 비유사성들을 통해 각자의 '순전한' 인간성이 지닌 가장 중요한 영광, 즉 가장 비천한 자와 가장 고귀한 자가 지닌 동등한 영광을 꿰뚫어 보는 것을 추구해야 한다.

우리는 세상의 조건을 바꿈으로써 우월성에 대한 갈망을 극복하는 것은 불가능하다는 키르케고르의 주장을 인정할 수 있다. 짐멜의 우화 〈장미들〉이 보여 주듯이, 불안한 비교가 달라붙을 만한 차별성은 제거될 수 없다. 그러나 키르케고르가, 예를 들어 피콜라의 목숨을 앗아 간 '푸른 눈'이라는 문화적 이상의 지배에 맞서 싸우는 걸 반대하지는 않을 것 같다. 예리한 사회 심리학자로서 키르케고르는 문화가 구체적인 사회적 패턴을 형성하는 어떤 악덕들로 인해 영향받을 수 있다고 누구보다도 먼저 주장했을 것이다.[63] 키르케고르는 사회 조건을 바꾸는 것이 사람들을 본질적으로 더 덕스럽게 만들지는 않을 것이라고 강조하는 경향이 있었지만, 그것이 그로 하여금 자신이 본 자기 문화의 결정적인 악덕들을 지적하는 것을 막지는 못했다.

따라서 우리는 특정 문화적 이상들의 지배와 그것들과 관련된 우월성 추구에 항의하는 동시에, 개개인의 인간을 희생적으로 사랑하며 아무도 예외적으로 대하지 않을 수 있다. 만약 우리가 키르케고르가 하듯이 고귀한 자들에게 그들의 비유사성들이 느슨하게 걸쳐 있도록 요청할 수 있다면, 같은 이유로 우리는 문화적 변화를 위해 노력할 수 있다. 우리는 집단적으로 특정한 사회적 비유사성들에 가치를 부여하는 것을 멈출 수 있다. 그것이 비유사성을 느슨하게 여기라는 키르케고르 자신의 조언을 실천하는 데 큰 도움이 되지 않겠는가?

어떤 면에서 이는 키르케고르 자신이 우월성 추구에 대한 비판에서 행한 바이기도 하다. 그의 주장은 우월성 추구가 각 개인의 고유한 특징들을 지우고, 우리의 공동의 인간성을 약화시키며, 우리의 삶이 해로운 허구들을 중심으로 돌아가게 만든다는 것이다. 만약 우리가 친구들이나 고귀한 자들이 아니라 가난한 자들을 잔치에 초대하여 대접해야 한다는 의무를 받아들이고, 이를 '푸른 눈' 문제에 적용한다면, 각 사람을 동등하게 사랑하고 아무도 예외적으로 대하지 않는 것이 우리들을 부드럽게 이끌어 어떤 형태의 아름다움에만 예외적인 지위를 부여하는 구조들을 어떻게 바꾸어야 할지 성찰하게 하지 않겠는가? 더 넓게 보면, 만약 우리가 우월성 추구에 대한 키르케고르의 비판을 받아들인다면 무엇이 우월성 추구를 조장하는 구조들에 맞서서 일하는 것을 가로막겠는가?

3

존 밀턴

가장 높이 오르려다
끝없이 추락하다

존 밀턴의 《실낙원》과 《복낙원》에서 우월성을 추구, 즉 경쟁자를 이기려는 노력은 인간 조건의 핵심이다. 그러나 인간이 다른 인간보다 우월해지려는 추구는 좀 더 거대하고 우주적인 추구의 틀 안에 놓여 있다. 다시 말해, 모든 천사 중 가장 존귀한 존재인 사탄이 유일하신 하나님보다 더 뛰어난 존재가 되려는 추구다. 사탄의 이러한 추구가 촉발한 하늘에서의 전쟁을 고려할 때, 이를 사탄과 하나님 사이의 우월함 경쟁으로 묘사하고 인간을 그 불운한 희생양으로 여기고 싶은 유혹이 든다. 하지만 이는 절반만 옳은 이야기일 뿐이며, 사탄에 대해서만 맞는 말이다. 밀턴은 창조주와 피조물(지상의 존재든 천상의 존재든)을 명확히 구분한다.

사탄에게 저항할 때조차도, 아니 바로 사탄에게 저항함으로써 하나님은 우월성 추구에 물들지 않으신다. 중요한 의미에서 하나님이 애쓰시는 것은 사탄이 하늘 보좌를 빼앗는 것을 막기 위함이 아니다. 이는 정의상 불가능한 일이기 때문이다. 오히려 하나님은 우월성 추구를 하지 않는 자신의 형상대로 만들어진 피조물이 남들보다 자기를 높이려는 싸움 속에서 서로를 심연으로 밀어 넣지 않도록 보호하기 위해 애쓰신다.《복낙원》에서 성육신하신 하나님은 가장 위대한 존재가 되라는 제안을 거부함으로써 사탄에게 승리하신다.

나는《실낙원》과《복낙원》을 쓴 밀턴보다 더 통찰력 있게 우월성 추구의 도덕적 심리를 탐구한 작가를 알지 못한다. 내가 이 작품들을 읽는 내내 밀턴은 왜 사탄이 하나님보다 우월해지려 애쓰는지, 왜 하와가 사탄의 유혹에 넘어간 후 아담보다 우월해지려 애쓰는지를 설명하지는 않는다.

사탄과 하나님의 관계 역사를 가장 깊이 파고드는《실낙원》의 한 장면에서 우리는 하나님에 대한 열등감에 시달리는 사탄을 마주하게 된다. 낙심 가운데서도 동시에 더 위대해지기를 갈망하는 그는 절대적으로 가장 위대한 존재가 되고자 한다. 밀턴은 그러한 추구가 어떻게 개인의 자기 인식과 사회적·자연적 환경에 대한 인식을 형성하고 타락시키는지를 매우 상세하게 탐구한다. 그럼으로써 밀턴은 또한 우월성 추구에 맞설 수 있는 가능한 방법들을 조명하고, 열등감의 고통과 우월성 추구를 넘어선 삶으로 향하는 문을 열어 준다. 작가가 하지 않는 것은 사탄의 반역에 대한 이유를 제시하는 것이다. 나역시 그를 따라 왜라는 질문은 탐색하지 않은 채 남겨 둘 것이다.

───

밀턴은 열정적인 평등주의자였다. 그의 초기 소논문 "왕과 행정관의 재직권"(The Tenure of Kings and Magistrates, 1648)에서 그는 다음과 같이 썼다. "무릇 지식이 있는 사람이라면 그 누구도 '모든 인간은 본래 자유롭게 태어났으며, 하나님의 형상과 모습을 지녔고, 특권으로 모든 피조물 위에 있으며, 복종하기 위해서가 아니라 명령하기 위해 태어났다'는 사실을 부정할 만큼 어리석을 수는 없다."¹ 모든 인간은 평등하고 자유롭게 태어났으며, 이는 그가 우월성 추구에 강하게 반대하는 한 가지 중요한 이유다. 그러나 그가 모든 위계질서를 반대하는 것은 아니다. C. S. 루이스가 《실낙원 서문》(*A Preface to Paradise Lost*)에서 지적하듯이, 밀턴은 사실 우주에 대한 위계적 개념을 받아들였다.

> 하나님을 제외한 모든 것은 어떤 자연적 상위자를 가지며, 형태를 가지지 않은 물질을 제외한 모든 것은 어떤 자연적 하위자를 가진다. 모든 존재의 선함, 행복, 존엄성은 자신의

자연적 상위자에게 복종하고 자신의 자연적 하위자를 다스리는 데 있다. 이 이중 과업의 어느 한 부분에서 실패할 때, 우리는 그 잘못을 저지른 존재가 파괴되거나 교정될 때까지 사물의 체계 안에서 질병이나 기형을 마주하게 된다.[2]

이러한 위계적 현실관과 모든 인간이 '명령하기 위해 태어났다'는 주장은 그의 평등주의와 맞지 않아 보일 수 있지만, 실제로는 부합한다. 인간은 서로에게 명령하는 것이 아니라 자신들 아래에 있는 존재들에게 명령해야 한다. 창세기가 말하듯, 인간은 '바다의 물고기와 하늘의 새와 땅 위에 움직이는 모든 생물을 다스려야' 한다(창 1:28).

이 글에서 나는 밀턴의 '모든 사람'(all men)을 '모든 인간'(all humans)으로 고쳤는데, 이는 밀턴의 관점에서 볼 때 어떤 면에서는 정확하다. 이 표현이 남성과 여성을 포함한 인간을 동물과는 차별성을 지니며 동물보다 우월한 존재로 드러내기 때문이다. 하지만 밀턴이 '모든 사람'(all men)을 더 좁은 의미, 즉 모든 남성 인간(human males)으로 읽히기를 의도하는 경우도 있다. 그는 여성이 낙원에서조차 남성보다 열등하며, 타락 이후 이 열등함은 종속 관계로 변했다고 믿는다. 나중에 논증하겠지만, 인간으로서 아담과 하와가 동등하다는 주장과 여성으로서 하와가 아담보다 열등하다는 주장 사이의 긴장은 밀턴의 타락에 대한 설명에서 핵심적인 역할을 한다.

밀턴은 하나님이 모든 피조물을 다스리는 것, 타락 이후 남성이 여성을 다스리는 것, 그리고 여성과 남성이 동물을 다스리는 것에 반대하지 않는다. 하나님은 아담의 자연적 상위자이고, 아담은 하와의 자연적 상위자이며, 아담과 하와는 둘 다 동물의 자연적 상위자다. 밀턴은 제한적인 평등주의자였다. 그는 군주와 주교에 반대했다. 군주와 주교는 인간이 다른 인간을, 더 정확히 말하면 남성이 다른 남성을 지배하는 존재들이기 때문이다.

그렇다면 밀턴의 우월성 추구에 대한 관심은 우월성의 사실 자체와는 관련이 없다. 어떤 존재가 다른 존재보다 우월하다는 것은 단순히 삶의 위계적 질서를 반영한 현실이며 (그리고 어떤 존재가 어떤 면에서 다른 존재보다 우월하다는 것은 어느 삶의 질서에서든 현실이다), 밀턴이 반대하는 것은 우월성의 '추구'다. 이는 어떤 사람이 자연적으로 자신과 동등한 자들에 대해 또는 열등한 사람이 자신보다 자연적으로 우월한 자들에 대해 그 우월한 지위를 찬탈하고 유지하려는 야망이다. 《실낙원》(*Paradise Lost*, 이하 PL로 표기)에는 동등한 자들 사이의 우월성 추구에 대한 한 가지 중요한 예가 나온다. 창세기 10장의 전형적인 폭군으로서 동등한 자들을 지배하며 "명성이든 악명이든 상관없이" 자신의 이름을 떨치고자 했던 인물 니므롯이다(PL 12:47). 밀턴은 그의 위대한 시에서 그를 간략하게만 언급함으로써, 위대하고 영속적인 이름을 추구했던 그를 이름 없는 존재로 남겨 둔다.

《실낙원》에서 우월성 추구의 두 핵심 인물은 사탄과 하와다. 천사이자 피조물인 사탄은 하나님의 자연적 하위자이지만, 자신의 자연적 상위자인 하나님보다 우월한 지위를 불법적으로 추구한다. 하와는 아담과 동등하면서도 동시에 아담보다 열등한 존재인데, 밀턴은 그녀가 궁극적으로 아담과 동등함을 얻으려 하기보다는 그들 사이의 성별화된 우월성 순서를 뒤집으려 애쓴다고 묘사한다. 내 관점에서 볼 때, 남성에게 우월성을 부여하고 여성에게 열등성을 부여한 밀턴은 명백히 틀렸다. 하지만 그가 매우 설득력 있게 묘사한 하와의 추구에 대한 설명은 그럼에도 불구하고 매우 계몽적이다.

그러한 추구는 위계적 사회뿐만 아니라 신체적 힘, 지적 능력, 노하우, 부 등 상대적으로 안정적인 차이가 역할을 하는 모든 사회의 인간관계에서 특징적으로 나타난다. 내가 1장에서 보여 주었듯이, 이는 경쟁이 인간관계의 구조를 결정하는 사회에서는 특히 두드러진다. 이것이 사실이라면 평등과 차이 사이의 긴장 그리고 그 결과로 나타나는 밀턴의 타락 이야기의 핵심인 우월성 추구는 우리가 익히 아는 대부분의 사회에서 작동한다.

밀턴을 연구하는 학자들은 사탄과 하와 모두에게서, 특히 하와에게서 보이는 우월성에 대한 열망을 주목한다. 그러나 그들은 이 열망을 그들의 성격에서 주변적인 것, 즉 해방을 추구하는 과정에서 나타난 일종의 과잉 욕구처럼 다루는 경향이 있으며, 핵심 동기로 보지는 않는다. 이와 대조적으로, 나는 이 열망이 사탄과 하와 두 등장인물 모두에게 핵심적이며 그들의 타락에 대한 주요 이유라고 주장할 것이다.

1

《실낙원》에서 사탄이 처음으로 말하는 부분은 그의 부관인 바알세불과의 대화 장면이다. 그들은 그들의 군대 전체인 수많은 천사들과 함께 지옥에 있는데, 이는 "하나님의 보좌와 왕권에 대한 반역"으로 하늘에서 내던져졌기 때문이다(PL 1:43). 사탄은 이제 패배의 첫 충격에서 회복하고 다음 행보를 계획하기 시작한다. 대화 초반에 그는 왜 하나님께 맞서 전쟁을 일으켰는지를 설명한다. 그는 "침해당한 공적에 대한 감정"(sense of injured merit, PL 1:98) 때문이라고 말한다. 하나님이 자신을 억누르고, 마땅히 그의 것이어야 할 것을 부정하셨다는 것이다. 루이스가 보기에는 하나님이 사탄을 대한 방식의 불공정함, 그 자의성이 사탄이 반역하게 된 주된 이유다.[3] 하지만 내가 보기에는, 사탄의 "침해당한 공적"은 반역의 근원적이고 주된 이유라기보다는 반역의 계기이자 변명에 더 가깝다.

무엇이 사탄의 공적에 대한 감정을 침해했는지를 이해하려면, 대천사 라파엘이 아담에게 왜 타락한 사탄을 경계해야 하는지 설명하는 것을 들어볼 필요가 있다. 라파엘은 아담에게 사탄의 계획을 알린다. 그 계획은 아담과 하와를 유혹하여 불복종하게 만들고, 하나님의 새로운 세계를 망치며, 그 세계를 자신의 왕국에 통합시키려는 것이다. 그 과정에서 그는 사탄의 악의가 어디서 비롯했는지 말한다. 세상이 창조되기 전에 성부는 성자를 전체 천사 군단의 우두머리인 그들의 주(Lord)로 임명하셨다(PL 5:604-15). 모든 무릎이 그 앞에서 꿇어 그의 주되심을 인정해야 했으며, 그에게 복종하는 것이 성부께 복종하는 것이었다. 전체 천사 군단은 기뻐하는 듯 보였고, 하나님의 거룩한 언덕에서 기쁨으로 노래하고 춤추었다. 하나님도 기뻐하셨으나 성자의 우월성 때문이 아니라 천사들의 기쁨 때문이었다(PL 5:641).

라파엘은 모두가 기뻐하는 듯 "보였다"고 말한다. 키르케고르가 표현하듯이, 경탄 속에서 그들은 우월성과 행복한 관계 속에 있는 것처럼 보였다.[4] 라파엘은 "그러나 모두가 기뻐한 것은 아니었다"고 덧붙인다(PL 5:617). 사실, "첫 번째 대천사로 위대한 권능과 / 총애를 받고 빼어났던"(PL 5:660-61) 사탄은 매우 불쾌해했다. 자신의 높은 지위를 자랑스러워하던 그는 "자신이 손상되었다고 생각했다"(PL 5:665). 이제 성자는 하늘 군대의 주로서 사탄의 주이기도 했다. 성자를 주로 임명함으로써, 성부는 사탄을 격하시켜 그를 열등하게 만드셨다.

사탄이 자신의 부하들에게 이 사건을 말하는 바에 따르면, 이 사건은 족벌주의이며 가까운 관계에 특혜를 준 것이고 사탄에게는 큰 해를 끼친 것이다. 이 사건은 중대한 신적 불의이므로 사탄으로 하여금 보좌에 맞서 전쟁을 벌이게 한 것이다. 그러나 사실, 사탄은 하나님과 사탄, 하나님과 성자 관계의 본질을 왜곡하고 있었다. 그 왜곡 또한 그가 정당화하려고 했던 반역과 함께 하나님의 우월성이라는 현실에 대한 사탄의 '불행한' 관계가 낳은 독이 든 열매였다.

성부가 성자를 높이신 것이 부당한 행위인지 여부는 존재의 대사슬에서 성자와 사탄이 각각 속한 위치에 달려 있다. 만약 성자가 피조물이라면 사탄의 주장은 일리가 있다. 그렇다면 사탄은 성자와 동일한 존재 선상에 있으며, 사탄의 높은 지위를 고려할 때 성자의 승격은 자의적이다. 그러나 만약 성자가 성부와 함께 공동 창조주라면 사탄의 주장은 성립되지 않는다.

밀턴은 바로 이 점을 대천사 압디엘이 사탄과 천사 군단에게 전쟁을 단념시키려 하는 장면에서 드러낸다. 그는 성자가 피조물이 아니라 성부께서 만물을, "심지어 너와 하늘의 모든 영들까지도"(PL 5:837) 만드신 말씀(the Word)이라고 주장한다.[5] 성자는 성부와 함께 신적 창조주시다. 사탄은 모든 천사들과 함께 피조물이다. 성자는 성부와 함께 사탄을 첫 번째 대천사로 만드셨고, 사탄과 모든 천사들에게 영광의 관을 씌우셨다(PL 5:836-38). 사탄의 어떤 공적도 침해당하지 않았다.[6] 그는 자신에게 행해진 불의에 항거하는 것이 아니라, 자기 자신의 존재론적 열등함에 항거하는 것이다. 그는 정의를 위해 싸우는 것이 아니라 빼어남을 위해 싸우는 것이다. 그는 창조주보다 우월해지려 애쓰는 피조물이다.

대반란을 정당화하고 자신 주위에 모인 천사들의 동참을 끌어내기 위해 사탄은 천사들이 창조되었다는 압디엘의 주장을 반박해야 했다. 여기서 우리는 우월성 추구가 종종 현실을 왜곡하는 정당화

이데올로기를 필요로 한다는 것을 목격한다.

> 우리는 지금과 같지 않았던 때를 알지 못하며,
> 우리 앞에 존재한 자를 알지 못한다.
> 스스로 태어나, 스스로 일어섰으니,
> 우리의 생명력으로 한 일이다. 그때 필연적인 운명이
> 그 궤도를 온전히 다 돌았고, 성숙한 탄생이 이루어졌다.
> 우리의 고향 이 하늘에서,
> 천상의 아들들이 탄생했다(PL 5:859-64).

그 주장은 거짓이며, 사탄도 이를 안다. 그러나 하나님과의 전쟁에서 승리하려면 군대를 잃지 않기 위해 거짓말이 필요하다. 이 거짓말에는 일말의 진실이 있다. 다시 말해, 하나님이 일하시는 방식에서 신적 창조와 땅의 생성하는 힘은 서로 양립할 수 없는 것이 아니다. 예를 들어, 창조의 여섯째 날에 하나님은 땅에게 명하여 생물들을 내게 하셨다(PL 7:453-56). 그러나 사탄은 창조 세계 자체의 생성하는 힘을 근거로 창조 세계 안에서 하나님이 궁극적 행위자이심을 부정한다. 따라서 그의 결론은 일방적이고 거짓되다.[7] 우월성 추구는 공개적으로 자신을 정당화하기 위해 자기만의 진실을 만들어 낸다. 이 경우에는 천사의 존재론을 세우는 초석으로서 자기 생성이라는 거짓 주장을 펼친 것이다.

바알세불과의 대화와 압디엘과의 논쟁에서 사탄은 하나님이 성자를 높이신 것을 반역의 이유로 제시한다. 그러나 그가 침해당한 공적에 대해 불평하는 동안에도 우리는 성자가 우주적 주의 지위로 높아지신 것이 그의 기존 불만을 악화시켰을 것이라는 느낌을 받는다. 성부가 하늘에서 모든 무릎이 성자에게 꿇어야 한다고 선언하신 후, 사탄은 자신 주위에 모인 천사들에게 무릎을 조아리는 예가 '비열한 굴종'이라고 말할 뿐만 아니라, 경배의 요구는 "한 분에게도 과한데 하물며 두 배를 어찌 견디랴, / 한 분뿐 아니라 지금 선포된 그의 형상에게까지?"(PL 5:782-84)라고 덧붙인다. 성부 한 분께 드리는 경배조차 이미 "과하다." 성자를 높이심도 사탄에게는 하나의 문제지만, 그가 가장 경멸하는 것은 하나님 앞에 무릎을 꿇는 것이다.

사탄의 유명한 독백은 추종자든 반대자든 청중의 수사적 요구로 왜곡되지 않은 채, 그의 동기의 핵심을 가장 명확하게 드러내며, 열등감의 고통과 우월성에 대한 억누를 수 없어 보이는 욕망을 생생하게 부각한다. 에덴동산에서 비밀 작전을 시작하기 전에, 패배하고 추방된 사탄은 고뇌하며 "자신이 무엇이었는지, 무엇인지, 그리고 무엇이 되어야만 하는지"(PL 4:25)를 기억한다.[8] 자신의 타락 이야기를 하면서, 그는 하나님에 대해 자신이 반역했던 이유들을 상세히 설명한다. 독백 자체는 성자를 높이심과 그 후의 사탄의 전쟁 및 패배 이후에 일어나지만, 그 안에서 그는 성자를 높이심 이전에 하늘에서의 경험들을 기억한다. 정점에서 밝게 빛나는 태양을 향해 한숨을 내쉬며 사탄은 말한다.

> 오 뛰어난 영광으로 관을 쓴 너.
> 너의 유일한 지배의 자리에서 굽어보는 자여!
> 마치 새로운 세계의 하나님 같구나.
> 너의 모습에 모든 별들이 그들의 빛바랜 머리를 감추나니.
> 너에게 내가 부르짖노라.
> 그러나 우호적인 목소리는 아니구나. 네 이름을 더하노니.
> 오 태양이여, 네게 말하노라.
> 내가 너의 광선을 얼마나 싫어하는지를.
> 그 광선은 내게 기억나게 하는구나.
> 내가 어떤 상태로부터 떨어졌는지를.
> 한때 너의 영역 위에서 얼마나 영광스러웠는지를.
> 교만과 더 나쁜 야망이 나를 내던지기까지는.
> 나는 하늘의 비할 데 없는 왕께 맞서 하늘에서 싸웠노라.
> 아, 어찌하여! 그는 내게서 그런 보답을 받을 이유가 없었노라.
> 그는 나를 창조하셨도다.
> 저 빛나는 빼어남 속에 있던 과거의 나를.
> 그리고 그의 선하심으로 아무도 꾸짖지 않으셨으니.
> 그분을 섬기는 일도 수고스럽지 않았노라(PL 4:32-45).

고통스러운 정직함과 "아, 어찌하여!"라며 후회하던 순간에 사탄은 자신의 "비할 데 없는 왕"에 맞서 내전을 시작한 이유를 설명한다. 침해당한 공적에 대해서는 아무것도 듣지 못한다. 오히려 정반대다. 전쟁은 받은 선에 대한 악한 보답이었다. 이 인정은 그가 "침해당한 공적"을 정치적, 군사적 이유뿐만 아니라 자기혐오의 고통을 덜기 위해 꾸며 냈음을 시사한다. 침해당한 공적에 대한 감정은 그가 자신의 낮은 지위를 자신이 부족함이 아니라 부당한 대우 탓으로 돌릴 수 있게 한다. 좌절된 우월성 추구는 종종 공격적인 자기기만의 형태로 위안을 찾는데, 니체가 《도덕의 계보》(On the Genealogy of Morality)에서 주장하듯이, 이 자기기만 속에서는 우월한 자가 도덕적으로 결함 있고, 오만하며, 압제적인 존재로 묘사된다.⁹

═══════

하나님에 대한 전쟁은 터무니없이 부당했고, 사탄도 알다시피 완전히 헛된 것이었다. 그런데 왜 멈추지 않았을까? 여기 사탄의 설명, 그가 명백히 밝힌 동기가 있다. "그토록 높이 올려졌기에 / 나는 복종을 경멸했고, 한 걸음 더 높이 오르면 / 내가 가장 높은 곳에 서리라 생각했도다"(PL 4:49-50). 단지 그가 그토록 높은 지위에, 모든 하나님의 피조물 중 가장 높은 지위에, 창조주 바로 아래에 있었기에 사탄은 자신 위에 우월한 자가 있음을 견딜 수 없었다. 단지 성자뿐만 아니라, 심지어 성부조차도 참을 수 없었다. 성공 가능성 측면에서 그

"한 걸음 더 높이" 오르려는 욕망은 터무니없었지만, 그의 욕망이 판단을 흐리게 하여 저항할 수 없었다. "무한한 희망"(PL 4:60)이 그의 야망에 불을 지폈고,[10] 그러한 야망이 교만보다 더 나쁘다고 그는 인정한다(PL 4:40).

그는 하나님을 폐위시키고 자신이 하나님 자리에 앉기를 원했으며, 하나님과 동등해지는 것이 아니라 하나님보다 우월해지기를 원했다.[11] 그것이 그가 하나님을 이기지는 못했지만 하나님의 제국을 분열시키는 데 성공한 후, 인류를 자기편으로 끌어들여 "절반 이상"(PL 4:111-12)을 다스릴 수 있기를 여전히 희망하는 이유다.[12] 밀턴의 사탄은 정의를 추구하는 자유의 투사가 아니지만, 자신을 그렇게 묘사하기를 좋아한다. 그는 자신의 피조물 됨과 하나님에 대한 열등함에 맞서는 반역자다. 그는 하나님의 "모든 선" - 사탄과 같은 장엄한 존재를 만드신 창조주로서의 하나님의 선하심, 아무도 꾸짖지 않으셨고 섬기기도 수고스럽지 않았던 그의 선하심 - 이 "내 안에서는 악한 것이 되었고, / 오직 악의만을 낳았구나"(PL 4:48-49)라고 말하며 이를 인정한다.

하와에게로 눈을 돌리면, 우리는 동료 피조물보다 우월하고자 하는 욕망을 보게 되는데, 이 또한 파괴적인 결과를 낳는다. 한 피조물이 다른 피조물보다 우월해지려는 욕망은 문제가 있지만, 어떤 의미에서는 이해할 수 있다. 어떤 경우에는 얻기 어렵겠지만 이론적으로는 달성 가능하기 때문이다.

반면에 피조물이 창조주보다 우월해지려는 욕망은 제정신

이 아닌 것이다. 이 말이 너무 강하게 보일 수도 있다. 그러나 피조물과 창조주 사이의 빼어남의 거리는 "무한하며"(PL 4:408-11을 보라), 피조물은 바로 그 반역하는 자아의 지속적인 존재 그 자체를 창조주에게 빚지고 있다. 사탄은 홀로 생각에 잠겼을 때 이 포괄적인 빚을 인정한다. 다시 말해, 하나님이 "저 빛나는 빼어남 속에 있던"(PL 4:44) 자신을 창조하셨다는 것이다. 사탄의 목표는 극복할 수 없는 난제일 뿐 아니라 논리적으로 불가능하다. 그럼에도 불구하고, 우월성 추구에 사로잡힌 그는 그 목표를 추구한다.

2

존재와 빼어남이라는 선물에 대해 마땅히 느껴야 할 감사의 감정을, 우월성 추구 때문에 사탄이 어떻게 경험하게 되는지를 살펴보라. 찬양과 더불어 감사는 사탄이 그의 창조주에게 진 유일한 빚이었다.

> 그를 찬양하는 것보다 더 작은 일이 무엇이랴.
> 그에게 감사를 표하는 것은 가장 쉬운 보답이며,
> 또한 얼마나 마땅한가!
> 허나 그의 모든 선이 내 안에서는 악한 것이 되었고,
> 오직 악의만을 낳았구나.
> 그토록 높이 올려졌기에 나는 복종을 경멸했고,

한 걸음 더 높이 오르면
내가 가장 높은 곳에 서리라 생각했도다.
한순간에 벗어나리라 여겼다.
끝없는 감사의 막대한 빚을.
그토록 부담스러운, 계속 갚아도 여전히 남은 빚을.
내가 그에게서 계속 받은 것을 잊어버리고,
감사하는 마음을 이해하지 못했으니.
자기 빚을 아는 감사는 빚을 갚는 것이며
빚진 자이면서 동시에 탕감받은 자이니,
무엇이 무거운 짐이랴(PL 4:46-57).

사탄은 자신의 현재 모습에 대해 하나님께 감사를 빚지고 있지만, 그러한 감사가 그에게는 견딜 수 없는 것이다. 하나님에 대한 열등성을 참을 수 없기 때문이다. 존재의 선물에 대해 하나님께 감사함은 하나님의 우월성을 인정하는 것이다. 따라서 그는 이 빚을 부인해야만 한다.

사탄이 감사가 실제로 무엇인지를 명확히 진술할 때, 감사가 전혀 부담스러운 것이 아님이 드러난다. 감사는 받은 선물에 대한 기쁜 인정이며, 지불해야 할 것은 그러한 인정이 전부다. 존재는 그 자체로 진정한 선물이며, 끊임없는 감사와 찬양으로 되갚으며 은혜 베푼 분의 평판을 더 크게 축적하기 위한 비밀스러운 대출이 아니다. 사탄은 하나님께 대한 감사가 뭔지를 잘 알고 있다. 감사는 단순히 빚을 인정함으로써 그 빚을 탕감받는 것이다.[13] 그는 감사하는 사람은 "빚진 자면서 동시에 탕감받은 자"임을 안다. 그러나 그는 자신이 아는 것을 알고 싶어 하지 않으며 여전히 감사를 무거운 짐으로 경험한다. 짐스러운 것은 감사 그 자체가 아니라 감사가 암시하는 바다. 즉 자신이 가장 높은 자가 아니며, 자신이 하나님이 아니라는 사실이다.[14]

모든 피조물과 마찬가지로, 사탄은 하나님께 감사 이상의 것을 빚지고 있지만 하나님이 요구하시는 것은 오직 받은 선물을 감사하며 인정하는 것뿐이다. 감사를 표하지 않음으로써, 사탄은 하나님의 공적을 손상시킨다. 그는 하나님께 마땅히 드려야 할 것의 아주 작은 부분조차도 드리기를 거부한다. 침해당한 자신의 공적에 대한 사탄의 불평은 공허할 뿐만 아니라 삐뚤어진 것이다. 사탄의 독백을 반영하는 《복낙원》의 한 구절에서 그리스도는 바로 그 점을 지적하는데, 이는 잠시 후에 살펴볼 것이다.

═════

하나님보다 우월해지려는 꺼지지 않는 욕망이 사탄을 사로잡는다. 그는 그 욕망으로부터 자신을 자유롭게 할 수 없다. 그는 회개하고 자신의 본래 지위인 천사들 가운데서 탁월한 존재로 돌아가기를 선택할 수 없음을 깨닫는데, 그러한 선택은 자신이 하나님보다 열등함을 인정하는 것이기 때문이다. 그리고 설령 그가 회개하여 "은혜의 행위"를 힘입어 이전 상태를 얻게 된다 해도, 그 회개는 지속되지 않을 것이다.

그는 수사적으로 묻는다. 얼마나 신속히 "높은 지위가 높은 생각을 떠올리게 할 것이며, 얼마나 빨리 / 거짓된 복종의 맹세를 번복하게 할 것인가?"(PL 4:95-96). 안락함이나 고통의 부재가 아니라 우월성 추구가 그의 최고 가치이자 강박이다. 더욱이 만약 회개가 일어난다면 그의 추종자들 사이에서 그에게 견딜 수 없는 수치심을 안겨줄 것이다. 자신이 표현하듯이, 그는 그들을 유혹하여 "내가 전능하신 분을 / 굴복시킬 수 있다"(PL 4:85-86)고 믿게 만들었다.[15] 우월성 추구 때문에, 사탄은 자기 자신의 최선의 이익을 위해 행동할 수 없다. 가장 높은 자가 되거나 아니면 아예 존재하지 않게 되거나 하는 선택에 직면했을 때, 그는 무 또는 영원한 비참함을 선택할 것이다.

사탄의 우월성 추구에 불을 지피는 것은 자신이 가장 높지 않다는 데 대한 자기혐오이며, 이 감정은 다양한 정도로 나타나는 유독한 감정의 극단적인 형태다.

> 아아. 그들[그의 부하들]은 거의 알지 못하는구나
> 내가 그 헛된 자랑을 얼마나 혹독히 견디는지를,
> 어떤 내면의 고통 아래 신음하는지를.
> 그들이 지옥의 왕좌에서 나를 숭배하는 동안
> 왕관과 왕의 홀을 높이 치켜든 채로,
> 나는 더욱 깊이 추락하니,
> 오직 비참함 속에서만 최고일 뿐이구나.

야망이 발견하는 기쁨이란 이런 것이니(PL 4:86-92).

하나님 위로 자신을 높이려는 그의 열망과 추종자들을 향해 그 업적을 달성할 수 있다고 장담하는 자랑이 그의 존재 전체를 규정한다. 그러나 이는 불가능한 열망이자 헛된 자랑이다. 지옥의 왕좌에서 찬양받는 순간에도 그는 자기혐오에 빠져 있다. 그 비참함이 헛된 우월성 추구의 '기쁨'이다. "오 비참하구나! 어느 길로 날아가랴 / 무한한 진노와 무한한 절망을 피하려면. / 내가 날아가는 곳이 바로 지옥이요, 나 자신이 지옥이구나"(PL 4:73-75). 열등감이라는 고통 이면에 하나님에 대한 우월성 추구가 있으며 그러한 추구가 바로 지옥이다. 그가 천국에 있든 지옥에 있든 마찬가지다. 그래서 사탄은 어디로 날아가기로 결정했는가?

> 이리하여 모든 희망이 배제되었으니.
> 보라. 쫓겨나고 추방된 우리 대신,
> 그의 새로운 기쁨인 인류가 창조되었고,
> 그를 위해 이 세상이 만들어졌도다.
> 그러니 희망이여 잘 가라. 희망과 함께 공포도 잘 가라.
> 후회도 잘 가라. 모든 선은 내게서 사라졌으니.
> 악이여, 너는 나의 선이 되어라. 적어도 너로 말미암아
> 하늘의 왕과 제국을 나누어 가지노니
> 너로 말미암아. 나는 절반 이상을 다스리게 되리라.

머지않아 인간과 이 새로운 세계가 알게 되리라(PL 4:105-12).

사탄은 우월성 추구라는 악에 계속 사로잡혀 있으며, 따라서 투쟁을 계속하기 위해 저질러야 하는 다른 모든 악들에 집착한다. 만약 그가 하나님을 정복할 수 없고 지옥에 머물러야 한다면, 적어도 그는 하나님의 새로운 세계를 파멸시키고 자신의 왕국을 하나님의 것보다 더 크게 만들기를 바랄 것이다. 그는 최고가 될 것이다. 최소한 한 가지 측면에서라도. 어떤 측면에서든 가능한 모든 수단을 동원해서라도. 좌절된 우월성 추구는 자신의 경쟁자가 기뻐하는 바로 그것들을 파괴함으로써 경쟁자를 깎아내리는 방향으로 전환될 수 있다.

3

사탄의 우월성 추구는 한계가 없다. 하나님 다음이 되어 "하늘에서 섬기느니" 자신의 지배를 확장하며 "지옥에서 군림하는 것이 낫다"(PL 1:260).[16]

《실낙원》에서 하와의 우월성 추구는 좀 더 제한적이다. 그녀는 하나님보다 더 위대해지거나 하나님의 영역보다 더 큰 영역을 다스릴 수 있다는 생각에 흔들리지 않는다. 대신 자신의 파트너인 아담과 우월성을 겨루라는 유혹을 받는다. 그러나 앞으로 살펴보겠지만, 사탄의 영향을 받았기에 아담보다 우월해지려는 그녀 욕망의 최종 목표는 자신이 천사를 포함한 모든 피조물 중 최고가 되는 데 있다. 이는 인간성을 벗고 신성을 입으려는 것이다(PL 9:713-14). 〔인간성을 '벗고' 신적인 것을 '입는다'는 표현은 빌립보서 2장의 반향인데, 그곳에서 그리스도는 정확히 반대의 일을 하셨다. 즉 하나님의 형상을 벗고 인간 종의 형상을 입으신 것이다. 아담과 하와는 그들의 타락에서 그리스도의 반대 유형(anti-types)이 된다. 4장을 보라.〕 우월성 추구는 자신이 최고가 될 때까지 끝나지 않으며, 설령 최고가 되더라도 경쟁자들이 주위에 있다면 끝나지 않는다.

《실낙원》에서 우리가 하와와 아담을 처음 만나는 장면은 뱀으로 변장한 사탄이 동산에 들어설 때다. 사탄은 "기뻐하는 마음 없이" 낙원의 "모든 기쁨들"을 지켜보는데(PL 4:286), 이는 우월성 추구가 선하고 즐거운 것들에 대한 인식까지도 어떻게 왜곡시키는지를 보여준다. 사탄은 처음 보는 피조물을 다음과 같이 바라본다.

> 그들 가운데는 훨씬 더 고귀한 모습으로,
> 하나님처럼 당당히 선 키 큰 두 존재가 있었다.
> 타고난 존귀함을 걸쳤고,
> 벌거벗었지만 그 위엄이 만물의 주인처럼 보였고,
> 정녕 그럴 만해 보였으니, 그들의 신성한 얼굴에는
> 영광스러운 창조주의 모습이 빛나고 있었다.
> 진리와 지혜, 진지하지만 순수한 거룩함이 어렸고,
> 진지하면서도 자유로운 참된 자녀로서의 거룩함이었다.
> 그리하여 남자에게는 참된 권위가 깃들었다.
> 그 둘은 성별이 구별되어 보이듯 동등하지는 않았다.

> 남자는 깊은 사색과 용기를 위해,
>
> 여자는 부드러움과 감미롭고 매혹적인 우아함을 위해,
>
> 남자는 하나님만을 위해,
>
> 여자는 남자 안에 계신
>
> 하나님만을 위해 존재했다(PL 4:288-99).

사탄은 아담과 하와의 관계에서 두 가지 주요 특이점을 찾아낸다. 이는 단지 사탄만의 관점은 아닌데, 사탄과 상관없는 관찰자들도 볼 수 있기 때문이다. 사탄에게는 이 점이 특히 중요했는데, 유혹에 성공하기 위해 이를 이용할 것이기 때문이다.

첫째, 아담과 하와는 인간으로서 평등하다. 이 둘은 다른 모든 지상 생물과 구별되고, 밀턴의 관점에서는 다른 생물보다 우월하게 만드는 몇 가지 핵심 속성을 공유한다. 둘 다 똑바로 서 있고 위엄 있으며 장엄한 만물의 주인이다. 각각 하나님의 형상을 닮았으며 자유롭다. 단 "하나의 제약"인 하나의 "가벼운 책임"이 있는데, 이는 둘 모두에게 동등하게 구속력이 있다. 아담이 하와에게 말한 것처럼, "낙원의 모든 나무들 / 그토록 다양한 맛있는 열매를 맺는 나무들 가운데 / 오직 저 선악과만은 맛보지 말아라"라는 제약이다(PL 4:421-24; 참조. 1:32).

둘째, 아담과 하와는 다른 성별로 지어졌다.[17] 그렇기에 이 둘은 외모가 구별되었으며, 무엇보다도 밀턴의 관점에서는 각자의 창조된 목적이 달랐고, 따라서 각자의 능력도 달랐다. 아담은 사색과 용

기를 위해, 하와는 부드러움과 매력적인 우아함을 위해 창조되었다. 이는 신체의 차이가 단순히 차이에 불과할 뿐 불평등의 지표가 아님을 시사할 수도 있다.

그러나 각자의 자질들에 대해 읽은 직후, 우리는 《실낙원》에서 가장 악명 높은 구절 중 하나가 된 부분을 마주하게 된다. 바로 "남자는 하나님만을 위해, 여자는 남자 안에 계신 하나님만을 위해 존재했다"(He for God only, she for God in him)라는 구절이다. 밀턴의 하와는 인간으로서는 아담과 동등하지만, 모든 것을 규정하는 하나님과의 관계에서는 여성으로서 그보다 열등하다.

다시 말해 하와와 하나님과의 관계는 아담에 의해 매개된다. 하와는 또한 아담보다 지적으로, "정신과 / 내면의 능력들"(in the mind / And inward faculties)에서 열등하다(PL 8:541-42). 아담의 우월성은 눈에 보이며, 그의 신체의 특징에 새겨져 있다. 아담의 "넓고 잘생긴 이마와 숭고한 눈은 절대적인 지배를 선언했고", 하와의 "가느다란 허리"는 "복종"을 암시한다. 심지어 둘의 머리 모양조차 남자의 지배와 여자의 복종을 상징한다. "그의 갈라진 앞머리는 남자답게 늘어졌고", 그녀의 머리카락은 "마치 베일처럼" 내려왔다(PL 4:300-308).

밀턴에게 이들의 이러한 특징들은 선한 요소지만, 위계적 질서 속에 놓여 있다. 그는 남성과 여성 사이의 위계적 관계와 그와 관련된 상징들을 사도 바울에게서 가져왔다(고전 11:2-16). 그러나 밀턴은 그리스도의 몸으로서의 교회라는 바울의 이미지를 주목하지 못했다. 바울은 교회 안에서는 '더 이상 남자와 여자의 차별이 없으며'(갈 3:28)

각 지체는 동일한 돌봄을 받을 가치가 있고 동등한 존중을 받아야만 한다고 주장했다(4장을 보라).

―――――

자신과 아담의 차이에 대한 하와의 경험은 유혹 이야기의 중심을 이룬다. 하나님이 여자를 창조하신 직후의 첫 장면에서, 하와는 연못 위로 몸을 기울였는데 그곳에서 자신을 "연민과 사랑으로" 바라보는 수면 위에 비친 한 생물을 본다(PL 4:465). 아직 그 생물이 자신인 줄 모르는 하와는 그 생물의 아름다움에 더없이 순수한 기쁨을 느낀다. 이 기쁨은 우리가 종종 나르키소스와 연관 짓는, 자기 이미지에 대한 경외심 어린 집착, 즉 너무 집착한 나머지 마침내 마비되어 버리는 것과는 전혀 다르다.[18]

그러나 사탄은 바로 그 순수한 자기에 대한 기쁨을 유혹하는 데 이용하려 할 것이다. 사탄이 아닌 어떤 목소리가 그녀에게 그녀가 보는 것이 단지 물에 비친 자신의 모습임을 알려 주고, 그녀를 아담에게로 이끄는데, 그녀는 아담의 살아 있는 형상이다(PL 4:471). 그녀가 아담을 보자, 그녀는 즉시 그를 이제 자신임을 알게 된 그 이미지와 비교한다. 그녀는 그가 자신과 다를 뿐만 아니라 자신보다 열등하다고 생각한다. "저 매끄러운 물 위의 형상보다 / 덜 아름답고, 매력적인 부드러움도, / 사랑스러운 온화함도 덜하다"고 여기며 흥미를 잃고 돌아선다(PL 4:478-80).[19] 이것 또한 미적 가치에 대한 비교 판단이며 여전히 순수하지만, 밀턴이 보기에는 불충분한 정보로 내린 판단이다. 하와는 아담의 외모보다 자신의 외모를 더 선호한다.

그녀가 돌아서서 가기 시작할 때, 아담이 그녀를 다시 부른다. "돌아오세요, 아름다운 하와여"(PL 4:481). 그리고 그녀에게 하나님이 그녀를 자신의 옆구리로부터 창조하셨으며, 그녀가 자신의 "다른 반쪽"임을 알린다. 이제 하와의 관점이 바뀐다. 그녀는 자유롭기에 자신이 아담에게 기원을 의존하고 있다는 것의 의미를 받아들일 수도 있고 그렇지 않을 수도 있다. 계속 걸어갈 수도, 돌아올 수도 있다. 하와는 아담에게 말하며, 자신이 돌아오는 이유를 설명한다. "당신의 부드러운 손이 / 나의 손을 잡았을 때, 나는 순응했고 그때부터 나는 / 남자의 우아함이 아름다움을 능가할 수 있음을 / 그 지혜가 참으로 아름다운 것임을 볼 수 있었어요"(PL 4:488-91).

중요한 점은 열등한 자로서 그녀가 우월한 자와 맺는 관계의 특징인데 이는 이끌림과 통찰 사이의 긴장이다. 그 긴장은 오직 아담의 부드러움과 하와의 순응에 의해서만 유지된다. 그러나 아담이 항상 부드럽지는 않으며, 사탄이 교활하기에 아담과 하와 사이의 긴장은 지속하기 어려운 것임이 증명될 것이다.

어떤 수준에서 하와는 자유하게 자신의 열등함을 받아들인다. 그러나 독자는 그에 대한 그녀의 불편함을 감지한다. 그러한 불안함의 가장 좋은 예가 소위 분리 장면(PL 9:205-383)에 나타난다. 아담은 동산에서 따로 일하자는 그녀의 제안에 반대하며, 그들을 파괴하려는 유혹자로부터 자신이 그녀를 보호해야 할 필요가 있다고 주장한다.

그 과정에서 아담은 하와의 열등함을 강조하고 자신의 우월성을 재차 단언한다.

> 신실한 당신의 옆구리를 떠나지 마세요.
> 당신에게 존재를 주었고,
> 지금도 그늘이 되어 당신을 지켜 줄 것입니다.
> 아내는 위험이나 불명예가 도사리는 곳에서는
> 남편 곁에 머무는 것이 가장 안전하고 가장 보기 좋으니,
> 남편은 그녀를 지키거나 그녀와 함께
> 최악을 견뎌 냅니다(PL 9:265-69).

하와는 동산에서 따로 일하는 것에 반대하는 아담의 주장이 자신을 '열등하게 만든다'고 믿는다. 분명한 암시는, 그녀가 교활한 유혹자를 만났을 때 혼자서 유혹을 이겨 낼 것이라는 신뢰를 받지 못한다는 것이다. 그녀의 믿음이 충분히 진실하지 못하고 그것을 견뎌 낼 만큼 충분히 현명하지도 못할 것이기 때문이다(참조. PL 9:320). 그녀는 "각자에게 어떤 상황에서든 / 동일한 방어 능력이 부여되지 않았다"는 생각이 불합리하다고 여기고 짜증을 내며(PL 9:324-25) 응수한다.

> 시험받지 않은 믿음, 사랑, 덕이 무슨 가치가 있으며,
> 홀로 도움 없이 지탱할 수 없다면 무슨 의미가 있나요?
> 그러니 우리의 행복한 상태를 의심하지 마세요.

> 현명하신 창조주께서 그토록 불완전하게,
> 혼자 있든 함께 있든 안전하지 못하게 남겨 두셨다고.
> 만약 그렇다면, 우리의 행복이 취약하고,
> 이처럼 위험하다면 에덴은 에덴이 아닐 것입니다(PL 9:335-41).

하와는 아담이 자신을 어린아이처럼 대하고 곁에 맴돌며 보호하려는 것을 받아들일 수 없다고 주장한다. 그녀는 자유로워야 하며 스스로 적을 이겨 낼 능력이 있다고 신뢰를 받아야 한다. 시련을 겪지 않은 덕은 덕이 아니며, 만약 그녀가 시련을 견디기에 너무 약하다면 에덴은 그녀에게 에덴이 아니다. 그녀 또한 단지 아담의 형상이 아니라 하나님의 형상으로 창조되었다. 아담이 지성 면에서 그녀보다 우월할지 모르지만, 혼자 있는 여자가 "모든 공격 시도에 취약하다"라는 것은 사탄의 입장일지 몰라도 아담의 입장이 되어서는 안 된다(PL 9:481).

지적으로 열등하다고 여겨진 하와가 아담과의 논쟁에서 이기고, 아담은 굴복한다. 사실, 우리는 하와의 추론이 밀턴의 종교 자유에 대한 명저인 *Areopagitica*(아레오파기티카, 1644)의 핵심 주장과 유사하다는 점에서 밀턴이 그녀의 추론에 동의한다고 추측한다.[20]

4
하와는 유혹을 견뎌 낼 능력

이 있을 만큼 충분히 영리하고 충분히 덕이 있다. 그럼에도 그녀는 넘어질 것이다. 사탄은 아담의 우월성에 대한 그녀의 양가감정을 이용할 텐데, 이 양가감정은 아담과 동등하면서도 동시에 그보다 열등한 존재인 그녀의 지위가 긴장을 내포하고 있다는 밀턴의 해석에 근거한 것이다.

사탄은 하와를 "지배하는 여주인"이자 "유일한 경이로움"이라 치켜세우고, 그녀는 자신이 "보아도 계속 또 보고 싶은"(gaze insatiate) 놀라운 대상이라고 말한다. 그리고 사탄은 말을 잇는다.

> 당신의 아름다운 창조주를 가장 아름답게 닮은 이여,
> 살아 있는 모든 것이 당신을 응시하고,
> 모든 것은 당신을 위한 선물입니다.
> 그들은 당신의 천상의 아름다움을
> 황홀하게 바라보며 숭배합니다.
> 모두가 찬탄하는 곳에 간다면 당신이 더 잘 드러날 텐데.
> 하지만 여기 이 거친 울타리 안, 이 짐승들 가운데서는
> 무례한 구경꾼들과 당신의 아름다움의 절반도 보지 못할
> 천박한 자들뿐. 한 남자를 제외하고는.
> 누가 당신을 봅니까? (그리고 그 한 명이 무엇이겠습니까?)
> 당신은 드러나야 마땅합니다.
> 신들 가운데 여신으로,
> 수많은 천사들에게 숭배받고 섬김받으며,

그들이 날마다 당신의 시종이 되어야 합니다(PL 9:532-48).

하와가 처음에 아담의 외모보다 자신의 외모를 선호했던 점을 이용하여, 사탄은 그녀의 뛰어난 아름다움이 적절히 인정받지 못했다고 주장한다. 아름다움을 충분히 감상할 수 없는 짐승들과 다른 한 명의 인간만이 그녀를 바라볼 뿐이다. 그녀는 하늘의 군대 전체의 숭배와 섬김을 받을 자격이 충분하다. 그녀는 사탄이 스스로 마땅히 자신 것이어야 한다고 생각했던 바로 그 지위를 받을 자격이 있다. 하와는 사탄이 자신에게 아첨하고 있음을 안다. 그녀는 그에게 그것은 "당신의 과대평가"(PL 9:615)라고 말한다. 그러나 그녀는 또한 그를 의심하지 않는다. 다시 한번 이것은, 알고는 있지만 알지 못하는 경우다. 우월성을 추구하는 자들은 우월성을 성취하기 위해 필요하다면 종종 거짓말과 아첨을 일삼을 것이다. 자신이 열등하다고 느끼는 자들은 위안을 찾다가 아첨하는 거짓말에 쉽게 속는 자신을 발견할 것이다. 하와의 우월성 추구는 사탄이 그녀 자신을 우월하다고 상상하도록 돕는 데서 시작한다.

다음으로, 사탄은 하와의 지적 능력이라는 중요한 문제를 다루는데, 이 문제는 그녀가 열등하게 생각하는 지위의 핵심 부분이다. 아담과 사탄(사탄이 위선적으로 행동하고 있지 않을 때)은 그녀가 아담보다 지적으로 열등하다는 데 동의하는 것 같다.[21] 밀턴의 하와도 그들의 평가에 동의하는 듯 보이지만, 그 생각에 불편함을 느낀다. 그녀의 불편함이 사탄에게는 기회다. 이 불편은 아담과 하와 사이의 위계적 관계 안에 구조적으로 내재되어 있다. 위계 체계가 작동하려면, 우월한 자들이 마땅히 해야 할 기능을 하는 것만으로는 충분하지 않다(밀턴의 관점에서 아담이 그러하듯이). 열등한 자들 또한 자신의 열등함을 받아들이고 자신의 위치에 있음에 동의해야 한다. 하와의 경우 그녀보다 지적으로 우월한 아담의 지도 아래 있음을 받아들이는 것이다. 이 사실을 잘 수용할 때 열등한 자들은 제대로 작동하는 전체에 적절히 통합될 수 있다. 그러나 밀턴의 하와는 결코 자신의 열등함을 완전히 받아들이지 않는다.

사탄의 웅변을 들으며 그녀는 한낱 짐승(그녀는 변장한 사탄을 그렇게 여기고 있다)이 어떻게 추론하고 말하는 능력을 습득했는지 궁금해한다. 그는 그 기적이 어떤 "보기 좋은 나무", 즉 선악을 알게 하는 나무의 열매를 먹었을 때 일어났다고 응답한다(PL 9:576). 변화가 시작되었다.

> 그때부터 나는 높거나 깊은 사색으로
> 내 생각을 돌렸고, 넓은 마음으로
> 하늘이나 땅 혹은 그 중간에 보이는 모든 것,
> 모든 아름답고 선한 것을 숙고했어요.
> 하지만 그 모든 아름답고 선한 것이
> 당신의 신적인 모습과 아름다움의 천상적 광채 안에서
> 하나로 합쳐진 것을 나는 보았습니다.
> 당신에게 견주거나 버금가는 아름다움은 없으니,

그것이 나를 강요하여, 비록 성가실지도 모르지만

이렇게 와서 당신을 바라보고, 경배하게 되었습니다.

피조물들의 주권자요,

우주의 여주인이라고 정당하게 선언된 당신을(PL 9:602-12).

그 나무의 열매는 사탄의 지적 능력을 증진시켰다. 그 나무의 지혜를 부여받아, 그는 하와의 가치와 잠재력을 그녀 자신이 이해하는 것보다 더 잘 이해할 수 있다. 그는 온 우주의 모든 선이 그녀 안에 통합되어 있음을 본다. 만약 하와가 그 열매를 맛본다면, 그는 그녀가 아름다움뿐만 아니라 지성에서도 지상과 천상을 아우르는 모든 피조물 가운데 필적할 자가 없으리라고 넌지시 알린다.

하와 역시 뱀처럼 하나님이 그 나무의 열매를 먹지 말라고 명령하셨을 때 무엇을 의도하셨는지를 이해하게 될 것이다. 말하는 뱀의 도움으로, 그 열매를 먹기도 전에 하와는 선을 알지 못함은 아무런 이득이 없으며 따라서 선 - 그리고 악 - 을 알게 하는 나무의 열매를 먹지 않는 것도 아무런 이득이 없음을 알게 되었다. 그녀는 "알려지지 않은 선은 확실히 소유되지 않은 것이며, 소유되었어도 / 여전히 알려지지 않았다면 전혀 소유되지 않은 것"이라고 주장한다(PL 9:756-57). 그러나 그것은 하나님의 의도일 수 없었다. 하나님이 의도적으로 인간을 "낮고 무지하게" 두시지는 않을 것이기 때문이다(PL 9:704).

하와가 금지된 열매를 실컷 먹고 나자, 그녀가 가장 먼저 얻고자 한 이득은 "모든 것을 아는 신들처럼 / 지식에서 성숙해지는 것"

이었다(PL 9:803-4). 피조물들 가운데서 그녀의 지식이 가장 뛰어나게 될 것이다. 그녀는 더 이상 아담보다 지적으로 열등하지 않고 두 가지 가장 중요한 측면에서 그보다 우월할 것이다. 그녀는 사탄과의 대화 이전에는 단지 불편한 감정으로만 느꼈지만 이제는 명백히 시급한 문제로 보게 된 데 대한 해결책을 갖게 되었다.[22]

―――

하와는 그 열매를 먹고 아담에 대한 자신의 열등함에서 해방되었다고 느낀다. 그러나 무엇을 향한 해방인가? 동등한 입장에서 아담과의 새로운 파트너십인가? 아니면 필연적으로 경쟁적일 수밖에 없다고 여겨지는 관계 안에서의 새로운 지위인가?[23] 그 답은 그녀가 아담에게 하나님의 명령을 불복종했음을 말할지 말지 고민할 때 나온다.

> 그러나 아담에게 어떤 모습으로
> 내가 나타나야 할까? 나의 변화를 지금
> 그에게 알려야 할까? 그리고 그에게 나눠 주어야 할까,
> 나와 함께 완전한 행복을 누리도록?
> 아니면 차라리 그러지 말고,
> 지식의 우위를 나누지 말고 내 능력 안에만 간직할까?
> 그리하여 여성이라는 성에 부족한 부분을 채워서

> 그의 사랑을 더욱 끌어내고,
>
> 나를 더 동등하게 만들고, 그리고 아마도,
>
> 더 바람직한 존재, 때로는 더 우월한 존재로 만들까?
>
> 열등한 자로서 누가 자유로울 수 있나?(PL 9:816-25)

하와는 평생 동안 아담보다 열등한 존재였다. 그녀는 이제 아담에게 순응했던 이전의 자유를 평가절하하고, 모든 열등함을 제한된 자유의 상태가 아니라 속박의 상태로 간주한다. 이제 그녀는 우월해지는 것이란 진정으로 자유로워지는 것이고,[24] 또한 매력적이 되어 타인의 "사랑을 자신에게로 끌어당기는" 것이라고 생각한다. 그러나 그녀 자신이 경험하듯이, 우월성 추구는 대개 다른 사람들을 열등하게 만들고 경쟁과 공격성을 초래한다. 따라서 그녀의 절묘한 양가감정이 드러난다. 아담에게 열매를 숨기는 것은 그녀를 단지 "더 동등하게" 만들 뿐만 아니라, "아마도 더 바람직한 존재, 때로는 더 우월한 존재로" 만들 것이다.[25]

결국 하와는 아담에게 말하기로 결정한다. 그러나 그 이유는 평등에 대한 그녀의 도덕적 헌신이 아니라, 그녀의 새로운 우월한 지위에 대한 불안감과 훨씬 더 큰 열등함으로 떨어질 것에 대한 두려움 때문이다.

> 하지만 하나님이 보셨다면 어찌할까?
>
> 그리고 죽음이 뒤따른다면?

그러면 나는 더 이상 존재하지 않을 테고,

아담은 다른 하와와 결혼하여,

그녀와 함께 즐기며 살 것이고, 나는 소멸하겠지.

생각만 해도 죽을 것 같아. 그래, 확신하고 결심했다.

아담은 나와 함께 행복이든 불행이든 나누어야 한다.

나는 그를 너무도 사랑하기에 그와 함께라면 모든 죽음도

견딜 수 있으며, 그 없이는 어떤 삶도 살 수 없어(PL 9:826-33).

고민은 "나는 그를 너무도 사랑하기에"라는 사랑의 선언으로 끝난다. 그러나 아담에 대한 그녀의 사랑은 자기에 대한 고려로 가득하며, 심지어 이렇게 타협된 사랑조차도 그녀가 이 독이 든 열매를 아담과 나누기로 결심하는 주된 이유로 보이지는 않는다. 하나님이 보셨을 수도 있고 그 범죄에 대해 소멸로 벌하실 가능성을 고려하면서, 그녀는 아담이 계속 살아서 다른 하와를 즐기고 결국에는 훨씬 더 우월하게 되는 것보다는 평등을 선택하기로 한다. 설령 그것이 죽음에서의 평등으로 판명될지라도. 그녀는 열등한 상태로 돌아가지 않기 위해 아담을 죽일 위험도 감수할 것이다.[26]

5

타락 직후의 상황에 관해 쓰면서, 밀턴은 아담과 하와가 모두 죄책감 속에서 계속 우월성을 두고

경쟁하면서 생겨나는 관계적 혼란을 묘사한다. 열정적이었지만 행복하지는 않았던 사랑을 나눈 다음 날(왜 밀턴은 타락 후에 열정적인 사랑을 언급하는가?), 선과 악을 알게 된 결과의 무게가 드러난다. "선은 잃고 악을 얻은"(PL 9:1072) 두려운 새벽이 동터오면서, 아담은 예상대로 쓰라린 상호 비난이 되어 버리는 말을 시작한다. 그는 하와를 향해 말한다.

> 그대가 내 말에 귀 기울이고 나와 함께
> 머물렀더라면, 내가 그대에게 간청했듯이.
> 저 이상한 방황하려는 욕망이 그 불행한 아침에,
> 어디서 왔는지도 모르게 그대를 사로잡았을 때.
> 그랬다면 우리는 여전히 행복했을 것이오.
> 지금처럼 우리의 모든 선을 빼앗기고,
> 수치를 당하며, 벌거벗고,
> 비참하지는 않았을 것을(PL 9:1134-39).

하와는 그렇지 않다고 응수하며, 둘의 현재 상태에 대해 혼자만 비난받기를 거부한다. 사실, 아담 당신은, 당신이 지금 나의 "방황"이라고 말한 것을 "허락하고, 승인했으며, 떠날 때는 배웅까지" 해 주었다(PL 9:1159). 아담 곁을 떠나려는 생각은 하와의 것이었지만 함께 의논한 후 그도 그녀가 옳다고 생각하게 되었다. "내가 당신 곁에서 결코 떨어지지 말았어야 했나요?" 그녀는 수사적으로 묻는다. "그럴 바에는 차라리 그곳에서 생명 없는 갈비뼈로 계속 자라는 편이 나았겠네요"(PL 9:1154-55).

아담은 격분하여 그녀가 자신의 사랑을 경멸하고 있으며, 자신이 그 열매를 거절하고 사는 길 대신 그녀와 함께하기 위해 죽음을 선택한 것을 감사하지 않는다고 말한다. 밀턴은 9권을 마무리하며 이렇게 기록한다. "이처럼 그들은 서로를 비난하며 / 열매 없는 시간을 보냈으나, 어느 쪽도 자신을 책망하지는 않았고, / 그들의 헛된 경쟁은 끝이 보이지 않았다"(PL 9:1187-89). 여기서 우리는 우월성 추구의 부정적인 이면을 볼 수 있다. 이는 각자가 상대방을 끌어내리며 상대방이 더 나쁘다고 주장하는 것이다.

올라서기 위해 상대를 끌어내리는 행위의 끝은 하와가 상호 비난의 순환을 깨고 그들의 타락에서 자신이 한 역할을 인정할 때 온다. 하와는 아담에게 말한다.

우리는 둘 다 죄를 지었지만,
당신은. 오직 하나님께만 죄를 지었고.
나는 하나님과 당신에게 죄를 지었어요.
나는 심판의 자리로 돌아가
거기서 나의 울부짖음으로 하늘에 간청할게요.
모든 형벌이 당신의 머리로부터 옮겨지고
나에게 떨어지기를.
당신에게 온 이 모든 불행의 유일한 원인인 나에게.

그분의 진노의 정당한 대상인 오직 나에게만(PL 10:931-36).

하와는 아담에게 임할 비난과 벌을 자신이 기꺼이 가져가겠다고 말한다. 그녀는 더 이상 그를 끌어내리지 않고 그를 일으켜 세운다. 그녀는 이것을 열등함을 받아들이는 방식으로서가 아니라, 그들의 경쟁적인 지위 다툼으로 인해 잃어버린 서로 간의 평화를 위해 그렇게 행한다(PL 10:924-31). 아담의 마음은 그녀를 향해 부드러워지고, 비록 여전히 그녀를 훈계하지만 그도 비슷한 감정을 표현한다.

> 만약 기도가 높은 분의 판결을 바꿀 수 있다면,
> 나는 그곳으로 당신보다 서둘러 가서,
> 더 큰 소리로 들리도록 하겠어요,
> 내 머리 위에 모든 것이 임하도록,
> 당신의 연약함과 더 약한 성은 용서받게 되기를.
> 당신은 나에게 맡겨졌으나
> 나 때문에 위험에 빠졌으니(PL 10:953-58).

그는 여전히 자신의 우월성을 확인하고 싶어 하지만, 동시에 모든 비난을 자신에게 돌리고, 이 한 영역에서는 자신을 낮추고 그녀를 높이려는 의지를 표현한다.

이것이 금지된 열매를 먹은 거대한 실패와 관련하여 그들이 열등함을 떨쳐 내고 우월함을 위해 다투던 일의 결말이다. 아담은 하와의 죄 고백과 그들 사이의 평화에 대한 권고, 그리고 그녀의 사탄에 대한 적개심에 동참함으로써 "헛된 경쟁"을 마무리 짓는다. 그는 그것을 그들의 원수의 악덕과 가장 반대되는 덕의 관점에서 표현한다.

> 일어납시다. 더 이상 다투지 말고, 서로 비난하지도 맙시다.
> 다른 곳에서 충분히 비난받았으니, 이제 오히려
> 사랑의 의무를 다하도록 애쓰면서 찾기로 해요.
> 우리가 어떻게, 우리 몫의 불행 안에서
> 서로의 짐을 가볍게 할 수 있을지를(PL 10:959-62).

사랑 안에서 애쓰는 것, 서로의 짐을 지려는 것은 우월성 추구와는 정반대 태도다. 이는 탁월성(excellence)을 향한 추구다. 키르케고르의 용어로는 원형이신 그리스도처럼 행동하려는 추구다(2장을 보라).

6

이 장에서 내가 살펴본 우월성 추구의 두 사례는 마치 일대일의 문제처럼 보인다. 열등한 존재인 사탄은 하나님보다 우월해지기를 갈망하고, 동등하지만 열등한 존재인 하와는 아담보다 우월해지기를 갈망한다. 그러나 이것이 전부는 아니다.

첫째, 두 경우 모두 제3의 관찰자가 존재하며, 이들 눈앞에서 우월성에 대한 인정과 확인이 이루어진다. 사탄의 경우에는 모든 천사 무리가 다 관찰자다. 그의 열망은 단지 하나님보다 우월해지는 것뿐만 아니라, 천사들이 자신을 그렇게 인정해 주기를 바라는 것이기도 하다. 물론 이는 천사들에 대한 그의 우월성을 더욱 높여 줄 것이다.

하와의 경우, 사탄은 그녀의 마음속에 자신의 뛰어난 아름다움과 지성이 아담뿐만 아니라 땅과 하늘의 모든 피조물에게 보여지고 인정받으리라는 꿈을 심어 준다. 청중의 규모가 커질수록 우월성의 가치도 증대하고, 따라서 우월성 추구의 의미도 더욱 커진다. 우월성 추구의 두드러진 특징은 다른 이들의 감탄하는 시선을 구한다는 점이다. (내가 1장에서 보여 주었듯이) 루소에 따르면, 이것이 우월성 추구의 주된 동기다.

우월성 추구가 단순히 두 당사자 간의 경쟁 문제가 아니라는 말에는 또 다른 의미도 있다. 모든 천사들 앞에서 아담보다 우월해지고자 했던 하와의 우월성 추구는 그들 사이에서 관중들을 앞에 두고 일어난 별개의 사건이 아니었다. 그것은 사탄의 우월성 추구 속에 포함되어 있었다. 사탄은 하와를, 그리고 그의 마음속에서는 그녀를 통해 모든 인류를 자신의 자기혐오적이고 감사할 줄 모르는 모습으로 만들려고 꾀함으로써, 하나님과의 경쟁에서 이기려 했던 것이다.

하와 자신도 우월성을 추구하는 자였지만, 사탄의 우월성 추구에서는 자신도 모르게 도구로 활용되었다. 하와 자신은 나중에 아들 가인을 자기 자신의 우월성 추구의 도구로 삼았고, 어떤 의미에서는 아벨에 대한 가인의 우월성 추구 속에는 하와의 자기 고양에 대한 욕구가 복제되어 있다. 우월성을 추구하는 자들은 도구로 이용당하기도 하고 다른 이들을 도구로 이용하기도 한다. 우월성 추구가 지배적인 가치일 때, 모든 것은 잠재적으로 야망이라는 거대한 모닥불의 연료가 된다.

      그러나 아마도 그 반대 역시 사실일 수 있을 것이다. 만약 인간이 우월성 추구라는 악마적인 올가미에 걸린 도구가 될 수 있다면, 그들은 또한 그와 대조적인 움직임, 즉 다른 이들을 섬기고 높이고자 하는 그리스도의 사랑의 운동에 사로잡힐 수도 있다. 밀턴은 《복낙원》에서 이 점을 지적한다.

7

      우월성 추구에 대한 밀턴의 대안은 무엇인가? 타인의 가치를 정당하게 인정해 주는 것인가? 비록 《실낙원》에는 "그 누구의 공적도 해치지 말라!"라고 명시적으로 진술하는 계명은 없지만, 사탄과 하와 모두 그 원칙을 자신들의 반역에 대한 사적, 공적 정당화 근거로 사용함으로써 간접적으로 긍정한다. 그러나 만약 더 큰 공적(merit)의 인정이 우월성 추구를 추동하는 가치라면, 우월성 추구는 타인의 가치를 정당하게 인정해 주는 것과 양립할 수 있다. 능력주의(meritocracy)는 바로 그래야 한다. 즉 더 큰 공적을 가진 자들이 다스리고, 그들은 정당하게 정상에 있으며, 찬양받고, 합법적으로 우월하다. 그럼에도《실낙원》에서 공적은 사회 질서의 기초가 아니다. 사탄은 공정하게 경쟁하고 승리함으로써 천사들 가운데 가장 높은 지위에 오른 게 아니었다. 그의 지위에 그가 얼마나 기여했든 간에, 하나님이 그를 탁월하게 창조하셨다(PL 4:43-44). 바울 그리고 그 이후의 키르케고르는 사회적 지위의 근거로서의 공적에 강하게 반대한다(4장과 2장을 보라).

이것은 우월성 추구가 문제인 주된 이유가 사람이 전능자가 정해 준 자리에 감사하며 머물러야 하기 때문이라는 의미인가? 아마도 하늘과 땅의 첫 번째 계명은 "하나님께 반역하지 말라!"일 것이다. 그렇다면 우월성을 추구해서는 안 되는 이유가 하나님께서 만물의 우월자심을 고집하시기 때문인가?

《실낙원》의 속편인《복낙원》(Paradise Regained, 이하 PR로 표기)에서, 우월성을 최고선으로 삼는 것은 기독교적 도덕 질서 전체와 상충된다. 하나님은 우월성 추구가 최고로 군림하는 질서의 최고 수호자 - 하와가 타락할 때 하나님을 불렀던 것처럼 "위대한 금지자"(PL 9:815) - 가 아니시다. 하나님은 대안적인 기독교적 도덕 질서의 최고 모범이시다.《실낙원》에서 아들(성자)과 사탄 사이의 경쟁은 하나님에 대한 충성에 관한 것이며, 전투로써 진행된다. "영웅적인 행위 이상이지만, 비밀리에 행해진 행적들"(PR 1:15)을 이야기하는《복낙원》에서는 하나님에 대한 충성이 주로 최고 권력에 대한 충성이 아니라, 근본적으로 우월성 추구에 반대하는 삶이라는 도덕적 비전에 대한 충성이다.

이 책 전체는 광야에서의 그리스도의 유혹에 관한 것, 즉 하와와 아담이 저지른 일을 그리스도가 되돌리시는 것에 관한 것이다. 아들은 위대한 최초의 우월성 추구자인 사탄을 극복하고자 애쓴다. 사탄은 첫 인간 부부를 우월성 추구로 유혹하여 세상을 다스리게 되었다. 그러나 아들은 유혹을 이겨 내는 방식을 통해 우월성 추구가 유독하고 자기 파괴적인 악덕임을 보여 주는 도덕적 비전을 제시한다. 이는 단순히 외부의 힘(정당하든 자의적이든)에 의해 설정된 한계를 넘어서는 것이 아니다.

───

《실낙원》은 에덴이 파괴되고 사탄이 세상을 장악하는 것으로 끝난다. 우월성 추구에 사로잡혀 최고가 되려는 사탄은 하나님의 새로운 세계를 망쳐 놓고 자신의 영역을 넓히는 데 성공했다. 그러나 사탄은 자신의 통치를 두려워한다. 피조물의 우월성은 결코 확보되지 않으며, 항상 불안정하다. 아담과 하와가 낙원을 떠나기도 전에, 하나님은 뱀을 저주하시면서 사탄에게 하와의 후손으로 태어날 이, 인류의 '위대한 구원자'가 그의 머리를 상하게 할 것이라고 경고하신다(PL 10:180-81, 12:148). 《복낙원》에서 우리는 예수님의 세례식 때 사탄을 처음 만난다. 그는 성부가 예수님을 "사랑하는 아들"이라고 선언하시는 것을 듣고 "거의 벼락을 맞은 듯" 충격을 받는다(PR 1:35-36). 이는 성자가 이전에 사탄을 상대로 거둔 승리, "일만 번의 천둥"을 보내 사탄과 그의 군대를 "벼락을 맞게" 하여 "무저갱" 속으로 몰아넣었을 때를 떠올리게 했기 때문이다(PL 6:834-66).

　　수수께끼는 사랑하는 아들이라고 선언된 이가 다른 여느 인간과 똑같아 보인다는 점이다. 사탄은 광야에서 예수님을 시험하며, 그가 과연 어떤 류의 하나님의 아들인지를 알아내고자 한다(PR 4:514-25). 사탄 자신을 포함한 모든 천사들과 마찬가지로, 또 모든 인간과 마찬가지로 하나님의 한 아들인지, 아니면 사탄이 두려워하는 대로, 하나님의 오른편에 앉아 계신 바로 그 성자인지를 알아내고 싶은 것이다. 어느 쪽이든, 사탄의 목표는 예수님이 사탄을 자신의 하나님으로, 따라서 자신보다 우월한 존재로 인정하게 하는 것이다. 이는 이중의 승리가 될 것이다. 한편으로, 예수님은 인간이며 인류의 대표자시다. 따라서 만약 사탄이 아담과 하와에게 그랬던 것처럼 예수님에게 승리한다면, 그는 예수님과 함께 모든 인류를 자신의 지배하에 둘 수 있다. 또한 만약 예수님이 신성한 성자라면, 성공할 경우 사탄은 그 아들이 사탄을 하나님으로 인정하게 만드는 셈이 된다. 이는 곧 하나님에 대한 우월성 경쟁에서의 승리를 의미하며, 바로 사탄이 태초부터 추구해 온 목표다.

　　하시만 사탄은 이 두 가지 시도에서 모두 실패한다. 마지막 시험의 끝부분에서, 예수님이 "또한 기록되었으니, / 주 너의 하나님을 시험하지 말라 하였느니라"라고 선언하자, 사탄은 "경악하여" 성전 꼭대기에서 떨어진다(PR 4:562). 예수님은 침해할 수 없는 신성을 드러내시고, 사탄은 패배한다. 예수는 군사적인 힘을 휘두름으로써가 아니라, 압도적인 힘보다 더 본질적이고 더 신성한 가치에 따라 행동함으로써 이 두 번째 승리를 거둔다.

8

영광에 대한 시험은 광야에서 성자와 사탄의 대결에서 중심이 되는 주제다. 문제인 것은 아들과 사탄의 상대적 지위뿐만 아니라, 하나님의 우주에서 가장 근본적인 가치인 하나님 피조물들의 진정한 번성을 위한 조건이다. 최고의 영광을 소유함은 하늘에서 사탄이 지녔던 주된 동기였고, 하나님이 그에게 땅을 자유롭게 돌아다닐 수 있게 하셨을 때도 여전히 그의 주된 동기였다. 예수님이 성공적으로 그의 시험을 물리친 후, 사탄은 "영광에 만족할 줄 몰랐기" 때문에 패배한다(PR 3:147-48). 그러나 사탄은 영광이 하나님의 속성임을 제대로 알고 있다. 그리스도의 얼굴에서 "아버지의 영광스러운 모습이 비치는 것을 본다"(PR 1:86-93). 그렇다면 문제는 영광이 선한가 아닌가가 아니라, 무엇이 진정으로 영광스러운가이다.

시험은 영광의 문제를 중심으로 전개된다. 사탄은 예수님을 최고가 되려고 애쓴 다른 인간들과 비교하며 시험하는데, 이는 예수님이 "가장 위대한 일들의 성취를 위해 / 온전히 그것을 위해 만들어진" 인물이라고 여기기 때문이다(PR 2:206-8). 사탄은 위대해지는 것을 우월성과 연관시키므로, 예수님에게 무명 상태에서는 가장 위대함은커녕 위대해질 수도 없다고 말한다. 우월성은 인정을 요구한다.

사사로운 삶에만 영향을 미치거나,

아니면 더 미개한 광야에서 더 이름 없이 지내면서,

어찌하여 온 땅이 너의 행적에 경탄할 기회를,

너 자신에게는 명성과 영광을,

영광, 바로 그 보상을 얻을 기회를 박탈하려 하는가?

오직 영광만이 드높은 시도를 향한 불꽃을 일으키는 법.

가장 고양된 영혼들, 가장 순수하게 단련된

천상의 존재들에게서 타오르는 불꽃을.

그들은 다른 모든 쾌락을 경멸하고,

모든 보물과 모든 이득을 찌꺼기로 여기며,

존엄과 권세까지도 그렇게 여긴다.

가장 높은 그것 외에 모든 것을(PR 3:22-30).

사탄이 예수님에게 비교 대상으로 제시하는 주목할 만한 사례는 두 사람이다. 서른 살의 나이로 고대 세계에 가장 큰 제국을 건설했던 알렉산더 대왕과 "지금 온 세상이 찬탄하는" 율리우스 카이사르이다. 카이사르는 "나이가 들수록 더욱 영광에 대한 열망으로 불타올라 / 자신이 너무 영광 없이 오래 살았다며 눈물을 흘렸다"(PR 3:39-42). 이 사람은 바로 젊은 시절 작은 알프스 마을을 지나가면서 "나는 로마에서 두 번째가 되느니 차라리 이곳에서 첫 번째가 되겠다"라고 말했다고 전해지는 바로 그 율리우스 카이사르다.[27]

사탄은 시험 당시 서른 살이었던 예수님이 위대한 정복자들에 비해 성취 면에서 뒤처지고 있다고 암시하며, 자신이 예수님을 최고의 영광에 오르도록 도울 수 있다고 주장한다. 예수님이 사탄을 경배한다면, 그리하여 자신보다 사탄이 우월함을 인정한다면, 세상에서 가장 위대한 자가 될 것이라는 말이다. 만약 예수님이 세상을 통치함으로써 영광을 얻으려는 인간이었다면 이는 솔깃한 제안처럼 보일 수도 있다. 각자 원하는 걸 얻는 셈이다. 단, 우월성이 최고의 가치일 때는 가장된 호의를 베푸는 자들은 주었던 걸 언제든 빼앗아 갈 수 있다.

이에 전혀 동요하지 않는 예수님은 영광이 어떻게 올바르게 이해되어야 하는지를 대답 속에 규정하신다. 예수님은 인간의 영광이 "단지 명성의 불꽃, / 사람들의 칭송일 뿐"이라고 사탄에게 말씀하신다(PR 3:47-48). 대부분의 사람은 참된 영광을 알지 못하며, 그들로부터 "비난받는 것은 오히려 작지 않은 찬양이다!"(PR 3:51-56). 위대한 정복자들을 영광스럽다고 여기는 자들은 심각하게 잘못 생각하는 것이다. 참된 영광은 "야망이나 전쟁, 폭력이 아니라, 평화로운 행위들과 탁월한 지혜로써" 얻어진다(PR 3:90-91). 밀턴의 예수님에게 참된 영광의 사례는 알렉산더 대왕과 율리우스 카이사르가 아니라 욥과 소크라테스다.

예수님은 요한복음의 예수님이 그러셨던 것처럼(8:50), 자신은 자기의 영광을 구하지 않고 자신을 보내신 하나님의 영광을 구한다고 말하며 답변을 끝내신다. 예수님은 사람은 자신의 영광을 구해서는 안 되며(그 영광이 진정한 영광을 아는 자들에게서 오든 그렇지 않든 마찬가지다), 하나님의 영광을 구하고 하나님의 칭찬에서 오는 영광만을 받아들여야 한다고 암시한다.

> 이것이 참된 영광이요 명성이니,
> 하나님이 땅을 내려다보시며,
> 의로운 자를 주목하여 인정하시고,
> 하늘 모든 곳에 그를 그의 모든 천사들에게 알리시니
> 천사들은 진정한 갈채로 그를 향한 찬양을 되풀이한다.
> 하나님이 욥에게 하셨던 것처럼. ……
> 그는 하늘에서는 유명했으나 땅에서는 덜 알려졌으니,
> 땅의 영광은 거짓된 영광이니
> 영광스럽지 않은 것들에게
> 명성을 누릴 자격 없는 자들에게
> 돌려지기 때문이라(PR 3;60-64. 68-70).

예수님은 하나님의 인정을 구하셨고, 자신의 영광을 구함으로써가 아니라 하나님의 영광을 드높임으로써 그리하신다. 우월성이 아닌 탁월성을 추구하신다.

========

예수님이 하나님의 영광에 자신을 헌신하자, 사탄은 이제 기회가 생겼다고 생각한다. 예수님이 자신의 아버지라고 주장하는 하나

님이야말로 모든 존재 중 가장 큰 영광의 추구자가 아닌가?

> 영광을 그리 가볍게 여기지 마라. 그 점에서 너는
> 그대의 위대한 아버지를 가장 덜 닮았다.
> 그는 영광을 구하시고, 그의 영광을 위해 만물을 만드셨으며,
> 만물을 명령하고 다스리신다.
> 하늘에서 모든 천사들에게 영광받는 데 만족하지 않고,
> 인간들에게, 모든 인간에게, 선하거나 악하거나,
> 지혜롭거나 어리석거나, 차이도 예외도 없이,
> 영광을 요구하신다.
> 모든 제물이나 성별된 예물보다도
> 영광을 요구하고, 영광을 받으시니,
> 모든 민족에게서, 유대인이나 헬라인이나 야만인이나,
> 무차별적으로 받으시고, 예외를 선언하신 적이 없다.
> 심지어 적인 우리에게서도, 영광을 요구하신다(PR 3;109-120).

사탄은 영광이 하나님의 주된 가치라고 주장한다. 영광은 하나님의 모든 행위의 주된 목적이며, 하나님은 분별력 있는 자와 무지한 자, 선한 자와 악한 자, 친구와 화해할 수 없는 적들 모두로부터 무차별적으로 영광 받기를 고집하신다는 것이다. 사탄은 하나님의 성품과 행동이 영광에 대한 예수님의 폄하와 모순된다고 주장한다. 영광이 하나님의 최고선이기에 그것이 최고의 선이라는 것이다. 하나님은

절대적으로 우월하실 뿐만 아니라, 절대적으로 우월하신 분으로 인정받고 찬양받기를 추구하신다. 그것이 잘못될 수 있는가? 하나님이 틀릴 수 있는가?

예수님은 《실낙원》에서 사탄이 말했던 자신의 자기혐오와 감사할 줄 모름에 대한 독백(PL 4:32-113)을 상기시키는 답변으로 사탄의 주장이 틀렸음을 밝힌다. 하나님이 왜 그리고 어떻게 모든 이로부터 영광 받기를 구하시는지 설명하며 예수님은 이렇게 말한다.

> 그의 말씀이 만물을 만드셨으니,
> 비록 영광을 첫째 목적으로 삼으신 것은 아니나,
> 오히려 자신의 선하심을 드러내시고,
> 자신이 나누어 주실 수 있는 선을 모든 영혼에게
> 값없이 나누어 주시기 위함이다.
> 그들에게서 무엇을 이보다 덜 기대하실 수 있는가?
> 영광과 송축, 즉 감사 외에.
> 가장 사소하고, 가장 쉽고, 가장 즉각적인 보답을,
> 다른 아무것도 돌려드릴 수 없는 자들에게 바라실 뿐.
> 그것도 돌려드리지 않는다면, 대신에 결국은
> 경멸과 불명예, 비방을 돌려드리지 않겠는가?
> 그것은 얼마나 가혹한 보답, 부적절한 갚음인가?
> 그토록 많은 선, 그토록 많은 은혜에 대한!(PR 3:122-133).

예수님은 모든 영광을 구하는 것은 하나님께, 그리고 오직 하나님께만 합당하다고 사탄에게 말한다. 그러나 이는 오직 하나님이 피조물들이 영광을 구하는 방식과는 다르게 구하시기 때문이다. 하나님은 만물을 창조하셨고 만물에게 그 존재와 능력을 주신다. 이 주장은 하나님이 인간을 창조하셨기에 피조물들이 하나님께 영광 돌리도록 요구할 권위와 권능을 모두 가지신다는 의미가 아니다. 오히려 인간은 존재라는 선물에 대해 하나님께 빚지고 있으며, 따라서 하나님은 영광의 합당한 수령자라는 주장이다.

그러나 하나님이 구하시는 영광이란 정확히 무엇인가? 첫째, 정의상 이는 하나님이 필요로 하시는 것일 수 없다. 만물을 창조하고 보존하며 다스리시는 하나님의 '첫째 목적'이 하나님 자신의 영광이라는 사탄의 말은 틀렸다. 만약 그렇다면, 하나님은 자신이 행하시는 모든 일에서 자신의 선의 증진을 추구하시는 셈이 될 것이다. 그러나 하나님의 선은 증진될 수 없다. 하나님께서 관심을 가지시는 선은 피조물들의 선이다. 하나님의 주된 목표는 "자신의 선하심을 드러내시는 것"이며, "자신이 나누어 주실 수 있는 선을 모든 영혼에게" 나누어 주심으로써 그렇게 하시는 것이다. 이 주장은 밀턴이 《실낙원》에서 하나님의 영광에 대해 말한 것과 일치한다. 하나님의 영광을 구성하는 모든 것들 중에서, "끝없는 사랑과 헤아릴 수 없는 은혜"가 가장 밝게 빛난다(PL 3:142). 밀턴은 구속의 맥락에서 이 말을 하지만, 창조 역시 구속 못지않게 하나님의 관대하심에 관한 표현이다. 하나님은 값없이 창조하고 주시며, 아무 대가도 바라지 않으신다. 뒤에서 살펴보겠지만, 바울도 같은 점을 지적하며 다른 사람보다 우월하다고 느끼거나 주장하는 것에 반대하는 논거로 삼는다(4장).

둘째, 하나님과 피조물의 관계는 특별한데, 피조물이 하나님께 되돌려 드릴 자신만의 것을 아무것도 가지고 있지 않아서다. 이 점 역시 4장에서 탐구할 것이다. 피조물의 존재와 능력은 그들의 전 삶에 걸쳐 하나님이 그들에게 주신 선물이다. 하나님께 드리는 제물이나 거룩한 예물도 이미 하나님 자신 것 중에서 드리는 것이다. 하나님이 요구하시는 유일한 보답의 선물은 "영광과 송축"인데, 이는 밀턴이 덧붙이듯 "감사"에 지나지 않는다. 감사는 단지 "가장 쉬운 보답"일 뿐만 아니라, 사탄 자신이 《실낙원》(4:47)에서 진술했고 예수님이 여기서 강조하듯이, 피조물이 할 수 있는 유일한 보답이며 하나님이 요구하시는 유일한 것이다.

셋째, 감사는 하나님을 '가장 높으신 분'의 지위로 높이지 않는다. 그것은 하나님의 우월성을 생성하거나 유지하거나 확대하지 않는다. 감사는 단지 하나님으로부터 받은 선을 기쁨으로 인정할 뿐이다. 마찬가지로 감사의 부족은 결코 하나님을 손상시키지 않는다. 그러나 은혜를 모르는 자들은 하나님께 마땅히 드려야 할 것을 드리지 못한다. 그들은 또한 의존적인 피조물인 자기 자신에 대한 경멸에서 비롯하는 하나님에 대한 경멸을 품는 경향이 있다. 사탄의 경우, 하나님이 자비롭게 값없이 그에게 베푸신 모든 것이 《실낙원》에서 그가 보고하듯이, "내 안에서는 악한 것이 되었고, / 오직 악의만을 낳았을 뿐"이었다(PL 4:48-49). 하나님이 모든 피조물의 선의 원천이시므로, 피조물이 자신의 영광을 구하는 것은 부적절하다(하지만 앞으로 보여 주겠지만, 밀턴의 관점에서는 그들이 영광을 받고 소유하는 것이 부적절하지는 않다!).

> 그러나 어찌하여 인간이 영광을 추구해야만 한단 말인가?
> 자신만의 것이란 아무것도 가진 것이 없으며,
> 자신에게 속한 것이라곤 정죄와 불명예와 수치뿐인 자가.
> 그토록 많은 혜택을 받고도, 하나님을 배신하고,
> 은혜를 모르며, 거짓을 향해 돌아선 자.
> 그리하여 모든 참된 선을 스스로 빼앗긴 자가.
> 그럼에도 신성모독적으로 마땅히 하나님께만 속한 것을
> 스스로 차지하려 하는가(PR 3:134-141).

이 인용구 중심에 있는 행마다 모든 타락한 인간 존재에 대한 암울한 관점을 담고 있다. 배신하고, 은혜를 모르며, 거짓되고, 모든 참된 선을 빼앗겼으며, 정죄와 불명예와 수치를 받아 마땅하다는 것이다. 이는 우리가 복음서에서 만나는 예수님의 입에서 나왔다고는 믿기 어려울 정도로 부정적인 말들이다. 그러나 밀턴의 예수님이 말하는 요점은 우리가 피조물 됨의 본성에 관한 더 기본적인 주장, 즉 피조물은 단지 피조물이라는 이유만으로 자신의 것이라고 주장할 것이 아무것도 없다는 점에만 동의한다면 여전히 유효하다.

앞으로 살펴보고 탐구해 보겠지만, 바울은 고린도전서 4장 7절에서 같은 점을 지적한다. "누가 너를 남달리 구별하였느냐 네게 있는

것 중에 받지 아니한 것이 무엇이냐 네가 받았은즉 어찌하여 받지 아니한 것같이 자랑하느냐." 모든 걸 받은 자들은 자랑해서는 안 된다. 그들은 자신들이 받은 것에 대해 스스로에게 영광을 돌리면서, 자신의 자질이 하나님의 선물임을 인식하지 못한다. 감사는 모든 좋은 선물의 수여자에게로 다시금 주의를 돌리게 한다. 따라서 영광은 하나님께 속한다. 그 영광을 자신을 위해 구함은 하나님께 잘못을 행하는 것이며 하나님께 속한 것을 자신에게 부당하게 돌리는 것이다.

밀턴은 영광에 대한 이러한 견해 때문에 예수님은 사탄의 유혹에 굴복하지 않을 수 있다고 시사한다. 그러나 이는 하나님에 대한 사탄의 묘사를 정당화하는 것처럼 보일 수도 있다. 하나님이 자신을 자랑하며 가장 높다고 선언하기 위해 창조 세계 전체로부터 모든 영광을 흡수하고 있으며, 피조물들은 단지 하나님의 절대적 우월성을 위한 들러리에 불과하다는 주장이다. 그러나 영광이 오직 만물의 창조주이신 하나님께만 "마땅히" 속한다고 말하는 것이 결국 하나님만이 모든 영광을 차지하신다고 주장하는 것은 아니다.

> 그러나 하나님 안에 얼마나 많은 풍요로움과 은혜가 있는가.
> 자신의 영광이 아닌 그분의 영광을 드높이는 자는.
> 그분이 그들을 영광으로 나아가게 하시리라(PR 3:142-44).

사탄의 핵심 주장은 만약 예수님이 그의 아버지처럼 되기를 원한다면, 그의 아버지가 영광을 갈구하며 누구든 가리지 않고 모든 이로부터 영광 얻기를 고집하시므로 예수님 역시 자신의 영광을 구해야 한다는 것이다. 이에 예수님은 사탄에게 말씀하신다. 하나님은 피조물들이 영광을 구하는 방식으로 영광을 구하지 않으실 뿐만 아니라, 하나님께 영광을 돌리는 자들은 오히려 하나님으로부터 진정으로 소유할 가치가 있는 유일한 영광을 받는다고 답변한다.[28]

> 이것이 참된 영광이요 명성이니.
> 하나님이 땅을 내려다보시며.
> 의로운 자를 주목하여 인정하시고.
> 하늘 모든 곳에 그를 그의 모든 천사들에게 알리시니
> 천사들은 진정한 갈채로 그를 향한 찬양을 되풀이한다.
> 하나님이 욥에게 하셨던 것처럼.
> 그의 명성을 하늘과 땅에 널리 퍼뜨리고자 하실 때.
> 너의 치욕의 순간이라 잘 기억하겠지만.
> 그가 네게 "네가 내 종 욥을 보았느냐?" 물으셨도다.
> 그는 하늘에서는 유명했으나. 땅에서는 덜 알려졌으니.
> 땅의 영광은 거짓된 영광이니.
> 영광스럽지 않은 것들에게.
> 명성을 누릴 자격 없는 자들에게
> 돌려지기 때문이라(PR 3;60-70).

중요한 것은 명성이나 평판처럼 사람들 입에 오르내리며 화

제가 되는 것이 아니다(참조. PR 3:55). 중요한 것은 자신이 다른 사람들보다 열등하거나 우월한지에 따른 자신의 상대적 지위 여부가 아니다. 자신의 제국이 얼마나 큰지, 얼마나 많은 부를 가졌는지, 자신의 지적 기여가 다른 사람들의 그것과 비교하여 얼마나 영향력 있는지가 아니다. 중요한 것은 선한 삶을 사는가, (욥처럼) 의로운가 또는 (소크라테스처럼) 진실한가이다(PR 3:88-99을 보라). 진지하게 받아들일 가치가 있는 유일한 인정은 하나님으로부터 오는 것이며, 유일한 갈채는 타락하지 않은 천사들로부터 오는 것이다. 이 영광은 하나님의 선하심을 구현하고 반영하는 자들에게 속한다.

사탄에 대한 예수님의 대답은 무엇이 진정으로 영광스러운지를 재정의하는 것이다. 진정한 선함이 곧 영광이다. 인간은 감사를 통해 하나님의 풍성하고 자유로운 관대함에 대해 하나님께 영광을 돌린다. 하나님은 의로운 사람을 주목하여 인정하시고, 관대하고 의로우며 진실한 인간들에게 영광을 주신다. 인간들 사이에 선함에 있어 우월성과 열등성이 있는가? 만약 있다면, 우월한 자들은 열등한 자들보다 낫다는 이유로 칭찬받는 것이 아니다. 그들은 그들의 선함의 탁월성으로 칭찬받는다. 그리고 그들 중 누구도 이 선함에 대해 자랑하거나 자신이 그 소유자임을 내세우며 스스로를 칭찬하지 않는다. 밀턴은 여기서 바울의 표현을 반향한다.

이 장에서의 나의 주장은 밀턴의 두 위대한 시 중심에는 우월성 추구에 대한 강력한 비판이 있다는 것이었다. 《실낙원》에서 우월성 추구는 사탄이 반역하게 된 주된 동기다. 이 추구는 공적이 손상되었다는 주장과 함께 자신을 위장하고, 도덕적으로 그럴듯하게 보이도록 거짓된 자기 창조(self-creation) 이야기를 꾸며 낸다. 다른 이들을 속이려는 사탄의 시도는 결국 자기기만, 즉 어떻게든 하나님의 보좌를 흔들 수 있을지도 모른다는 망상으로 귀결된다. 자신의 추구를 고집하고 자기기만에 매달리면서, 그는 자신의 본래적인 선함과 세상의 선함으로부터 기쁨을 얻는 능력을 상실하고 구속의 가능성을 스스로 빼앗는다.

하와 역시 자신만의 방식으로 우월성을 갈망했기에 타락한다. 그녀를 긍정적으로 보자면, 이 사악한 야망을 자신 것으로 삼기까지 다른 누군가에게 유혹을 받아야만 했다. 반면 사탄은 밀턴이 표현하듯이 "스스로 유혹된" 자였다(PL 3:130). 두 경우 모두, 창조된 열등성과 우월성의 질서 또한 요인으로 작용한다. 하와의 경우, 위계질서와 평등에 대한 정당한 주장의 혼합은 불안정한 조합임이 드러난다. 처음에는 제한적이었던 것처럼 보였던 추구가 유혹자의 영향 아래 끝없이 커져 갔다. 키르케고르의 표현을 빌리자면, 아담과 하와 둘 다의 끊임없는 비교와 우월성에 대한 야망은 행복할 수 있었을 관계를 결국 망쳐 놓는다. 아담과 하와는 화해하려고 노력할 때조차 서로 이기려 든다. 사랑조차도 우월성을 향한 충동에 의해 짓눌리고 왜곡될 수 있다.

나는 또한 《복낙원》의 관점에서 볼 때, 이 인물들이 예수 그리스도의 반대 유형(anti-types)이라는 점을 주장했다. 사탄으로부터 부, 지배 또는 지혜를 구하고, 그 각각에서 최고의 영광을 열망하라는 시험을 받으실 때, 그리스도는 사탄의 도움으로 우월해지고 세상의 모든 경쟁자보다 우월하게 자신을 내세우라는 제안을 거절하셨다. 애초부터 그 목표 자체가 잘못되었기 때문이었다. 마지막 유혹의 끝 부분에서 예수님은 사탄이 그를 데려갔던 성전 꼭대기에 홀로 서 계신다. 마지막 시험에 대한 예수님의 응답에 "경악하여"(PL 4:562) 사탄은 떨어진다. 이는 성전에서 떨어졌다기보다는 하와와 아담을 성공적으로 유혹함으로써 도달했던 그 높이에서 굴러 떨어진 셈이다. 마치 그가 이전에 하늘에서의 반란 이후 "무저갱" 속으로 굴러 떨어졌던 것처럼(PL 6:834-66) 말이다.

예수님은 우월성 추구를 거부하셨기에 지상에서 가장 거룩한 장소의 꼭대기에 서 계신다. 그가 보여 주는 도덕적 우주의 비전은 하나님의 자유로운 관대함과 피조물들의 자유로운 감사를 최고선으로 제시한다. 그 관대함은 아무런 대가도 바라지 않으며 그 감사는 기쁨으로 자신의 존재를 하나님으로부터 받고 세상에서 살아 내는 것이다. 요컨대 사랑 안에서의 자유를 향한 부름과 응답이다.

9

윌리엄 블레이크(William Blake)는 밀턴 자신이 사탄 편에 속했다는 유명한 말을 남겼다.[29] 그는 《실낙원》의 작가가 시의 주요 주인공에게서 느끼는 강한 공감대를 언급한 것이다. 밀턴이 최종적으로 악마의 편을 들지는 않지만, 아마도 사탄의 묘사가 때때로 그토록 공감되도록 그려진 것은 바로 밀턴 자신이 우월성 추구의 유혹을 절실하게 느껴서였을 것이다. 우월성 추구에 대한 강력한 비판이 담긴 두 편의 시를 창작한 사람이 그 유혹을 극복하지 못했을 수도 있다는 그 사실은 인간을 사로잡은 심오하게 오도된 우월성 추구의 힘을 증언한다.

젊은 밀턴은 비범한 위대함을 향한 불타는 야망을 지녔다. 19세기에 밀턴의 전기를 쓴 마크 패티슨(Mark Pattison)은 밀턴이 1632년 케임브리지의 한 친구에게 보낸 편지를 언급하는데, 거기서 그는 "내 마음은 가장 위대한 일들을 성취하는 데 온전히 맞춰져 있고 거기에 전념하고 있어"라고 썼다.[30] 《복낙원》에서 밀턴은 바로 그 동일한 단어들을 사용하여 예수님의 태도를 묘사한다(PR 2:207-8). 비록 자신의 사명을 그리스도의 사명에 비유하는 것이 야심 찬 일일 수는 있겠지만, 아마도 이것은 그리스도를 모방하려는 열망과 창조적 탁월성을 위한 노력 이상은 아니었을 것이며, 이는 우월성 추구와는 매우 다른 종류의 노력이다(1장 참조).

그럼에도 불구하고, 밀턴이 초기에 지녔던 극단적인 경쟁심은 우월성 추구로 충분히 묘사될 수 있다. 스물한 살에 쓰였고 16년 후 그의 첫 시집 맨 앞에 실린 밀턴의 초기 영어 시 중 하나는 〈그리스도 탄생의 아침에〉라는 제목이 붙어 있다.[31] 그 시의 서시(prelude)에서 그는 그것이 "아기 하나님께 드리는 …… 그분이 그의 새 거처에 오심을 환영하는 선물"이라고 언급한다(16, 18). 그러나 이 시는 단지 "하늘에서 내려오신 왕"의 도착과 그 왕이 오신 목적에 관한 것만이 아니다. 존 로저스(John Rogers)가 주장했듯이, 시인으로서의 밀턴 자신의 첫 출발과 그의 시적 소명의 목적에 관한 것이기도 하다.[32]

서시의 마지막 연에서 밀턴 자신의 우월성 추구가 완전히 모습을 드러낸다.

> 보라, 동방 길 저 멀리서
> 별의 인도를 받은 박사들이
> 향기로운 향료를 가지고 서둘러 오네.
> 오, 달려가라. 그대 겸손한 송시로 그들보다 먼저 가라.
> 그분의 축복받은 발 앞에 겸허히 내려놓으라.
> 그대가 먼저 주의 군주를 경배하는 영광을 누리고,
> 그대의 목소리를 천사의 찬양대에 합하라.
> 그의 비밀 제단에서 나온 성스러운 불로 정화되어(22-28).

마지막 행은 밀턴이 시를 자신의 신적인 소명으로 여겼음을 시사한다. 이는 히브리 성경에서 가장 잘 알려진 예언자 이사야의 소명을 떠올리게 한다. 이사야처럼 밀턴의 입술도 부정하다. 그리고 이

사야처럼 밀턴은 그것들이 정결하게 되기를, 거룩한 불 - 스랍이 "부젓가락으로 제단에서 집은 핀 숯"(사 6:6) - 에 닿기를 원한다.

신적인 소명과 정화의 필요성은 놀랍지 않으며, 밀턴이 자신의 "겸손한" 송시를 예수님의 축복받은 발 앞에 "겸허히" 내려놓고 싶어 한 것도 놀랍지 않다. 그는 우렛소리 같은 하늘의 음성이 "우리 하나님의 아기 울음소리"가 되는 상태를 기꺼이 취하신 위대한 하나님께 경의를 나타낸다.[33] 그럼에도 불구하고 그가 자신의 시적 행위를 겸손한 하나님께 겸손한 선물로 바치는 것으로 묘사하는 바로 그 순간, 느닷없이 그의 우월성을 향한 열망이 드러나는 강력한 진술이 나타난다.

밀턴은 스스로를 다그쳐 아기가 있는 곳에 동방박사들보다 먼저 도착하여, 자신의 주님을 가장 먼저 경배하는 영광을 누리라고 한다. 저 높은 영역을 아버지와 함께 다스리시면서도 기꺼이 "누추한 지붕 아래 마구간에 머무르시는" 하나님을 경배하는 데 누가 먼저 도착하는지가 무슨 상관이란 말인가?[34] 왜 밀턴은 동방에서 온 이교도 현자들과 경쟁하며, 그들처럼 단지 서둘러 가는 것이 아니라, 그리스도를 공경하는 데서 그들을 능가하고 싶어 하는가? 밀턴이 다른 사람보다 먼저 도착하는 것에 그토록 신경 씀으로써 겸손하신 하나님을 모욕하는 것은 아닐까? 우리는 여기서 경배에서조차 다소 사탄 편에 선 밀턴의 일면을 보는 것은 아닌가?[35]

이 시에는 또 다른 경쟁이 있다. 예수님 탄생의 효과 중 하나로, 밀턴은 이교 신들의 몰락을 논하는데, 그는 친구 찰스 디오다티

(Charles Diodati)에게 보낸 편지에서 그들이 "자신들의 신전 안에서 갑자기 파괴되었다"라고 썼다.[36] 밀턴은 탄생 송시에서 "우리의 아기는" "자신의 참된 신성을 보이시고자, / 강보에 싸여서도 저 저주받은 무리를 제압하실 수 있다네"라고 쓴다(227-28). 그리스도께 밀턴이 봉사로서 바치는 시는 그가 같은 편지에서 표현하듯이, "새벽의 첫 빛이 내게 가져다준 선물"에 지나지 않는다. 동시에, 이 돌려 드림 속에서 그는 단지 기독교 신앙의 진리를 설득력 있게 표현하는 것을 넘어, 모든 고전문학을 뛰어넘는 우월성을 추구한다.

  탄생 송시를 짓고 있을 때, 밀턴은 이미 자신이 《실낙원》과 같은 영웅 서사시를 쓰리라고 상상하고 있었다. 38년 후, 마침내 그 시를 쓰고 난 후 호메로스나 베르길리우스의 작품과 동등하게 여겼다. 한 가지 작은 세부 사항이 자신의 성취에 대한 그의 과도한 평가를 웅변한다. 《실낙원》이 1667년에 처음 출판되었을 때, 여백에 행 번호가 인쇄되어 있었다. 존 로저스는 그것이 얼마나 이례적이고 심지어 독특했는지를 언급한 후 다음과 같이 논평한다.

> 밀턴에게 행 번호라는 아이디어를 떠올리게 했을 만한 유일한 선례는 위대한 고대 고전, 호메로스와 베르길리우스의 장엄한 르네상스 판본들이었을 것이다. 그 작품들은 17세기에 행 번호와 함께 출판되었을 것인데, 행 번호는 분명 학술 주석의 작성을 용이하게 하고 교실에서 그 텍스트들을 공부하기 쉽게 만들어 주려는 용도였다.

로저스는 밀턴이 "아직 아무도 실제로 읽어 보지 않은 자신의 시를 《일리아스》(The Iliad)처럼, 그리고 《오디세이아》(The Odyssey)와 《아이네이스》(The Aeneid)처럼 정전(正典)의 반열에 올리려고" 의도했다고 결론을 내린다.[37]

밀턴은 《실낙원》이 호메로스와 베르길리우스의 걸작들과 동등할 뿐만 아니라 그것들보다 우월하다고 생각했던 것 같다. 몇 년 후 《복낙원》에서 그 헬라와 라틴의 작품 저자들을 언급하며, 그는 불평한다.

> 아아! 그들이 무엇을 가르칠 수 있으며,
> 어찌 잘못 인도하지 않을 수 있겠는가.
> 자기 자신을 모르고, 하나님에 대해서는 더욱 모르며,
> 세상이 어떻게 시작되었고, 인간이 어떻게 타락하여
> 은혜에 의존하게 되었는지 모르는 자들이(PR 4:309-12).

《일리아스》, 《오디세이아》, 《아이네이스》는 하나님, 죄, 그리고 하나님의 은혜라는 가장 중요한 문제들에 대해 독자들을 "오도하고" 있으므로, 그런 의미에서 자신의 작품보다 열등했다는 것이다. 아마도 밀턴은 시적 관점에서도 그 작품들이 마찬가지로 열등하다고 주장했을 것이다. 그러나 애써 이러한 비교를 제시하는 모습은 밀턴 자신이 단지 진리나 시적 기교의 탁월성에만 관심이 있는 게 아님을 보여 주는 듯하다. 그의 전 생애에 걸쳐 그는 우월성을, 심지어 가장 위

대한 경쟁자들보다 더 우월하기를 추구했으며, 이 우월성이 만인의 시선 앞에서 인정받고 기록되기를 원했던 것 같다.

자기 작품의 진리와 탁월함에 관심을 갖는 것과 위대한 고전 서사시들을 경쟁 상대로 설정하는 것은 전혀 다른 문제다. 그의 두 시가 호메로스나 베르길리우스의 창작물보다 더 나은지는 그가 묻지 않는 편이 더 나았을 것이며, 확실히 그의 독자들에게도 묻도록 요청하지 않는 게 더 나았을 것이다. 4장과 5장에서 우리는 바울이 비교 우위를 자랑하는 데 반대하며 논증하는 것을 살펴볼 것이다.

《복낙원》에서 사탄의 시험 중 하나는 예수님이 "지혜로써 / 유명해지도록"(PR 4:221) 부추기는 것인데, 이는 아마도 헬라의 고전 문학에 담긴 지혜보다 우월한 지혜를 공개적으로 과시하라는 요구였을 것이다. 이에 대해 밀턴은 예수님이 헬라인의 지혜를 알고 계시며, 헬라인들이 가졌던 "자연의 빛"(PR 4:228)보다 더 나은 "위로부터 온 빛, 빛의 근원으로부터 온 빛"(PR 4:289)을 받으셨다고 주장하시는 것을 상상한다. 예수님은 비교하는 판단을 내리시며 자신이 가진 지혜가 우월하다, 즉 더 큰 탁월성을 지닌다고 주장하신다. 그러나 예수님은 자신을 높이기 위해, 그런 우월함을 인정받기 위해, 자신의 지혜의 우월함을 공개적으로 증명하라는 사탄의 요구를 거절하신다. 탄생 송시에서처럼, 마구간에서 아기로 오신 하나님은 그의 능력과 지혜가 정말로 우월함에도 불구하고, 분명 명성이나 우월성을 추구하지 않으신다. 그러나 "내가 가장 위대하다!"는 주장은 악한 자에게서 나온다. 밀턴은 이를 긍정한다. 그의 두 시는 모두 우월성 추구에 반대하는 설득

력 있는 논증을 펼치기 때문이다. 그럼에도 예수님과는 달리, 그는 항상 유혹을 물리칠 수는 없었다.[38]

우월성 추구에 반대하는 진정으로 위대한 이 시들은 바로 그 악덕과 씨름한 작가 자신의 투쟁 속에서 태어났다. 이것은 단지 역설처럼 보일 뿐이다. 모든 탁월한 것은 인간이라는 더럽혀진 샘에서 흘러나온다. 밀턴의 관점에서는 하나님과 타락하지 않은 천사들의 경우를 제외하고는, 그것이 흘러나올 수 있는 다른 종류의 샘은 없다.

The Cost
of Ambition

PART 2.

비교와 경쟁 너머, 탁월함을 향하여

4

사도 바울 I

타인을 자신보다 낮게 여기며

게르트 타이센은 그의 책 *The Religion of the Earliest Churches*(초기 교회의 종교)에서 이웃 사랑과 지위의 포기가 초기 기독교 윤리의 가장 기본적인 두 가지 가치였다고 주장한다. 사실상 이 두 가지는 다른 모든 윤리적 가르침들의 기초가 되는 메타 가치의 역할을 했다. 이웃 사랑이라는 가치는 초기 그리스도인들이 이런저런 모습으로 유대인과 이방인들과도 공유했다. 하지만 지위 포기와 겸손은 견유학파 철학자들과[1] 히브리 성경에서(6장에서 살펴볼 것이다) 일부 비숫한 예를 찾아볼 수 있긴 했지만 더 새로운 가치였다. 이 두 가지 덕은 타고나거나 노력으로 얻은 지위가 무엇보다도 중요했던 고대 로마 문화의 흐름에 맞서는 것이었다.

기독교의 성경을 보면 우월성 추구에 대한 가장 꾸준한 비판과 그에 대한 가장 설득력 있는 대안은 사도 바울의 글에서 발견된다. 물론 이 문제에 관심을 가진 초기 기독교 저술가가 바울뿐이었던 건 아니지만, 바울은 다른 누구보다도 이 주제를 더 폭넓고 깊이 있게 다루었다. 우월성 추구에 대한 비판은 바울이 가졌던 가장 깊은 관심사의 핵심이었다. 엄밀히 말하면, 바울의 서신에서 이 문제는 '우월성'이라는 이름 말고도 훨씬 다양한 이름으로, 바울이 자신의 삶을 이야기하는 구절들이나 창조, 구원, 교회에 대한 그의 신학이나 윤리적 지침을 담은 여러 부분에서 나타난다. 중요한 점은, 우월성 추구의 문제점들은 열정적인 바리새인(비하의 의미가 아닌)이자 토라와 전승에 뛰어난 학생이었던 그가 예수 그리스도의 헌신적인 제자가 된 여러 이유 중 하나였다. 그가 설명하듯이, 그의 삶을 바꾸어 놓은 기본적인 방향 전환이 일어난 것은 계시의 결과였다(갈 1:11-16).

예수 그리스도가 바울에게 미친 영향은 다음과 같이 설명할 수 있다(흔하지 않고 다소 형식적인 표현이지만, 참이며 우리의 목적을 위해서는 중요하다). 그리스도에 대한 헌신이 그의 삶에 여러 영향을 미쳤겠지만, 한 가지 중요한 점은 그가 추구하는 본질을 바꾸었다는 사실이다. 즉 열정적으로 우월성을 추구하던 마음을 내려놓고, 동일하게 열정적이면서도 또 다른 류의 탁월성을 추구하게 된 것이다. 바울은 빌립보서 3장 3-16절(특히 4b절을 보라)에서 거의 정확히 이런 표현을 사용하는데, 잠시 후에 살펴볼 것이다.[2]

바울에게 나타나는 우월성 추구 문제를 탐구하기 위해 나는 바울 연구의 두 흐름을 활용하고 통합하려 한다. 첫째이자 주요한 흐름은 은혜와 공로(merit, 공적), 인간 행위 주체성의 본질과 그것이 하나님 앞에서의 인간의 칭의 문제에서 지니는 중요성에 대한 고전적인 신학적 관심이다. 우월성 추구에 대한 바울의 저항은 바로 여기에 뿌리내린다. 둘째이자 부가적인 흐름은 바울 당시의 지위를 매우 중시했던 로마 문화와 바울의 관계에 대한 비교적 최근 연구다. 키케로가 묘사했듯이, 당시 로마인들은 "일단 〔명예의〕 광채를 일부라도 언뜻 보게 되면 이를 손에 넣기 위해 어떤 고통과 어려움도 기꺼이 감수했다."[3]

나는 먼저 바울의 도덕적인 가르침에서 시작하여, 예수 그리스도의 이야기 속에 계시된 하나님의 성품에 대한 그의 이해를 살펴볼 것이다. 이를 통해 왜 바울이 어떤 류든 상관없이 우월성(사회적, 물질적, 도덕적, 또는 영적) 추구가 복음 메시지에 해롭다고 여겼는지 이해하려 한다. 그런 다음, 이러한 생각들이 바울의 자기 이해와 믿음으로 말미암는 칭의라는 그의 핵심 가르침을 어떻게 형성하는지 살펴볼 것이다. 그리고 5장에서는 바울이 이 우월성 추구 비판을 좀 더 논쟁적인 맥락에서 어떻게 전개하는지 탐구할 것이다.

1

지역 신앙 공동체 안에서 다른 이들을 존중하는 것에 대한 바울의 도덕적 가르침에는 세 가지 버전이 존재한다.

첫째, 고린도전서에는 다른 사람을 존중하라는 분명하지만 간접적인 명령이 담겨 있다. 이것은 바울이 공동체 구성원이 서로 어떻게 관계 맺어야 하는지를 설명하기 위해 한 가지 비유를 사용하는 방식 속에 암시된다. 이전과 이후의 많은 사람들처럼, 바울은 공동체를 인간의 몸에 비유한다. 스스로 열등하다고 느끼는 이들 - "나는 손이 아니니 몸에 붙지 아니하였다"(고전 12:15) - 에게 바울은 이들이 꼭 필요하며, 몸이 제대로 기능하려면 반드시 있어야만 한다고 말한다. 스스로 우월하다고 느끼며 홀로 서고 싶어 하는 이들 - 눈이 손에게 "내가 너를 쓸 데가 없다"(고전 12:21)라고 말하는 - 에게 바울은 이들이 우월감 속에서 자신의 가치를 지나치게 부풀리고 있으며, 지체가 하나뿐인 몸은 이상할 것이라고 말한다. 여기까지가 공동체를 몸으로 설명하는 바울의 이야기를 예상할 수 있는 내용이다. 이야기의 강조점은 서로 의존하는 관계와 협력에 있다.

바울은 '우월한' 지체들(자신의 더 높아 보이는 지위를 자랑하고, 스스로를 구별하며, 자신보다 낮은 이들을 경멸하는 이들)을 향한 논증을 이어가면서, 약하고 '덜 귀하게 여겨지는' 지체들의 중요성을 강조한다. 수사적으로 볼 때, 몸과 그 지체들에 관한 전체 내용(고전 12:14-26)에서 바울이 가장 강조하는 부분이 바로 이곳이다.

그뿐 아니라 더 약하게 보이는 몸의 지체가 도리어 요긴하고
우리가 몸의 덜 귀히 여기는 그것들을 더욱 귀한 것들로
입혀 주며 우리의 아름답지 못한 지체는 더욱 아름다운
것을 얻느니라 그런즉 우리의 아름다운 지체는 그럴 필요가
없느니라 오직 하나님이 몸을 고르게 하여 부족한 지체에게
귀중함을 더하사 몸 가운데서 분쟁이 없고 오직 여러 지체가
서로 같이 돌보게 하셨느니라(고전 12:22-25).

바울은 급진적인 요점을 제시한다. 다시 말해 일반적으로 통용되는 우월성/열등성 척도에 따른 상대적 지위가 의미하는 바에 맞서서, 모든 지체는 동등한 존중을 받아야 하며 "서로 같이 돌보[아야]" 한다는 것이다.

이 구절에서 그는 11장에서 다루었던 문제로 되돌아간다. 교회의 부유하고, 권력이 있으며, 지위가 높은 구성원들이 가난하고 약하며 '덜 귀하게 여겨지는' 구성원들을 경멸과 전적인 무관심으로 대하고 있다는 것이다.[4] 그는 그들 모임에서, 주의 만찬 때, "각각 자기의 만찬을 먼저 갖다 먹으므로 어떤 사람은 시장하고 어떤 사람은 취함이라"라고 쓴다. 힘 있는 자들은 "하나님의 교회를 업신여기고 빈궁한 자들을 부끄럽게" 한다(고전 11:22). 그들에 대한 바울의 첫 번째 반대 논증은 주의 만찬이 지닌 성격에서 나온다. 그것은 죽음으로써 자신을 타인에게 나누신 그리스도를 기념한다. 그런 주의 식탁에서 다른 이들을 이기적으로 경멸하며 스스로를 구별 짓는 자들은 그리스도

교회의 바로 그 기초와 정면으로 배치되며, 결국 "자기의 죄를 먹고 마시는 것"이다(고전 11:29).

바울은 몸의 은유를 전개하면서, 교회 안에서 경멸하는 태도를 보이는 '우월한' 지체들에 향한 두 번째 반대 논증을 제시한다. 그는 자신의 논증의 첫 번째이자 가장 중요한 단계를 그닥 중요하지 않은 듯 진술한다. '덜 귀하게 보이는' 몸의 지체들은 뒤틀린 '육체적' 사고방식 속에서만 그래 보일 뿐이라는 것이다. 약한 자들, 아무것도 가지지 못한 자들은 열등하게 취급당한다. 그들은 단지 "더 약하게 보이는"(고전 12:22) 것이고 우리가 "덜 귀히 여기는"(12:23) 것일 뿐, 실제로 그렇지는 않다는 말이다. 부유하고 존경받는 자들은 세속적인 겉모습과 하나님이 정하신 실재를 혼동해서는 안 된다.

교회의 몸 안에서는 모두가 동등하게 존귀하며, 이것이 바로 우리가 "덜 귀히 여기는" 지체들을 "더욱 귀한 것들로 입혀 주"는 이유다(12:23). 힘 있고 소위 '뛰어나다'는 이들은 덜 귀하게 보이는 지체들을 경멸하고 자신들만 돌보지 말고, 몸의 모든 지체에게 보여야 할 동등한 돌봄에 알맞게 그들을 더욱 귀하게 존중해야 한다. 존귀함은 동등하며, 따라서 존중의 행위가 그 동등함을 드러내는 방식으로 차등화되어야 한다! 우리는 이 장 전체에 걸쳐 불평등한 세상적 명예의 표준들에 도전하는 이러한 차등화된 존중의 패턴을 반복해서 살펴볼 것이다.

바울 시대의 정치적 수사에서는 몸의 은유가 지위와 대우의 차이를 정당화하는 데 사용되었다.[5] 이와 뚜렷한 대조를 이루며, 바울은 그 은유를 사용하여 존중과 돌봄에서의 더 큰 평등을 추구한다. 서로가 주고받는 존중과 돌봄의 불균형은 몸 안에 분열을 일으킨다. 주로 자신을 위한 존중을 추구하는 것, 즉 우월성 추구는 서로 돌보아야 할 동등하게 존귀한 지체들을 존중을 두고 서로 경쟁하게 만들 것이다. 자신의 우월성을 수동적으로 가정하고 그에 따라 자신에게 유리하도록 존중과 돌봄이 불균등하게 분배되기를 기대하는 것도 마찬가지다. 비록 바울은 열등하게 취급당하는 지체들에게 동등한 존중과 돌봄을 위해 싸우라고 촉구하지는 않지만, 그는 그들을 위해 직접 싸우고 있다!

바울이 보기에 동등한 존중과 돌봄이라는 비전은 단순한 사회적 관습이 아니다. 이는 하나님이 몸들(교회 공동체, 더 넓게는 인간 공동체)을 배열하신 방식이다(고전 12:24). 동등한 존중이라는 도덕적 요구는 인간의 존재론에 뿌리박고 있다. 인간은 스스로를 정의하는 주권적 개인이 아니며, 다른 사람 눈에 어떻게 보이느냐에 따라 가치가 결정되지도 않는다. 대신 하나님은 그들의 창조주로서 그들의 가치를 정립하시며, 다른 인간들은 이를 존중해야 한다. 또한 그들은 독립된 개인이 아니므로, 타인과의 관계가 관련된 모든 이들의 의지에만 좌우되지도 않는다. 그들은 사회적 몸의 일부이기에 각자의 안녕은 물론이고 존재 자체가 전체 사회적 몸과 긴밀히 연결되어 있다. "만일 한 지체가 고통을 받으면 모든 지체가 함께 고통을 받고 한 지체가 영광을 얻으면 모든 지체가 함께 즐거워하느니라"라고 말하면서, 바울은 각자가 다른 사람에게 주어진 존중을 기뻐하며, 그 공유된 기쁨을 경험하라고 권하며 단락을 마무리한다(12:26).

바울의 구원과 창조에 대한 신학을 다룰 때, 나는 그가 자아 주권성(the sovereignty of the self)에 반대하는 더 근본적인 방식들을 보여 줄 것이다. 거기에서도 그의 목적은 우월성 추구의 기반을 무너뜨리는 데 있다.

═══

공동체 안에서의 존중에 관한 두 번째 가르침은 보다 직접적이며, 어떤 의미에서는 첫 번째보다 공동체에 더 많은 걸 요구한다. 이는 단지 존중의 평등을 위해 노력하는 데 그치지 말고 이를 추구하는 데 앞장서라는 것이다. "존경하기를 서로 먼저 하[라]"(롬 12:10b). 여기서도 맥락은 사회적 몸으로서의 공동체다(12:4-5). 상호적 돌봄과 동등한 돌봄에 대한 강조도 나타나는데, 다만 이제는 사랑의 언어로 표현된다. "형제를 사랑하여 서로 우애하[라]"(12:10a).

그렇다면 서로 존중하라는 권고는 지위의 위계에 관한 것이 아니라, 서로의 애정이 타인을 대하는 방식으로 드러나는 것이다. 바울은 다른 사람에게 표시하는 존중이 '존경과 높은 평가'로 이해될 때, 비로소 진정한 존중이라고 여긴다. 마르틴 루터(Martin Luther)가 《루터: 로마서 강의》(*Lectures on Romans*)에서 말하듯, 단지 "더 큰 것을 돌려받기 위해" 표현하는 "가식적이고 이해타산적인" 종류의 존중이 아니라는 것이다.[6] 마찬가지로 어떤 사람이 타인에게 베푸는 혜택 같은 다른 사람에 대한 돌봄은 명예에 집착했던 로마 문화에서처럼 은혜

베푸는 자의 명예를 높이기 위한 의도여서는 안 된다.

마르틴 루터는 다른 많은 이들과 동일하게 이 구절에서 바울이 말하는 타인의 존중을 가치에 대한 비교 판단에 근거한다고 생각한다. 이는 그들이 나보다 더 존경받을 가치가 있으므로, 나는 그들에게 마땅히 주어야 할 존중(honor)을 거부하거나 거짓되게 나의 영예가 그들 것보다 더 크다고 주장하는 대신, 그들을 존중한다는 것이다. 이는 루터가 다음과 같이 믿기 때문이다. "사람은 자신을 낮추고, 자신이 수치를 당해도 마땅하며, 다른 사람들이 자신보다 더 존중받을 자격이 있다고 판단하지 않는 한, 즉 사람이 겸손해지지 않는 한, 다른 사람을 자신보다 더 존중하여 높이려 하지 않는다."[7] 이 견해에 따르면, 존중은 전적으로 지위의 서열과 관련이 있다. 다른 사람을 존중하는 것은 자신을 그 목록에서의 위치를 아래로 내리는 것이다. 그러나 이러한 서열 정리는 겸손에 대해서든 다른 사람을 존중하는 것에 대해서든 옳을 리 없다.

바울은 공동체의 모든 구성원이 서로를 존중해야(honor) 한다고 강조한다. 만일 각 사람이 다른 사람을 자신보다 더 존중받을 만하다고 판단한다면, 많은 판단이 그저 잘못된 판단일 뿐이다.[8] 그는 각 구성원이 스스로에 대해 "지혜롭게" 진실한 판단을 하도록 힘써야 한다고 주장하는데(롬 12:3), 이러한 판단에 따르면 누군가는 아마도 여러 측면에서 다른 이들보다 더 나을 것이다. 이는 바울이 자신의 이미지를 부풀리는 경향이 있는 이들(우월감을 느끼고 자신이 더 존중받을 자격이 있다고 생각하는 이들)과 다른 사람을 존중하는 것이 반드시 자신의 가치나 성취를 깎아내리는 것을 의미한다고 생각하는 이들 양쪽 모두를 경계하기 위해 내리는 명령이다. 따라서 다른 사람을 존중하는 것은 즉 각자가 마땅히 받아야 할 것에 따라 각자의 공적이 정해져서는 안 된다(또한 아래를 보라).[9] 대신에 개개인은 자신의 공로와 상관없이, 단지 교회 공동체의 구성원이라는 사실, 더 넓게는 인류의 일원이라는 사실에 근거하여 존중받아야 한다.

그러나 "존경하기를 서로 먼저 하[라]"(롬 12:10)라는 지침은 우월성 추구를 억제하는 것이기보다 오히려 그것을 뒤집어 놓고 나서 북돋는 것처럼 보인다. 존중(honor, 명예)을 얻어 내는 데 다른 사람보다 우월해지려 하기보다는, 존중을 부여하는 데서 우월해지려 해야 한다는 것이다. 그 결과는 일종의 도덕적 우월성을 추구하는 도덕적 능력주의가 될 것이다. 그것이 본문에 대한 한 가지 가능한 해석이며, 일부 주석가들은 빌립보서 2장 9-11절과 고린도후서 11장 23-33절을 이런 식으로 이해한다.[10] 이러한 해석자들 견해에 따르면, 바울은 우월성 추구가 다른 사람에 대한 사랑과 존중보다는 권력, 부 등을 목표로 할 때만 반대한다. 다른 사람을 사랑하고 높이는 데 있어서는 다른 사람보다 우월해지도록 노력해야만 한다. 우월성을 목표로 삼는 것 자체가 문제가 아니라, 단지 잘못된 것들에 대한 우월성을 목표로 삼는 것이 문제라는 것이다.

내가 보기에 이런 해석은 치명적인 모순에 시달린다. 이는 마치 겸손이 그리스도인에게 핵심적인 덕목이므로, 자신의 겸손에 대해 정당하게 자부심을 느끼고 경쟁자들보다 더 겸손함을 자랑할 수 있다고 추론하는 것과 같다. 두 경우 모두 초점은 도덕적 탁월성 자체의 추구가 아니라, 비교와 대조의 평가가 된다. 로마서 12장 10절에서 '먼저 하라'로 번역된 단어는 '프로에구메노이'(proēgoumenoi)인데, 이는 "경쟁에서 이기는 것"보다는 "앞장서서 인도하는 것"으로 번역할 수 있으며, 이것이 바울의 더 큰 논지에 더 잘 들어맞는다. 루터가 지적하듯이, 이는 "다른 사람이 우리에게 베푸는 존중이 먼저 오든 나중에 오든 우리는 서로에게 존중을 베풀어야 한다"는 것을 의미한다.[11]

그러나 여기서 중요한 것은 상호성이다. 이는 조건부 호혜성이 아니라 각 구성원이 다른 모든 구성원에 대해 갖는 무조건적인 의존과 의무로 누군가가 "서로 함께함"(one-another-ness)이라고 부른 것이다.[12] 무조건적인 돌봄과 타인에 대한 무조건적인 존중 모두 상호적이어야 한다. 사랑과 존중 모두에서의 그러한 상호성은 사회적 위계를 불안정하게 만든다. 각자는 자신이 존중받고 있는지 여부나 자신이 존중하는 사람이 존중받을 만한 공적(merit)이 있는지 여부와 상관없이 존중을 보여야 한다. 이러한 기대는 '열등한 자'뿐만 아니라, '우월한 자'에게도 부과되며 더욱 강력하게 부과된다.

다시 말해 더 많은 부나 권력을 가졌거나 더 높이 평가받는 사람들은 더욱 그러한 존중을 실행해야 한다. 사랑과 존중이 상호적이어야 한다는 비판적 명령이 겨냥하는 주된 대상은 스스로를 "우월하다"고 생각하고 싶은 유혹을 쉬이 받을 수 있는 사람들이다. 교회 밖에서 우월하게 대우받기 때문이든 도덕적으로 뛰어나거나 공동체의 지도자이기 때문이든 이에 다 해당한다.

바울이 서로 존중하라고 한 세 번째 명령은 가장 급진적이다. "아무 일에든지 다툼이나 허영으로 하지 말고 오직 겸손한 마음으로 각각 자기보다 남을 낫게 여기[라]"(빌 2:3). 이는 바울 서신에 나타난 명령 중에서 가장 직접적으로 우월성 추구를 거부하는 명령이다. '더 나은'(hyperechontas) 또는 '우월한'이 가리키는 것은 다른 사람의 재능과 성취일 수도 있고, 지위나 중요성일 수도 있다. 로마서 12장 10절에서처럼, 여기서도 "낫게 여[김]"은 상호적이고 무조건적이어야 하므로, 재능과 성취에서의 우월성은 고려 대상이 되기 어렵다. 모든 사람이 다른 모든 사람을 자신보다 낫다고 여겨야 할 텐데, 그렇다면 많은 이들이 거짓 주장을 할 것이기 때문이다. 따라서 '더 나은'을 '지위나 중요성에서 우월한'으로 해석함이 더 적절하며, 이 입장은 바울이 곧 제시할 그리스도의 모범과도 더 잘 어울린다. 즉 하나님과 동등하신 분이 섬김을 통해 가장 낮은 인간조차 중요성에서 자신보다 우월하다고 여기신다는 것이다.

빌립보의 그리스도인 공동체에 속한 모든 사람은 다른 사람과의 경쟁(eritheian, 이기적인 야망)을 통해서든, 칭찬받기 위해 타인을 기쁘게 하려고 애쓰는 것(kenodoxian, 헛된 영광)을 통해서든, 자신의 자기 가치와 중요성을 주장하려 해서는 안 된다. 대신에 각 사람은 겸손히 자신을 잊고 다른 사람을 자신보다 더 중요하게 여겨야 한다. 또는 실제로 모든 사람이 동등한 지위와 중요성을 가지므로, 다른 사람들이 더 높은 지위와 중요성을 가진 것처럼 그들을 대우하며 관계를 맺어야 한다.[13] 빌립보 교인들은 공동체의 구성원 중 누구를 자신들보다 우월한 자로 존중해야 하는가? 칼 바르트(Karl Barth)는 이 구절을 주석하면서 "제한 없이" 모든 사람이라고 답한다.[14] 개개인이 다른 모든 사람을 더 중요하게 대하는 것은 누군가는 부당하게 열등하고 누군가는 부당하게 우월하다고 여겨지는 공동체 안에서 존중의 평등을 확립하는 가장 효과적인 방법일 수 있다.

몸의 은유가 위계적 관계의 중요성을 주장하는 데 사용되기도 하고 그것에 도전하는 데 사용되기도 했듯이(바울이 고린도전서 12장에서 사용한 것처럼), 상호 존중의 명령 또한 다른 방식으로 사용될 수 있다. 예를 들어, 그 요구가 주로 낮은 지위에 있는 사람들을 향하거나 "누군가를 존중한다"는 것이 그들의 사회적 지위에 합당한 대우를 해 주는 것을 의미한다면, 그것은 기존의 신분 관계를 공고히 할 수 있다.[15] 고린도전서 12장에서 주의 만찬 중에 가난한 이들이 겪는 굴욕에 맞서면서, 바울은 존중이 동등해서는 안 되며 오히려 가난한 사람들이 더 큰 존중을 받아야 한다고 주장한다. 그래야 구성원 사이에서 존중이 균등해지기 때문이다. 그는 또한 동등한 돌봄을 강조하는데, 이는 아마도 부유한 사람들이 가난한 사람들과 부의 일부를 나누어야 함을 의미할 것이다.

빌립보서 2장에서 다른 사람을 존중하는 것은 적극적으로 그들의 이익을 돌보는 것을 의미한다. "각각 자기 일을 돌볼 뿐더러 또한 각각 다른 사람들의 일을 돌보[라]"(2:4).[16] 그리고 따라서 기존의 신

분 관계를 공고화하지 않는다. 다른 사람과의 관계에서 남보다 우월해지려고 추구하는 사람은 무엇보다 자신의 이익을 돌본다. 상대가 우월하다고 여겨지면 그들을 능가하기 위해, 또는 자신이 열등하다고 여겨지면 자신의 우월한 지위를 잃지 않기 위해서다. 반대로, 다른 사람을 자신보다 높게 여기는 사람들은 주로 그들의 이익에 주의를 기울인다(물론 그렇게 하려면 자신의 자아의 안전이 타인에 대한 자기주장과는 다른 방식으로 확보되어야 한다. 이 문제는 곧 탐구해 볼 것이다). 여기서도 바울은 상호성을 추구한다. 만일 각자가 다른 사람의 선을 돌보아야 하고 각자가 다른 사람을 자신보다 높게 여긴다면, 주는 자와 받는 자는 다 함께 바울이 4장 15절에서 표현한 것처럼, "주고받는" 공동체를 형성할 것이다. 만일 '더 높은' 또는 물질적으로 더 나은 구성원들이 진정으로 낮은 자들의 이익을 돌본다면, 우월성의 저울은 확고해지기보다 불안정해질 것이다.

―――

내가 분석한 세 구절은 각각 다른 서신에 속하지만 모두 교회 공동체의 삶에 관한 교훈을 다룬다. 여기서 바울은 독자들에게 우월성 추구를 거부하고 서로를 동등하거나 우월한 지위에 있는 사람처럼 존중하라고 촉구한다. 칼 바르트는 빌립보서 구절을 주석하면서, '어떤 근거로 다른 사람을 마치 더 높은 지위에 있는 것처럼 대해야 하는지' 묻는다. 그는 "이런저런 근거가 아니라, 아마도 아무런 근거 없이,

모든 근거에 반하여"라고 답한다.[17] 이는 그러한 존중이 타인의 공적에 근거하지도 않고 그들의 과실로 방해받지도 않음을 시사한다. 그것은 모든 인간이 동등하게 공유하는 단순한 인간성에 근거하며, 이는 또한 키르케고르도 강조하는 점임을 살펴보았다(2장). 우월성을 추구하기보다 각 사람을 자신보다 더 존중해야 하는 주된 이유는, 그러한 급진적인 사회적 비전을 품게 되는 이유는 바로 예수 그리스도의 이야기다. 바울은 "너희 안에 이 마음을 품으라 곧 그리스도 예수의 마음이니"라고 쓴다(빌 2:5). 뒤이어 어어지는 내용이 바로 그 유명한 그리스도를 향한 찬가다(2:6-11).

      예수 그리스도의 이야기를 우리가 따라야 할 삶의 패턴을 보여 주는 그림으로 이해한다면, 바울이 독자들에게 그리스도처럼 행하라고 촉구하기는 해도, 모방이 단지 그가 말하려는 요점이 아님을 명심해야 한다. 바울은 단순히 도덕적 교훈을 주는 게 아니다. 다음 단락 이후에 보여 주겠지만, 바울의 관점에서 그리스도를 닮아 가는 삶은 부활하신 그리스도를 믿음으로 받아들일 때, 그리스도가 그 사람 삶의 주된 행위 주체가 되시기에 일어나는 일이다. 그는 독자들을 그리스도와 하나됨으로 초대하고 있는 것이다.

2

In Reconstructing Honor in Roman Philippi(로마 빌립보에서의 명예 재건)에서 조셉 헬러만(Joseph

Hellerman)은 고대 로마 식민지에서는 로마에서와 마찬가지로 명예가 가장 중요했다고 주장한다. 영광에 이르는 일반적인 길은 차례차례 높은 관직을 차지해 나가는 것이었다. 이것을 소위 '쿠르수스 호노룸'(cursus honorum, 명예의 경주)이라고 한다. 헬러만은 빌립보서 2장 6-8절에 나오는 '카르멘 크리스티'(Carmen Christi)라고 불리는 예수 그리스도의 이야기가 매우 다른 종류의 경주인 '쿠르수스 푸도룸'(cursus pudorum, 수치의 경주)에 관한 것이라고 제안한다. 테레사 모건(Teresa Morgan)은 엄격한 의미의 '쿠르수스 호노룸'이 바울 시대의 로마에서 특별히 중요했는지, 그리고 그것이 빌립보에서 실행되었는지에 대해 의문을 표시한다.[18] 그러나 만일 우리가 '쿠르수스 호노룸'을 더 일반적인 의미인 명예를 획득하기 위한 상승의 경로로 받아들인다면, 우리는 이를 '카르멘 크리스티'가 그리스도의 이야기를 들려주는 방식과 대조할 수 있다.

그리스도인이 닮아 가야 할 예수 그리스도를 언급하며, 바울은 다음과 같이 쓴다.

> 그는 하나님의 모습으로 계셨으나(개역개정은 "근본 하나님의 본체시나"-옮긴이)
> 하나님과 동등됨을
> 붙잡아야 할(개역개정은 "취할"-옮긴이) 것으로
> 여기지 아니하시고
> 오히려 자기를 비워

종의 형체를 가지사

사람들과 같이 되셨고

사람의 모양으로 나타나사

자기를 낮추시고

죽기까지 복종하셨으니

곧 십자가에 죽으심이라(빌 2:6-8).

각 연은 그리스도의 지위 상실의 단계를 묘사한다. 헬러만은 다음과 같이 쓴다.

> 바울이 묘사한 예수님은 로마 세계의 지위의 관점에서 볼 때, 세 단계로 점점 지위가 낮아진다. …… 예수님은 '수치의 경주'(cursus pudorum)에서 하나님과의 동등함(지위 1단계)에서 시작하여, 인간성과 종의 지위를 취함(지위 2단계)을 거쳐, 십자가에서의 공개적 굴욕의 죽음(지위 3단계)으로 내려간다.[19]

예수 그리스도는 명예 척도의 꼭대기에서 출발한다. "그는 하나님의 모습으로 계셨으나 ……." 이 본문에 대해서는 도서관 하나를 채울 만큼의 글이 쓰였는데, 내가 이 복잡한 본문을 이해하기로는 "하나님의 모습"(form of God)은 외적인 모습으로서의 하나님이다. 오직 하나님이거나 하나님과 동등한 경우에만 신적인 영광 속에 하나님의 모습으로 나타날 수 있으며, 이 찬가는 그 점을 간접적으로 주장한다.

다시 말해 그리스도는 자신이 가지셨던 "하나님과 동등됨을 붙잡아야 할(to be grasped) 것으로 여기지" 않으셨다(빌 2:6). 그리스도가 하나님과 동등하다는 말은 가능한 최상위의 형이상학적 지위에 대한 주장이다. 만일 하나님이 아니라면 자신의 추구를 통해 하나님과의 동등해질 수도 없고, 당연히 하나님과의 동등함이라는 지위를 유지하려고 추구할 수도 없다.

헬레니즘과 로마 전통의 왕들과 통치자들은 하나님과의 동등함을 찬탈하려 했고, 이 동등함으로 최고의 우월성을 유지하고 논쟁의 여지없는 통치권을 행사하는 무기로 휘둘렀다. 앞에서 보았듯이, 밀턴의 작품에서 사탄은 자신을 하나님보다 우월하게 만들려고 추구하기 때문에 하늘에서 전쟁을 시작하고 땅 위에 혼란을 일으킨다(3장). 이 모든 것은 하나님과의 동등함을 붙잡으려 하고 공개적으로 동등함을 주장하는 예들이며, 유일신론의 맥락에서 이는 오직 하나님을 폐위시키고 하나님의 보좌에 자신이 앉는 것을 의미할 수밖에 없다.

동등함의 찬탈과 대조를 이루는 것은 예수님이 하나님과의 동등함을 열망하지 않았다는 것이 아니라, 자신의 동등함을 단단히 붙잡고 자신의 이익을 위해 이용해야 할 것으로 여기지 않았다는 점이다.[20] 성육신에서 그는 하나님과의 동등함을 포기하신 것이 아니라, 하나님의 모습(form of God), 즉 자신의 우월성을 드러내고 자신의 통치를 정당화했을 신성의 외적 현현을 포기하셨다. 이는 키르케고르가 빌립보서 2장을 사용하면서 강조하는 점이다(2장 참조).[21] 그의 위대하고 단호한 낮아지심에서, 그리스도는 우월성의 정점으로서의 하나님을 드러내는 신적 영광의 옷을 벗으시고, 종의 형체를 입으셨으며, 마침내 십자가에 달리셨다. 명예를 갈망하는 관점에서 볼 때, 이는 궁극적인 치욕이었다. 하나님으로서 인간이 되셨고, 인간으로서 종의 형체를 취하셨으며, 종으로서 죽기까지 순종하셨다. 그리고 그분이 기꺼이 맞으신 죽음은 모든 처형 방식 중 가장 수치스러운 것이었다.[22]

이 찬가가 전제하는 바는 그리스도의 자기 비움이 단순히 어떤 역설적인 영웅적 자기 비하의 과시가 아니었다는 것이다. 그는 다른 사람들을 섬기기 위해, 그들 스스로 할 수 없는 일을 해 주기 위해 자신을 철저히 낮추셨다. 사실, 빌립보서 2장 9-11절의 모든 곳에 있는 "모든 무릎"이라는 보편주의적 범위가 시사하듯이, 그분은 온 인류를 대신하여 아마도 특별히 가장 멸시받던 노예들, 때로는 그와 같이 십자가에서 생을 마감했었던 이들을 대신하여 수치 가운데 죽으셨다. 그렇다면 여기에는 극단적인, 단순한 인간으로서는 취할 수 없는 태도가 나타난다. 그러나 바울은 빌립보의 그리스도인들에게 바로 그것을 권고한다. 실로 비교할 수 없는 지위를 가지신 예수 그리스도는 가장 급진적으로 행동하셨다. 가장 보잘것없는 인간과 가장 심각한 죄인조차도 마치 자신보다 우월한 듯 대하신 것이다. 그는 자신의 이익보다 그들의 이익을 돌보셨다(2:3-4). 그들의 공로 때문이 아니라 오히려 그들의 과실(demerits)과도 상관없이 자신의 지극히 높은 분과의 동등함도 괘념치 않고 그렇게 하셨다.

빌립보서 2장 8절 이후에는 그리스도를 향한 찬가에 뚜렷한 단절이 있다. 그리스도의 자발적인 낮아짐의 여정은 십자가 위의 죽음으로 끝난다. 9절부터 그는 더 이상 자신의 이야기에서 행위자가 아니다. 하나님 아버지가 이제 행위자가 되신다. 강조하는 의미의 "이러므로"라는 말이 6-8절의 자기 비움의 단계들과 하나님의 행위를 연결해 준다.

> 이러므로 하나님이 그를 지극히 높여
> 　모든 이름 위에
> 　뛰어난 이름을 주사
> 하늘에 있는 자들과 땅에 있는 자들과 땅 아래에 있는 자들로
> 　모든 무릎을
> 　예수의 이름에 꿇게 하시고
> 모든 입으로
> 　예수 그리스도를 주라 시인하여
> 　하나님 아버지께 영광을 돌리게 하셨느니라(빌 2:9-11).

이 시의 두 부분을 연결하는 "이러므로"를 이해하는 한 가지 방식은 높이심을 그리스도의 자기 비하에 대한 보상으로 생각하는 것이다. 이런 읽기에 따르면, 가장 높은 명예에 이르는 길은 예상과는

달리 '쿠르수스 호노룸' 대신 '쿠르수스 푸도룸'을 달리는 것이다. 이것이 헬러만의 입장이다. "다른 사람들의 유익을 위해 자신을 불명예스럽게 한 것에 대한 보상으로, 예수님은 '사회적 현실의 서열 최고 정점'에 있는 분에 의해 가장 높은 곳으로 높여지신다."[23] 만일 이것이 옳다면, 우리는 일부 해석자들이 로마서 12장 10절에서 발견하는 도덕적 능력주의의 한 형태로 되돌아가게 될 것이다. 우리는 수치와 명예라는 문화적 틀 안에 머무르게 된다. '수치'와 '명예' 모두 그 의미를 유지하겠지만, '쿠르수스'(경주)의 방향이 반대이기에 명예에 이르는 길은 달라질 것이다. 우리는 낮은 데서 높은 데로 달리는 대신, 높은 데서 낮은 데로 달릴 것이고, 하나님은 최종적인 반전을 일으켜 승리자에게 보상하시며 그 지위를 높여 주실 것이다. 그러면 하나님은 다른 사람의 유익을 위해 힘들고, 고통스럽고, 수치스럽고, 노예 같은 불명예스러운 봉사를 하는 이들에게 명예를 수여하신다. 그 보상은 땀 흘린 대가처럼, 그 일 자체와는 본질적으로 구분된다. 그러면 프리드리히 니체의 "개선된 누가복음 18장 14절"이 입증될 것이다. "자기를 낮추는 자는 높아지기를 원한다."[24]

하지만 이 전체 이야기와 좀 더 일치하며 고린도전서 2장 8절의 "이 세대의 통치자들"이 "영광의 주"를 십자가에 못 박았다는 바울의 주장과도 일치하는 생각은, 십자가에 못 박히신 예수 그리스도를 높이심으로써 그의 전체 낮아짐의 여정 자체가 높임을 받았다는 선언으로 보는 것이다. 이런 류의 사랑 그 자체가 영광스러운 것이다. 하나님의 높이심은 바로 이 진리를 공개적으로 입증하는 것이며, 그리스도가 실천한 급진적인 사랑의 영광 외에 다른 어떤 영광으로 그에게 보상하시는 것이 아니다. 그리스도가 타락하고 궁핍한 세상과 맺은 관계에서 그리스도의 영광은 신적인 탁월함을 유지하려고 추구하거나 다른 사람들을 통제하려고 이용하기 위한 것이 아니다. 오히려 다른 이들의 유익을 위해 행동하는 데 있다. 즉 멸시받는 종의 형체를 취하고 수치스러운 죽음을 맞이하는 데 있다. 예수 그리스도는 그의 '쿠르수스 푸도룸'의 가장 낮은 지점에서도 그 여정 이전이나 하나님 아버지가 그를 최고의 공적인 명예의 자리에 앉히신 이후나 마찬가지로, 조금도 하나님으로서 부족하지 않으셨고 조금도 덜 높으셨던 것이 아니었다. 나는 하나님이 그리스도를 높이신 것이 일반적으로 수치스럽다고 여겨지는 그리스도의 행위를 영광스럽다고 하시는 단순한 선언일 뿐이라고 말하려는 게 아니다.[25] 높이심은 십자가에 못 박히신 그리스도 자신을, 아들로서 세상 창조 전에 그가 가졌던 영광의 새로운 생명 속으로 들어 올리는 것이다.

일으키심을 받은 그리스도에게 모든 이름 위에 뛰어난 하나님의 거룩한 이름을 주신 것은 모든 피조물이 종의 형체를 취하고 십자가에서 죽으신 분, 하나님과 함께 유일한 보좌에 앉아 계신 그분을 자신들의 주님으로 경배해야 한다는 공적인 선포다. 그의 낮아짐의 여정에서 예수 그리스도는 피조물의 연약함과 필요에 직면했을 때 지극히 높으신 분이 된다는 것이 무엇을 의미하는지 보여 주셨다.[26] 마르틴 루터가 '마니피캇'(The Magnificat; 눅 1:46-55에 나오는 마리아의 찬가 - 옮긴이)의 주석에서 말하듯이, "그는[하나님은] 가장 높으시고 그분

위에 아무것도 없으므로, 자신보다 위를 보실 수 없다. 또 좌우를 보실 수도 없다. 자신과 같은 자도 없기 때문이다. 그는 필연적으로 자신의 안과 아래를 보셔야만 한다. 그리고 사람이 그분 아래로 더 멀리 있을수록, 그는 그 사람을 더 잘 보신다."[27] 이런 종류의 사랑의 '시선'(seeing)이 하나님의 영광이다.

―――――

빌립보서 2장은 우월성의 증가에 관한 이야기가 아니다. 그리스도가 자신의 신적 영광을 공적으로 선포하고 땅과 하늘의 모든 피조물로부터 인정을 받아 자신의 지위를 높이려고 추구하는 이야기가 아니다. 만일 우월성 추구의 이야기였다면 그리스도는 빌립보서의 그리스도 찬가에서 영감을 받아 밀턴이 《실낙원》에서 들려주는 이야기 속 사탄과 불편할 정도로 너무 가까울 것이다(3장을 보라). 더 **중요**한 점은 십자가를 향한 낮아짐의 여정을 걸으신 분이 하나님이었다면 그는 이미 최대한 가장 영광스러우므로 그의 영광이 증가될 필요가 없다는 점이다.

바울이 그리스도 찬가를 지은(또는 옮긴) 것은 빌립보의 그리스도인에게 서로 명예에서 앞서려고 추구하지 말고, 다른 사람을 자신보다 더 중요하게 여기며, 주로 자신의 이익이 아닌 다른 사람의 이익을 돌보라고 동기를 부여하기 위함이었다(빌 2:3-4). 그리스도 자신의 여정은 인간이 추구할 가치가 있는 도덕적으로 탁월한 길을 예시할 뿐만 아니라, 그러한 추구가 수치와 죽음이 아닌 그리스도와 함께 하는 부활과 높여짐으로 귀결될 것이라는 확신을 준다. 바울은 빌립보서에서 한 장 뒤에 이렇게 쓴다. "우리의 낮은 몸을 자기 영광의 몸의 형체와 같이 변하게 하시리라"(3:21).

3

겸손한 섬김의 행위로 서로 사랑하고 자신보다 다른 사람을 더 존중하는 것은 대안적 공동체(polity)인 교회 안에서의 삶의 방식이다(politheuomai, 빌 1:27). 바울은 빌립보 교인들에게 교회의 주님이신 예수 그리스도가 바로 이런 류의 삶의 모델이심을 상기시킨다. 그들에게 보낸 편지에서 바울은 이 새로운 삶의 방식이 자신의 개인적 삶에 가져온 뚜렷한 차이에 대해 이야기한다. 이를 좀 더 자세히 살펴보는 것은 우월성 추구에 대한 비판이 바울 사상에서 차지하는 중심적인 역할을 이해하는 데 도움이 될 것이다.

―――――

빌립보서 3장 2-6절에서 바울은 갈라디아서 1장 13-14절에서 볼 수 있는 것과 유사한 자신의 이전 삶에 대한 이야기를 들려준다. 두 경우 모두 우월성 추구는 중요한 관심사다.

> 만일 누구든지 다른 이가 육체를 신뢰할 것이 있는 줄로
> 생각하면 나는 더욱 그러하리니 나는 팔일 만에 할례를 받고
> 이스라엘 족속이요 베냐민 지파요 히브리인 중의 히브리인이요
> 율법으로는 바리새인이요 열심으로는 교회를 박해하고 율법의
> 의로는 흠이 없는 자라(빌 3:4-6).

"만일 누구든지 …… 나는 더욱 그러하리니!" 이 자랑의 말 첫 부분이 시사하듯, 이 구절은 더 큰 논쟁거리의 일부분이다. 그리스도의 길은 명예 문화에 따른 교회 밖에서의 우월성 추구뿐만 아니라 교회 내에서의 우월성 추구에 의해서도 위협받고 있다고 바울은 믿는다. 거짓된 설교자들은 그리스도인의 삶에 대한 비전을 하나의 대안적 형태의 '쿠르수스 호노룸'(더 일반적인 의미에서의)이라고 선전했다.

도덕적 질서 바깥에 놓인 우월성 추구의 한 가지 버전이 있다. 바울의 사회적 환경에서 우월성은 주로 정치권력을 기반으로 한 명예의 우월함이었다. 그러나 이와는 달리, 도덕적 질서 안에서 일어나는 우월성 추구의 또 다른 버전도 존재한다. 이는 종교적·도덕적 지위와 업적에 기반한 '쿠르수스 호노룸'이다. (2장에서 언급했듯이, 키르케고르는 이런 류의 우월성 추구에 격렬하게 반대한다.) 바울이 보기에, 일부 그리스도인 공동체는 그리스도의 길을 바로 그렇게 이해했다. 즉 할례를 특별한 소속의 표지로 삼아 도덕적·종교적 우월성을 추구하는 것이다. 그는 분노에 찬 눈빛으로, 이런 설교자들을 "개들", "행악하는 자들", "몸을 상해하는" 자들이라 부르며 이 비난하는 용어들에 "삼가

라!"라는 경고의 외침을 덧붙인다(빌 3:2).

〔여기서부터는 신중하게 접근해야 한다. 바울과 유대교의 보다 일반적인 관계는 우월성 추구에 초점을 맞추는 글에서 다루기에는 너무 복잡한 주제다. 앞에서 간략히 언급했고 더 깊이 다룰 예정이지만, 우월성 주장과 맞서는 것은 유대교의 주요 문헌들의 핵심적인 특징이다(6장). 여기서 바울은 아마도 자신이 유대교의 왜곡이라고 보는 것, 즉 그가 한때는 따랐었지만 잘못된 삶의 방식이었던 것에 맞서는 것 같다.〕

그가 자신의 종교적 '표장들'(badges)을 연달아 나열하는 데서, 우리는 그가 거짓 교사들과 과거의 자신을 향해 느끼는 분노를 지금도 감지할 수 있다. 그는 그 훈장들을 가슴에 달았다가 바로 떼어 내 쓰레기통에 던져 버린다. 그리스도를 만나기 전에, 그는 하나님의 율법에 대한 순종으로써 도덕적·종교적 우월성을 추구하는 일에 몰두했고, 이 훈장들은 그의 뛰어난 성취의 증거였다! 바울의 목록은 사회과학자들이 구분하는 두 종류의 명예를 모두 포함한다. 귀속된 명예들(선택받은 민족에 속함으로써 태어날 때 물려받은 것들)과 획득된 명예들(자신의 성취 덕분에 얻은 것들)이 그것이다.[28] 헬러만은 식민지 빌립보에서도 제국의 수도 로마에서처럼 이 두 유형의 명예가 바로 바울이 제시하는 순서대로 많은 곳에서 나열되었다고 지적한다.[29] 정말 그러하다면 바울은 자신이 유대교 안에서 걸어온 여정을 이러한 '쿠르수스 호노룸'에 투영함으로써 두 가지 모두 동일한 우월성 추구의 변종임을 암시한다.

바울은 자신의 종교적 진보를 위한 추구를 명백히 경쟁적인 언어로 표현한다. 이는 자신이 어느 누구보다도 자랑할 이유가 더 많다는 것이다. 이것은 과장인데, 자신이 "율법의 의로는 흠이 없는 자"라는 주장이 과장인 것과 유사하다. 만일 그가 로마서 3장 20절에서 말한 것처럼 어떤 "육체"도 율법을 완전히 따를 수 없다고 여전히 믿는다면, 이는 과장일 수밖에 없다. 그는 우월성을 추구하는 인물의 입장에서 말하고 있으며 그의 최종 목표는 최고가 되는 것뿐이다. 보다 감정이 절제된 갈라디아서의 자전적 서술에서는 보다 정확하게 "내가 내 동족 중 여러 연갑자보다 유대교를 지나치게 믿어 내 조상의 전통에 대하여 더욱 열심이 있었으나"라고 언급한다(갈 1:14). 최상급 표현은 없지만 "여러 연갑자보다"와 "더욱 열심이 있었으나"라는 말은 우월함에 대한 자랑이다. 이는 그의 동기가 단순히 하나님을 향한 열심 - 그가 교인들에게 가지라고 명시적으로 권장했던 바로 그 열심이며, 그 말은 심지어 로마서 12장 11절에서 서로 존중하기를 먼저 하라는 명령 직후에 나온다! - 만이 아니라, 동료들 사이에서 더 높은 지위를 차지하는 것도 포함했음을 시사한다.[30]

바울은 자신이 육체를 신뢰할 만한 충분한 이유가 있다고 믿었다. 그가 귀속된 지위와 성취한 지위는 모두 우월했다. 하나님의 율법에 대한 완전한 순종을 추구하면서, 동시에 경쟁하고 있었고, 이기고 있었다. 그러나 그는 성취의 목록을 다 열거한 후, "무엇이든지 내게 유익하던 것을 내가 …… 다 해로 여길뿐더러"(빌 3:7), 그 해보다 더 나쁜, "배설물"로 여긴다고 말한다. 이전에는 자신에게 우월한 지위를 부여한다고 여겼던 것이 이제는 모든 가치를 잃었을 뿐 아니라 오히려 부정적인 가치를 지녔음이 드러났다고 강조한다. 그런데 그가 "히브리인 중의 히브리인"이라는 사실은 배설물이 되지 않았다(빌 3:5). 왜냐하면 그는 여전히 히브리인들에게 "양자 됨과 영광과 언약들과 율법을 세우신 것과 예배와 약속들이 있고 …… 육신으로 하면 그리스도가 그들에게서 나셨으니 그는 만물 위에 계셔서 세세에 찬양을 받으실 하나님이시니라"라고 믿었기 때문이다(롬 9:4-5). 마찬가지로 그가 율법에 따라 의로웠다(그가 의로웠던 정도만큼)는 사실 또한 배설물이 되지 않았다. 왜냐하면 그는 "율법은 거룩하고 계명("탐내지 말라")도 거룩하고 의로우며 선하도다"라고 믿었기 때문이다(7:12). 마지막으로, 비록 교회를 박해했던 그의 열심은 배설물이었지만, 그가 열심이었다는 사실은 배설물이 되지 않았다. 왜냐하면 그는 예수 그리스도를 따르는 자이자 사도로서 계속해서 힘껏 달렸기 때문이다. 심지어 유익이라 생각했던 것이 해로 드러난 데 대해 말하는 그에게서 느껴지는 내면의 분노조차도 그의 열심을 증언한다.

바울에게 긍정적이었던 것이, 긍정적이기를 멈추지 않으면서도, 어떻게 부정적인 배설물이 되었는가? 그는 자신의 혈통, 열심, 성취라는 이 위대한 선들을 부적절하고 무가치한 목표들로 향하게 함으로써 그것들을 배설물로 만들었다. 그는 하나님 앞에서 의를 확보하기 위해 그것들을 사용했고, 그것들은 그 목적에는 부적합하다는 것이 증명되었다(단락 4를 보라). 그러나 그는 또한 그것들을 '자신을 자랑하고', 우월감을 느끼고, 우월성을 주장하기 위해 사용했다. 그것들은 자신을 다른 사람들보다 높이고, 다른 사람들을 깎아내리고 심지어 그들 중 일부를 박해하기 위한 수단이었다. 이런 선한 것들을 자기 고양의 수단으로 바꾸는 것은 어떤 의미에서는 이미 그것들을 그 자체로는 가치 없는 배설물로 취급하는 것이다. 선한 것을 배설물로 바꾸어 버림은 키르케고르와 밀턴이 지적했듯이(2장과 3장), 우월성 추구가 많은 선들, 즉 도덕적 가치들과 삶의 평범한 좋은 것들에 미치는 영향이다.

═══════

그러나 진정으로 가치 있는 것을 목표로 삼는 추구도 있다. 바울은 자신의 새로운 추구의 대상을 "내 주 그리스도 예수를 아는 지식의 우월함(hyperechon)"이라고 기술한다(빌 3:8, 저자의 번역). 여기서 '우월함'은 놀랍고 당혹스러운 단어인데, 잠시 후에 다루겠다. 이 뜻을 제대로 이해하려면 그가 말하는 '앎'이 무엇을 의미하는지 알아야 한다. 그것은 주로 지성의 문제가 아니라 자아의 전반적인 방향 설정의 문제이다.

바울은 예수 그리스도를 자신의 주님으로 알기 위해 추구한다. '주'는 바울 서신에서 예수 그리스도를 일컫는 흔한 칭호지만, 이곳 빌립보서 3장 첫 부분에서는 이전 장의 그리스도 찬가 마지막 부분인 "모든 입으로 예수 그리스도를 주라 시인하여 ……"(2:11)의 반향을 드러내지 않을 수가 없다. 하나님과 동등하셨고, 종이 되어 십자가에서 죽으셨으며, 하나님이 높이신 바로 그분이 바울의 주님이시며, 그가 추구하는 목표다. 그분을 아는 것은 다른 모든 앎보다 탁월하다. "내가 그리스도와 그 부활의 권능과 그 고난에 참여함을 알고자 하여 그의 죽으심을 본받아(symmorphizomenos) 어떻게 해서든지 죽은 자 가운데서 부활에 이르려 하노니 ……"(빌 3:10-11).

  그리스도의 여정은 하나님과 동등한 그의 지위에서 시작한다. 그와 유사하게 바울의 새로운 삶은 부활에서 시작한다. 세례의 경험이 이 첫걸음을 가능케 한다. 바울은 그리스도와 함께 십자가에 못 박혔고 그리스도와 함께 새로운 생명으로, 자기 안에 있는 부활하신 그리스도의 생명 안으로 일으켜졌다(롬 6:3-4; 갈 2:19-20). 이 변화는 새로운 자아를 낳고 새로운 삶의 방식으로 살게 한다. 그러나 부활하신 그리스도의 능력은 그를 영광으로, 일반적으로 이해되는 것처럼 곧바로 영광으로, 이끌지는 않으며 그리스도가 걸으신 토대와 모범이 되는 여정처럼 아래를 향한 여정으로 이끈다. 마르틴 루터가 《그리스도인의 자유》(The Freedom of the Christian)에서 제시한 주 됨과 종 됨의 변증법에 기대어, 우리는 그것을 이렇게 표현할 수 있다. 즉 그리스도와 함께 '주'(lord)가 되기 위해 일으킴 받은 새로운 자아는 종이 되고, 지상의 그리스도의 형상을 취하여(symmorphizomenos, 본받다) 다른 사람들을 섬기고, 마치 그들이 더 우월한(hyperechontas) 것처럼 그들과 관계를 맺으며, 자신의 이익보다 그들의 이익을 먼저 돌본다(빌 3:10; 2:3-4).[31]

  바울은 그리스도가 바울을 "자기 것으로" 삼으셨듯이 그리스도를 "자기 것으로" 삼기 위해(빌 3:12-13) 그리스도 닮기를 추구한다. 예수 그리스도처럼 자신도 죽은 자들 가운데서 영광 가운데 일으킴 받으리라는 희망(ei pōs: '어떻게 해서든지')을 품기 때문이다(3:11). 그 렇다면 추구의 궁극적인 목표가 그리스도와의 일치가 아니라 부활이라는 보상인 듯 보일 수 있다. 그러나 그럴 것 같지는 않다. 바울은 그리스도의 전체 여정과 자신을 동일시한다. 더 중요한 점은 그리스도가(그는 다른 사람들을 위한 고난 속에서도 그리고 자신의 높여짐 속에서도 영광스럽다) 그가 추구하는 목표일 뿐만 아니라 추구하는 행위의 주체이기도 하다는 점이다.³² 그리스도에 대한 그러한 '앎', 즉 그리스도가 자기 안에 살아 계심으로써 자신이 살아갈 수 있게 된 그리스도의 삶과 유사한 그의 삶을 바울은 인간의 표준들에 따른 삶보다 우월하다고 여긴다. 고린도전서에서 그는 이런 류의 그리스도에 대한 앎을 "하나님의 지혜"(1:24)라고 부르며 "사람(의 지혜)보다 지혜롭{다)"(1:25)고 간주한다. 그리스도에 대한 그러한 앎은 또한 그의 모든 성취보다 탁월하며, 그 앎에 비추어 그는 자신의 성취를 해(loss)로 여기게 되었다(빌 3:8).

바울이 포용한 우월함, 다른 사람보다 우월해지려고 추구하시 않고도 가질 수 있다고 믿게 된 우월함은 그리스도의 우월함, 즉 그의 인격, 그의 길, 그리고 인간 삶 속에서 그가 행하시는 일의 우월함이다. 이는 성취해 내는 우월함이 아니라, 받을 준비가 된 모든 이에게 주어지는 것이다.

═══

그러나 그리스도와의 일치는 단지 우월성을 추구하는 또 다른 방식은 아닌가? 눈부신 성공을 자랑함은 아닐지라도 자기중심성을 벗어난 봉사를 자랑하게 되는 한 방편은 아닌가? 아마도 이 말은 내가 위에서 반박했던 로마서 12장 10절의 다른 해석과 같은 주장일 것이다. 이는 바울이 "그리스도를 아는 일에서 서로 경쟁하여 이겨라!"라고 말한다고 생각하는 것이다. 이제 율법의 위대함과 율법 앞에서의 의가 아니라 고난받고 죽으시는 그리스도를 닮음으로 추구의 대상이 달라졌을 뿐이며, 추구의 궁극적 목표(즉 다른 사람들보다 우월함)는 동일하게 남아 있는 것인가? 이건 바울을 잘못 읽는 것이다. 빌립보서 3장 4-6절에서 바울은 우월성 추구를 거부한다. 심지어 도덕적으로 칭찬할 만한 자질과 성취에서조차도 다른 이보다 더 나아지려는 추구는 암묵적으로 거부된다. 그는 그리스도의 우월성이 다른 사람에 대한 자신의 우월성으로 돌아오지 않는다고 생각한다. 그러나 그의 사고는 일관성이 있는가?

빌립보서에서 몇 구절 뒤와 다른 곳에서도(예를 들어, 고전 9:24-27), 바울은 새로운 목표를 향해 나아가는 걸 묘사하기 위해 스포츠의 은유를 사용한다. "뒤에 있는 것은 잊어버리고 앞에 있는 것을 잡으려고 푯대를 향하여 …… 달려가노라"(빌 3:13-14). 그는 '상'(prize)을 향해 가고 있다(3:14). 이는 그가 다시 경쟁하며, 상을 얻기 위해 다른 사람을 이기려고 노력하고 있음을 의미하지 않는가? 고린도전서에서는 그렇게 보일 것이다. 거기서 그는 명시적으로 "운동장에서 달음질하는 자들이 다 달릴지라도 오직 상을 받는 사람은 한 사람인 줄을 너희가 알지 못하느냐"라고 말한다(9:24). 그럼에도 그가 다른 사람을 이기려고 추구하고 있다고 결론짓는 건 잘못일 것이다. 그가 경주 비유를 그리스도인의 삶에 적용할 때 한 사람만 상을 받는다는 생각은 완전히 사라진다. "너희도 상을 받도록 이와 같이 달음질하라"(9:24). 여기서 '너희'는 문법적으로 복수다. 너희 모두가 각자 이길 수 있도록 달려야 하며, 이 경주에서는 그것이 가능하고 바람직하다. 목표는 보편적으로 접근 가능하며 배타적이지 않다. 따라서 모두가 이길 수 있다. 고린도전서에서 바울이 스포츠 비유를 사용할 때, 그리스도인의 사역과 삶에 강렬한 노력, 훈련, 집중이 요구됨을 강조하는 것이다. 마찬가지로, 빌립보서에서 바울은 자신이 그리스도를 닮는 것을 추구하면서, 독자들도 운동선수의 훈련과 집중력으로 같은 것을 추구하기를 원한다(빌 3:15). 그러나 한 사람의 성공이 다른 모든 사람의 실패를 요구하지는 않는다.[33]

빌립보서 3장 7-14절에서 우월성 추구는 또 다른 종류의 탁월성 추구에 자리를 양보한다. 앞으로 살펴보겠지만, 이 탁월성 또한 선물이며, 추구를 배제하는 것이 아니라 오히려 포괄하는 선물이다.

―――――

많은 사람들에게 그리고 "육체적이고" 상식적인 기준들로 판단하는 모든 이들에게 바울이 '우월한 앎'이라고 부르는 것은 어리석음처럼 보인다. 다른 사람들의 안녕을 위한 존경할 만한 헌신이라기보다는, 자기 축소나 심지어 자기희생을 추구하는 자기 파괴적 행태로 보이는 것이다. 누군가는 다른 이보다 더 낫지 않은가? 어떤 이는 더 열심히 일하고 더 많이 성취하지 않는가? 따라서 그들은 더 많은 칭찬을 받을 만하지 않은가? 그리하다면 그리스도와 같은 봉사든, 군사적 정복이든, 학문적 성취에서든, 다른 사람보다 더 나은 공적과 더 많은 칭찬을 얻고자 추구하는 것이 무엇이 잘못인가? 그리고 만약 우리가 그런 확신을 가질 만한 이유가 있다면(빌 3:4), 왜 우리 자신에 대해, 곧 "육체"에 대해 확신을 가지면 안 되는가? 또 우리에게 확신할 이유가 없다면 왜 그런 확신을 얻으려 해서는 안 되는가? 우리의 우월한 성취가 진정한 것이고 그에 대한 우리의 설명이 참되다면, 왜 그것을 자랑해서는 안 되는가? 우월성 추구를 포기하는 것이 어째서 신적인 지혜가 되는가?

바울이 줄 수 있는 한 가지 대답은 그리스도인 공동체는 각 구성원을 동등한 명예(honor)로 대하고 모두를 동일하게 돌보는 것을 목표로 삼는다는 것이다. 그러나 이는 대답이라기보다는 회피처럼 보인다. 공적이 같지 않은데 왜 명예는 동등해야 하는가? 같지 않은 사람들을 동등하게 대하는 건 불공정하지 않은가? 니체가 《우상의 황혼》(*Twilight of the Idols*)에서 말했듯이, 정의의 원리는 "동등한 자에게는 동등함을, 동등하지 않은 자에게는 불평등함을" 주는 것이 아닌가? 그렇다면 규칙은 "동등하지 않은 자들을 결코 동등하게 만들지 말라"여야 한다.[34]

내가 다음 장에서 제시하겠지만, 바울은 그리스도인의 삶에 대한 자신의 이런 설명에 대해 어느 정도 그러한 저항을 직면했었다.

그의 견해로는, 하나님의 정의는 이러한 "상식적인" 정의 이해에 도전한다. 그럼에도 그는 "하나님의 어리석음이 사람보다 지혜롭고 하나님의 약하심이 사람보다 강하니라"라고 주장했다(고전 1:25). 그러므로 나는 이제 우리가 어떻게 하나님의 이 어리석어 보이는 정의로 구원을 받게 되는지에 대한 바울의 설명, 즉 믿음으로 말미암는 칭의에 대한 그의 중심 가르침을 살펴볼 것이다.

4

바울의 구원 신학이 어떻게 우월성 추구에 반하는지를 보는 좋은 방법은 자랑이라는 관행(즉 자신이 다른 사람들보다 우월하다는 감정과 그러한 공적인 주장)에 대한 그의 입장을 살펴보는 것이다. '겸손한 체하는 자랑'의 모습이든 자기애적 허풍의 모습이든 자랑은 우월성을 추구하는 자라면 누구나 즐기는 놀이다. 그들의 지위는 그들이 우월함 자체보다는 다른 사람들이 그들의 우월함을 인정하는 데 더 많이 의존하는데, 나는 이것이 장 자크 루소가 아무르 프로프르(amour propre) 개념을 통해 불평등의 기원을 분석하면서 제기한 핵심적인 논점임을 보여 주었다(1장을 보라). 나는 또한 그 점이 밀턴이 위대한 고전 시인들보다 더 나아지려고 추구했을 뿐만 아니라 공개적으로 그렇게 인정받으려고 애썼던 것에서도 구체적으로 예증된다고 지적했다(3장을 보라).

빌립보서에서 바울은 그리스도와의 만남 이후 자신의 삶에 일어난 변화를 자랑하는 습관의 변화로 설명한다. 그는 "육체를 신뢰할" 만한(빌 3:4) 모든 이유를 가졌던 사람이었다. 그는 자신의 능력으로 하나님 앞에서 우월한 지위를 확보할 수 있다고 확신했고, 종교적 실천에서 자신이 최고(가운데 하나)라고 자랑했었다. 그러나 뛰어난 성취의 인물이었음에도 그는 육체에 대한 확신을 포기하고 "그리스도 예수를 자랑하(게)"(3:3) 되었다. 그는 새로운 버전의 자신을 설명하며 "내가 가진 의는 율법에서 난 것이 아니요 오직 그리스도를 믿음으로 말미암은 것이니 곧 믿음으로 하나님께로부터 난 의라"(3:9)고 말한다. 이 자전적 스케치는 로마서에 자세히 설명된 하나님과 인간의 관계, 인간과 자신 및 타인과의 관계에 대한 그의 신학적 입장과 일치한다.

―――――

"그런즉 자랑할 데가 어디냐?"(롬 3:27). 바울은 로마서에서 펼친 자신의 긴 논증(2:1-4:25) 중간에 이렇게 질문한다. 여기서 자랑이란 귀속된 지위와 성취한 지위 모두에서, 즉 토라를 맡은 유대 민족의 일원이라는 점과 특히 토라에 순종하는 것 둘 모두에서 영광을 주장하는 것을 의미한다.[35] 그는 답변한다.

> 있을 수가 없느니라 무슨 법으로냐 행위로냐 아니라 오직
> 믿음의 법으로니라 그러므로 사람이 의롭다 하심을 얻는 것은

> 율법의 행위에 있지 않고 믿음으로 되는 줄 우리가 인정하노라 하나님은 다만 유대인의 하나님이시냐 또한 이방인의 하나님은 아니시냐 진실로 이방인의 하나님도 되시느니라 할례자도 믿음으로 말미암아 또한 무할례자도 믿음으로 말미암아 의롭다 하실 하나님은 한 분이시니라(롬 3:27-30).

하나님은 한 분이시므로, 하나님은 유대인과 이방인 모두의 하나님이시며, 모든 인간을 위한 동일한 구원의 길, 동일한 삶의 방식을 가지고 계신다. 하나님은 모든 이를 '율법의 행위가 아닌 믿음으로' 의롭다 하신다(롬 3:28). 의롭다 하심을 받은 자의 의는 어떤 의미에서도 그들 자신의 성취가 아니다. 이는 하나님의 선물이다. 이는 그들에게서 나온 것이 아니라, 빌립보서 3장 9절 표현을 사용하자면 "하나님께로부터" 나온 것이다(참조, 고전 1:30).

마르틴 루터는 이를 "낯선 의"(alien righteousness)라고 부른다. 그것은 인간에게 속하지만, 항상 하나님의 선물로서 속하는 것이지 그들의 자율적이거나 신적으로 도움받은 성취의 결과로 속하는 것이 아니다.[36] 따라서 그러한 성취로 인한 우월감("행위의 법")은 배제된다. 이런 종류의 의는, 비록 그것이 자신의 온 존재를 규정할 만큼 아주 친숙하게 자신 것이라 할지라도, 자신이 그 의를 획득했거나 소유하고 있다고 자랑할 수 없다. 정당한 자랑은 오직 그것을 주신 분, 곧 모든 이의 유일한 하나님이시며 따라서 타인에 대한 우월성 추구의 도구로 어느 누구도 이용할 수 없는 분에 대한 자랑뿐이다.

아브라함은 자랑할 권리가 전혀 없는 의로운 사람 중 가장 주목할 만한 사례에 해당한다. 그는 구원 역사의 맨 첫 부분에 서 있으며, 그와 하나님과의 관계는 모든 인류와 하나님의 관계를 보여 주는 전형이 된다. 아브라함은 "여호와를 믿으니 여호와께서 이를 그의 의로 여기〔셨다〕"(창 15:6). 고대 유대 문헌에서 사이먼 개더콜(Simon Gathercole)이 쓰듯이, 아브라함은 "그의 순종 이후에, 그리고 순종 때문에 의롭다고 선언되었다."**37** 예를 들어 마카베오1서 2장 55절에서 아브라함은 "시험 중에 신실함을 보였고 그것이 그의 의로 여겨졌다." 신약성경에서도 비슷한 공식을 발견한다. "우리 조상 아브라함이 그의 아들 이삭을 제단에 바쳤을 때에 행함으로 의롭다 하심을 받은 것이 아니냐"(약 2:21). 그러나 바울은 순종과 칭의의 순서를 뒤집어 창세기의 내용과 더 긴밀히 일치시킨다. 아브라함은 먼저 하나님과 그분의 약속에 대한 신뢰로 인해 의롭다고 여겨졌고(창 15), 그런 다음 시험 속에서 신실함을 증명했다(창 22).

바울은 그 귀결을 이렇게 설명한다. "일하는 자에게는 그 삯이 은혜로 여겨지지 아니하고 보수로 여겨지거니와 일을 아니할지라도 경건하지 아니한 자를 의롭다 하시는 이를 믿는 자에게는 그의 믿음을 의로 여기시나니……"(롬 4:4-5). 이 본문에서 가장 놀랍고 어떤 면에서는 당혹스럽기까지 한 표현은 "경건하지 아니한 자"다. 하나님이 아브라함을 의롭다고 하셨을 때, 그가 경건하지 않은 자, 곧 우상

숭배자였는가?[38] 아니면 그가 행위가 아닌 믿음으로 의롭다 함을 받았다는 사실 자체가, (그가 실제로는 그렇지 않았음에도) 하나님이 경건하지 않은 자까지도 의롭다 하신다는 점을 시사하는 것인가?[39] 어느 쪽이든, 어떤 종교적 또는 도덕적 성취도 전제 조건으로 요구되지 않았고, 오직 하나님의 약속에 대한 신뢰만이 요구되었다. 그렇다면 신뢰는 그의 성취가 아니었는가? 그에게 자랑할 근거가 되지 않는가? 바울은 아브라함에게 자랑할 근거가 전혀 없었다고 명백하게 부정한다. 이것이 바로 마르틴 루터가 의로움뿐 아니라 믿음 또한 하나님의 선물이라고 여긴 이유이다.[40]

그러나 왜 그런가? 신뢰하든 아니든 하나님은 공로에 상을 주고 잘못은 벌하며, 모든 이에게 합당한 삯을 주고(바울이 롬 2:6에서 명시적으로 말하듯이), 열심히 일해서 많이 번 자들을 우월하다고 칭찬해야 하지 않는가? 하나님이 합당한 삯을 주시는 분으로 나타나는 구절 한가운데서, 바울은 인간이 "율법의 행위로는 그의(하나님) 앞에 의롭다 하심을 얻을 육체가 없(다)"(롬 3:20)라고 주장하며 자기 논증의 첫 부분을 마무리한다. 인간의 조건은 이러하다. 즉 마땅히 순종해야 할 율법이 바로 그 순종을 요구하는 행위 자체를 통해 도리어 죄를 범하려는 욕망을 불러일으킨다는 것이다(롬 7:7-11). 만일 하나님이 명령하시고, 준수 여부를 감시하신 다음, 그 사람이 의로운지 아닌지에 대해 판결을 내리신다면 어떤 인간도 의롭다고 인정받지 못할 것이다. 만일 의롭게 되는 일이 일어나야 한다면 그것은 공로로 얻은 자기 의화(self-justification)가 아니라 하나님의 선물이어야만 한다.

바울에게 의롭게 되는 것은 한 개인의 기존 도덕 상태에 대한 선언이 아니라, "없는 것을 있는 것으로 부르시는"(롬 4:17) 하나님의 창조 행위다.[41] 사람이 의로움을 얻는 방식과 존재하게 되는 방식은 서로 비슷하다. 둘 다 창조라는 무조건적인 신적 선물이다. 의로움은 신자 안에 그리스도가 현존하심으로 말미암은 '새로운 창조'라는 선물의 결과이다. 이것은 바울 자신이 그리스도를 믿게 된 과정, 즉 그리스도와 함께 죽고 살아남에 대한 논의에서 살펴본 바다. 자아가 의롭게 되는 방식 자체가 의로움의 기원을 어떤 식으로든 자아에 귀속시키는 것을 배제한다. 자신이 노력하여 우월한 종교적 또는 도덕적 지위에 이르렀다는 주장은 자기를 부풀리는 거짓일 뿐이다.

───

우리가 걸어온 길을 잠시 되짚어 보자. 로마서 3장과 4장에서 바울은 하나님 앞에서의 의로움, 즉 사람이 율법에 순종하려는 노력('행위')을 통해 의로움을 얻는지, 아니면 하나님의 선물('믿음', 혹은 더 나은 표현으로는 '신뢰'[42]로 의로움을 받는지 탐구한다. 그러나 하나님 앞에서 의로움과 '올바른 지위'라는 선물을 받는 것은 믿는 유대인과 이방인 사이의 관계에 결정적인 결과를 낳으며, 두 집단 모두의, 특히 이방인 그리스도인의 우월성 주장을 약화시킨다(롬 11:17-24을 보라). 하나님의 유일성은 우리 모두의 조상인 아브라함에게서 예증된, 믿음으로 의롭다 함을 받는 구원을 위한 한 가지 방식을 함축한다(롬 3:29-30; 4:1-

12). 이후 로마서의 뒷부분 믿음의 삶에 관한 장(롬 12-16)에서 나타나는 부여받은 의로움의 한 가지 귀결은 "존경하기를 서로 먼저 하[라]"(롬 12:10)라는 명령이며, 이는 서로 사랑하라는 명령과 결합된다(단락 1).

빌립보서에서 바울은 이 행위-의에 대한 비판을 자전적인 말로 제시하며, 이를 명시적으로 우월성 추구를 논박하는 맥락 안에 놓는다. 또한 그는 다른 사람을 자기 자신보다 우월한 것처럼 대하는 것이야말로 서로를 향한 의무로서 우월성 추구에 대한 그리스도인의 대안이며, 그리스도의 이야기에 뿌리내린 대안임을 보여 준다(단락 2와 3).

우월성 추구에 대한 바울의 비판을 떠받치는 기둥들을 살펴보았다. 이는 그리스도의 겸손과 구원에서 베푸시는 하나님의 값없는 은혜에 뿌리를 둔다. 이는 우월성 추구를(도덕적이거나 종교적인 우월성 추구조차도) 배제하며, 대신 탁월성(excellence)을 추구하게 하며 서로 존경하는 문화를 일으킨다. 다음 장에서는 바울이 이 틀을 어떻게 적용하고 확장하여, 기독교를 이용하여 더 높은 사회적 지위, 즉 자신들이 생각하는 새롭고 더 나은 우월성을 추구하고자 했던 교사들로 인해 어려움을 겪었던 교회에 조언했는지 살펴볼 것이다.

5

사도 바울 II

은혜의 자각,
욕망을 멈추게 하다

로마서에서 바울은 자신이 세우지 않았고 개인적으로 알지 못하는 교회에 편지를 쓴다. 그는 기독교 신앙에 대한 자신의 설명을 개략적으로 제시하며 자신을 소개한다. 빌립보서에서는 바울이 유럽에서 낳은 첫 교회이자, 그의 인도를 기꺼이 따르려는 우호적인 교회를 향해 편지를 쓴다. 그는 부분적으로 그 교회 내 다툼을 다루고 있지만, 이런 문제들은 빌립보 교인들과 자신과는 아무 관련이 없다. 그는 우월성 추구에 대한 자신의 대안을 제시하는데, 과거 우월성을 열렬히 추구했던 자기 자신에 대한 비판을 제외하고는 다른 공격적인 변론은 없다.

빌립보에서 남쪽으로 약 350킬로미터 떨어진 고린도에서는 상황이 달랐다. 그곳에서는 교회가 자신에 대한 반기를 들었으며, 부분적으로 그로 인해 발생한 내부 다툼에 직면하고 있다. 서로 다투는 파당들은 특정 지도자와 자신들을 동일시한다. 바울은 편지 서두에 이렇게 쓴다. "너희가 각각 이르되 나는 바울에게, 나는 아볼로에게, 나는 게바에게, 나는 그리스도에게 속한 자라 한다는 것이니 ……"(고전 1:12). 가장 주된 파당이 내세우는 영웅은 웅변에 능한 지혜의 교사 아볼로이며, 그 파당은 바울에게 반기를 든다. 그들에게는 실망스럽게도, 바울은 뛰어난 말로(hyperochēn logou) 지혜를 설교하는 사람이 아니기 때문이다(2:1-2). 그는 십자가에 못 박히신 그리스도를 선포한다.

바울의 반대자들 눈에는 그의 십자가 신학은 패배자들의 이데올로기이며, 바울 자신도 그렇게 보인다. 그들은 승리자이기를 원하며, 영광의 신학을 선호한다(고전 1:10-4:21).[1] 이러한 차이의 중심에는 우월성 추구에 대한 각자의 평가가 자리 잡고 있다. 바울의 표현대로, 그 파당의 구성원들은 한 지도자를 추종하고 다른 지도자를 반대한다는 사실 때문에 "우쭐대고" 있다.[2] 그들은 자신들의 지도자(아볼로)를 자랑하고 그의 경쟁자라고 여기는 사람(바울)을 깎아내리면서, 사실상 자신들의 우월성을 추구하고 있었다. 자기 지도자의 명성이라는 뜨거운 공기로 자아의 경계를 팽창시키는 것이다. 바울은 우월성 추구에서 비롯된 이러한 분파적 긴장을 종식시키기로 결심한다.

자신의 주장을 펴기 위해, 그는 구원 신학으로부터의 논증(단락 1)과 창조 신학으로부터의 논증(단락 2)을 펼치며, 그의 반대자들이 추정했던 것과는 달리 그와 아볼로의 관계가 경쟁이 아닌 협력 관계인 이유를 제시한다(단락 3). 이로써 바울은 우리가 로마서와 빌립보서에서 발견하는 내용을 보완해 주는 우월성 추구에 반대하는 새로운 논증들을 전개할 기회를 얻는다.

그의 첫 번째 편지는 분명 그의 반대자들을 설득하지 못했다. 그의 두 번째 편지(고후 10:1-12:13)에서 그는 단호한 태도를 취하며 논쟁으로 전환하여, 자신이 "지극히 크다는 사도들"이라고 조롱하는 지도자들과 자신을 직접 비교한다(단락 4). 이 장들의 핵심 관건은 그가 고린도 교인들의 마음을 돌릴 수 있을지 여부가 아니라, 오히려 바울이 원래 불화의 씨앗이었던 우월성 추구와 자기 자랑에 대한 자신의 확고한 반대 입장을 스스로 무너뜨림으로써 논쟁에서 패배하게 될지 여부다. 나는 그리스도의 길을 받아들이고 우월성 추구를 거부하는 것이 제시하는 도전을 성찰해 보며 이 장을 마무리할 것이다(단락 5). 다시 말해 낙타(즉 우월성을 추구하는 자)가 바늘귀를 통과하여 그리스도를 따르는 자가 되려면 무엇이 필요한가?

1

첫 부분부터 바울은 자신이 세상적인 우월성의 기준들이라 부르는 것을 거부한다는 점을 거듭 강조한다. 이것이 한 개인으로서 그리고 사도로서의 그가 지닌 정체성의 핵심이다. 그가 다른 변명이나 웅변적인 지혜 없이 당당하게 선포하는 복음은 우리가 빌립보서 2장에서 보았던 내용의 변형인 하나의 수치스러운 구절로 요약될 수 있다. 바로 십자가의 말씀이다(고전 1:17-18을 보라). "십자가에 못 박힌 그리스도"는 "유대인에게는 거리끼는 것이요 이방인에게는 미련한 것이로되 오직 부르심을 받은 자들에게는 유대인이나 헬라인이나 그리스도는 하나님의 능력이요 하나님의 지혜"이다(1:22-24).

두 종류의 능력과 두 종류의 지혜가 충돌한다. 즉 현재의 "육체적인", 따라서 멸망해 가는 시대가 이해하는 능력과 지혜, 그리고 십자가에 못 박히신 주님에 의해 재정의된 능력과 지혜이다. 한쪽에서는 지혜와 능력으로 보이는 것이 다른 쪽에서는 어리석음과 약함으로 보인다. 그러나 바울은 "하나님의 어리석음이 사람보다 지혜롭고 하나님의 약하심이 사람보다 강하[다]"(1:25)고 확신한다. 이는 경쟁적인 수장처럼 느껴질 수 있지만, 여기에 경쟁은 존재하지 않는다. 그는 창조주와 피조물, 하나님과 육체 사이의 관계라는 변할 수 없는 실재를 가리킨다(참조. 사 40:6). 키르케고르가 말했듯이,[3] 풀처럼 덧없는 육체가 십자가의 어리석음과 약함 속에서 "정체를 숨기고"(incognito) 나타나신 하나님을 신뢰할 수 있는지, 또 연약한 인간들이 이 세상의 현재 모습이 지속되는 동안 이러한 종류의 약함과 어리석음 속에서 살 수 있고 또 기꺼이 살고자 하는지 등이 핵심 질문이다.

바울은 고린도의 반대파가 그리스도의 약함이 함축하는 바를 그저 받아들이지는 않을 것을 알고 있다. 그것은 그들이 반기를 드는 핵심 대상이다. 예수 그리스도의 십자가 처형에 담긴 하나님의 의도가 무엇이었든지, 고린도 교인들은 지혜와 능력의 하나님, 부활의 하나님을 원한다. 바울의 겸손한 십자가의 하나님, 어리석고 약한 하나님을 원하지 않는다. 그들이 다시 생각해 보고 십자가가 그리스도인의 삶의 방식과 결코 무관하지 않음을 깨닫게 하기 위해, 바울은 그들이 자신이 전파한 복음을 받아들였을 때의 사회적 지위를 돌아보게 한다.

> 형제들아 너희를 부르심을 보라 육체를 따라 지혜로운 자가 많지 아니하며 능한 자가 많지 아니하며 문벌 좋은 자가 많지 아니하도다 그러나 하나님께서 세상의 미련한 것들을 택하사 지혜 있는 자들을 부끄럽게 하려 하시고 세상의 약한 것들을 택하사 강한 것들을 부끄럽게 하려 하시며 하나님께서 세상의 천한 것들과 멸시 받는 것들과 없는 것들을 택하사 있는 것들을 폐하려 하시나니 이는 아무 육체도 하나님 앞에서 자랑하지 못하게 하려 하심이라 너희는 하나님으로부터 나서 그리스도 예수 안에 있고 예수는 하나님으로부터 나와서 우리에게 지혜와 의로움과 거룩함과 구원함이 되셨으니 기록된 바 자랑하는 자는 주 안에서 자랑하라 함과 같게 하려 함이라(고전 1:26-31).

바울이 보기에는 옆으로 밀려나거나 열등하기 때문에 착취당하는 이들, 종종 그러한 대우를 당연하게 받아들이는 이들을 구속하는 것이 하나님이 일하시는 전형적인 방식이다. 외견상 열등해 보이는 이들에게 베푸시는 하나님의 호의에 대한 그의 이해는 히브리 성경에 나오는 모세와 미리암과 한나의 노래(출 15:1-18, 21; 삼상 2:1-10), 그리고 신약성경에 나오는 마리아의 노래(눅 1:46-55)와 같은 오래된 전통 안에 서 있다. 하나님은 세상적인 기준으로 어리석고, 약하고, 멸시받는 것을 택하셔서 지혜롭고, 강하고, 고귀한 것을 부끄럽게 하신다. 더 일반적으로, 더 근본적으로 말하자면, 하나님은 "없는 것들을 택하사 있는 것들을 폐하려 하[신다]"(고전 1:28).

이것이 바울의 논증 전반부이며, 고린도 교인들도 여기까지는 바울에게 동의할 것이다. 스스로나 다른 이들에 의해 우월하다고 여겨지는 자들을 부끄럽게 하시고 무력하게 만드시는 하나님이라면 모실 만한 가치가 있을 것이다. 그러나 고린도 교인들은 바울이 이끌어 가려는 방향에서 벗어나, 그 하나님이 평범한 기준으로 보아 열등한 자들을 우월한 지위로 끌어올리신다고 생각한다. 그것이 고린도 교인들의 신학이었던 것 같다.[4] 하지만 바울의 관점에서 보면, 그들의 신학은 판을 뒤집어 놓기를 갈망하는 패배자들의 이데올로기이며, 수 세기 후 니체가 명명하게 될 '르상티망'(ressentiment)의 표현일 뿐이다.[5] 바울은 통렬한 반어법을 사용하여, "우월성 신학"이라 부를 수 있는 것의 도움을 받아 그들이 자신들을 투영하는 사회적 지위를 다음과 같이 묘사한다.

너희가 이미 배부르며 이미 풍성하며 우리 없이도 왕이 되었도다 우리가 너희와 함께 왕 노릇하기 위하여 참으로 너희가 왕이 되기를 원하노라 …… 우리는 그리스도 때문에 어리석으나 너희는 그리스도 안에서 지혜롭고 우리는 약하나 너희는 강하고 너희는 존귀하나 우리는 비천하여 ……(고전 4:8, 4:10).

고린도 교인들은 자신들의 우월한 지위를 확보해 주는 하나님, "없는 것들"(다름 아닌 자신들)을 택하여 "있는 것들"(다름 아닌 자신들의 우월자들)을 "폐하려 하시는" 하나님의 도움으로, 자신들이 이미 지배하는 귀족이 되었다고 상상한다. 이 말들은 바울 것이지만, 고린도 교인들이 사용할 때 그 의미는 바울이 의도한 것과 정반대가 된다.

―――――

바로 이 지점에서, 바울의 논증은 급격하게 방향을 튼다. 하나님의 어리석음과 약함 속으로 들어가는 여정을 계속 따라가기 위해서다. 왜 하나님은 평범한 기준에 따르면 일반적으로 대단한 인물로 인정받을 만한 이들을 보잘것없는 존재로 만드시는가? "아무 육체도 하나님 앞에서 자랑하지 못하게 하려 하심이〔다〕"(고전 1:29). 여기서 "아무 육체"에는 우월하다고 여겨지며 자신의 우월성을 유지하려는 자들뿐만 아니라, 열등하지만 우월성을 성취하기를 갈망하는 자들도 포함된다. 하나님의 행동은 루이제 쇼트로프(Louise Schottroff)가 "자랑의 구조"(structure of bragging)라고 부른 것, 곧 사람이 사회적 위계에서 어느 지점에 있든지 상관없이 우월성 추구를 부추기는 그 구조 자체를 무너뜨린다.[6]

하나님은 열등한 자를 높이시고 우월한 자를 낮추신다. 예를 들면, 강한 자의 활은 꺾으시고 넘어진 자에게 힘으로 띠 띠우신다(삼상 2:4). 히브리 성경과 복음서의 하나님은 그리하신다. 그러나 니체의 주장처럼, 만일 하나님이 단지 그 일만 하셨다면 우리는 하나님이 원한에 찬 사람들의 하나님이라고 생각하려는 유혹을 받을 것이다.[7] 그러나 하나님은 그 이상을 하신다! (그 이하가 아니다!) 하나님은 열등함/우월함의 척도가 설정되는 기준들 자체를 바꾸신다. 가장 주목할 만한 예는, 로마 황제가 아니라 십자가에 못 박히신 그리스도를 "영광의 주"(고전 2:8)로 삼으신 것이다. 히브리 성경과 복음서의 하나님은 그런 일도 하신다.

그러나 만일 하나님이 단지 그 일만 하셨다면("단지"가 적절한 단어가 아닐 수도 있지만), 하나님은 일관된 능력주의적 도덕주의자들의 하나님이셨을 것이다. 사랑의 하향적 운동을 최고의 가치로 만들고 우월성 척도에서 그것을 위아래를 평가하는 기준으로 삼기 때문이다. 그러나 하나님은 또한 그 이상을 하신다고 바울은 주장한다! 하나님은 자랑의 관행을 제거하시면서, 우월성을 추구하는 그런 종류의 열망과 노력이 내세우는 기준들을 폐기하신다. 사람들이 무엇을 통해 우월해진다고 이해하는지는 상관이 없다. 목표는 단지 이미 차려진

판을 뒤집는 것, 강한 자를 약하게 만들고 약한 자를 강하게 만들면서 자랑의 구조는 그대로 남겨 두는 게 아니다. 목표는 심지어 판 자체를 완전히 다르게 차리는 것, 즉 강하다는 것의 의미를 재정의하여 올바른 종류의 우월성을 추구하도록 하는 것도 아니다. 목표는 사회적 몸의 모든 구성원이 동등한 존경(honor)을 받고 동일한 돌봄을 받게 하는 것이며, 이를 위해 다시 뒤집거나 재설정할 필요가 없는 판을 만드는 것이다. 이것이 고린도전서 12장 15-26절에서 바울이 계속 논증하는 요점이다(4장을 보라).

이것이 바로 고린도 교인들이 받아들인 것이다. 바울은 고린도전서 1장 26-31절에서 고린도 교인들에게 말한다. 너희가 하나님의 부르심에 응답했을 때, 참된 지혜이신(그리고 "의로움과 거룩함과 구원함"이신, 1:30)[8] 그리스도 예수님이 너희 안에 그리고 너희가 그분 안에 살게 되었을 때, 너희는 이것을 받아들인 것이다. 주 안에서 자랑하는 것을 제외하고는 모든 자랑이 배제된다.

"자랑하는 자는 주 안에서 자랑하라"(1:31). 바울은 논증을 마무리하며 예언자 예레미야를 인용한다(9:24). 바울의 인용문에서 "주 안에서"라는 구절은 예레미야 본문에는 없는데, 예레미야는 그 표현 대신 하나님을 '아는 것과 깨닫는 것'을 자랑하라고 권고한다. 바울은 "주 안에서"를 삽입하여, 그리스도 예수 자신을(그에 대한 인간의 태도가 아니라) 자랑의 대상으로 삼는다. 십자가에 못 박히신 영광의 주, 참된 지혜와 능력과 지위의 원천이신 그리스도 예수는 자랑의 끝이며, 모든 우월성 주장의 끝이며, 따라서 모든 우월성 추구의 끝이다. 내주하시는 그리스도에 의해 형성된 새로운 자아는 그리스도 안에서 자랑하며, 다른 누구보다 낫다는 주장을 하지 않는다. 대신에 십자가에 못 박히신 그리스도처럼 새로운 자아는 어리석고 약하고 멸시받는 자들과 연대하며, 자신을 존중하고 돌보는 것 이상으로 그들을 존중하고 돌봄으로써 자신의 지혜와 능력과 고귀함을 드러낸다.

2

로마서 3-4장에서처럼 고린도전서 1장 26-31절에서도, 바울은 하나님이 그리스도 예수 안에서 인류를 구원하시는 방식에 근거하여 우월성 추구에 반대하는 논증을 펼친다. 고린도전서 4장 6-7절에서는 하나님이 창조 시에 어떻게 일하셨는지에 근거하여 자랑의 정당성을 무효화하고, 자랑하는 자아가 설 수 있는 마지막 발판마저 치워 버린다.

그 논증은 간결하지만 강력하며, 반대하는 파당의 구성원 개개인에게 던지는 날카로운 세 가지 수사적 질문으로 이루어져 있다. "누가 너를 남달리 구별하였느냐 네게 있는 것 중에 받지 아니한 것이 무엇이냐 네가 받았은즉 어찌하여 받지 아니한 것같이 자랑하느냐"(4:7).[9] 고린도 교인들의 자랑을 보면 그들이 첫 번째 질문 "무엇이 너를 특별하게 만드는가?"에 대략 다음과 같이 답할 것임을 짐작할 수 있다. "바로 나 자신이다. 나는 진정한 위대함을 분별하는 나의 능력으로 승리하는 지도자와 어울리기를 선택함으로써, 그리하여 내게 다가올 부와 힘과 명성을 성취할 기초를 놓는 나의 능력으로 나 자신을 구별되게 만든다. 이 모든 것을 나는 하나님의 도움으로 한다. 그러나 하나님은 가만히 앉아 있지 않고 스스로 돕기 위해 노력하는 자들을 도우시며, 그것이 바로 내가 하고 있는 일이다. 그러므로 나는 현재 내가 가진 또는 미래에 가질지도 모르는 어떤 지위라도 누릴 자격이 있다!"

바울의 두 번째 질문은 그의 논증의 핵심인데, 고린도 교인들이 그의 첫 질문에 대해 그러한 답변을 하리라는 점을 함축한다. 그는 그런 함축된 답변을 부정하기 위해 두 번째 질문을 만들어 낸다. "네게 있는 것 중에 받지 아니한 것이 무엇이냐?" 예상되는 혹은 적어도 합당한 응답은 "아무것도 없다!"이다. 앞서 그는 각자가 자신의 의로움을 하나님으로부터 받았다고 논증했다. 그 어떤 의로움도 스스로 만들어 낸 것이 아니며, 전부 그리스도의 의로움이다. 그리스도가 그들 안에 사시고 그들의 의로움이 되심으로 말미암아 각 사람에게 속한다. 이는 선물로서 그리고 '낯선 것으로서' 그들 것이다. 이제 그는 각자의 존재 자체인 그들 자신과 그들에게 귀속되거나 그들에 의해 획득된 모든 것 또한 선물임을 그들이 인정하도록 부드럽게 권한다. 하나님이 그들과 창조의 관계를 맺으심으로 말미암아 그들 것이다. 그들이 존재하고 소유한 모든 것은 받은 것이다. 오직 받은 것으로서만 그들 것이다.

바로 앞 문장의 '오직'이라는 말은 오해의 소지가 있을 수 있다. 자아가 '아무것도 아니라'는 바울의 주장은 자아를 완전히 지워 없애고 그것을 하나님이나 그리스도로 대체한다는 의미가 결코 아니다. 아무것도 아니라는 것은 자아의 육체적 외형에 관한 말이며, 그 육체가 살고 있는 세상도 '그 외형이 지나가고' 있다(고전 7:31). 이는 연약하고 일시적인 자아이며, 자신의 존재와 지위에 대해 위협받고 불안해하는 자다. 자아의 새로운 형태는 부활하신 그리스도의 생명이 그 안에서 살고 그것을 통해 나타남으로써 구성되고, 고양되며, 확보된다. 그런 자아는 가장 약할 때에도 어떤 의미에서는 특별히 가장 약할 그때는 더욱 정복당하지 않는다.[10]

   4장 7절의 두 번째 수사적 질문 바로 몇 구절 앞에서, 바울은 자랑할 것이 '아무것도 없음'과 '모든 것을 가짐' 사이의 역설을 이렇게 표현한다. "그런즉 누구든지 사람을 자랑하지 말라 만물이 다 너희 것임이라"(3:21). 그들에게 속하며 우월성 추구를 불필요하게 만드는 "만물"은 무엇인가? 문자 그대로 만물이다. "바울이나 아볼로나 게바나 세계나 생명이나 사망이나 지금 것이나 장래 것이나 다 너희의 것이〔다〕!" 왜 그런가? "너희는 그리스도의 것이요 그리스도는 하나님의 것이〔기〕" 때문이다(3:22-23). 이 놀랍도록 부유한 자아가 바로, 받은 것을 떠나서는 아무것도 아닌 바로 그 자아다! 그리스도를 받았으므로, 각각의 새로운 자아는 온 세상을 받았다. 그들은 새로운 피조물이며, 새로운 창조 세계를 소유한다. 비록 현재는 약함과 고난 가운데 있을지라도 말이다.

   바울은 마지막 수사적 질문에서 자랑의 귀결을 드러내는데, 이 질문의 전제는 고린도 교인들이 자신들이 가진 모든 것이 받은 것임을 동의한다는 것이다. "네가 받았은즉 어찌하여 받지 아니한 것같이 자랑하느냐"(고전 4:7). 만일 당신이 모든 것을 선물로 받았고, 받는 자로서의 당신의 존재 또한 선물이라면 자랑할 모든 근거는 사라진다. 그에 상응하여, 다른 사람들보다 우월해지려고 추구하며, 자신을 다른 사람들보다 더 낫게 만들고 그 성취 속에서 영광을 누리려는 것은 오직 실존적 거짓(existential falsity)이 될 때에만 가능하다. 우월성 추구는 자랑과 마찬가지로 거짓에 기초한다. 이는 단지 추구하는 자들과 자랑하는 자들이 스스로에게 하는 거짓말이 아니다. 더 곤란한 점은 그 거짓이 자랑하는 자들이 자기 것으로 삼은 세상의 "지혜"라는 이데올로기의 일부라는 점이다.

바울에게 주요한 도전 과제는 고린도 교인들의 삶의 많은 부분을 규정하고 그들을 "세상에서 천하고 멸시받는" 자로 고통받게 만드는 사회적 차별 구조와 또 그들로 하여금 교회 안에서 아볼로 편이냐 바울 편이냐를 가르며 다투게 만드는 그 사고방식이 사실은 거짓임을 그들로 보게 만드는 것이다. 고린도 교인들이 바울과 아볼로 사이에 있다고 상상했던 경쟁과 관련해서 바울은 그 생각이 얼마나 어리석은지를 보여 주는 데 시간을 낭비하지 않는다.

3

개인적인 발전을 위한 경쟁적인 열심(zēlos)과 그로 인한 다툼(eris) 속에서, 여러 파당들이 바울이

나 아볼로와 자신들을 동일시하며 그들이 서로 맞서게 만들었지만(고전 3:3-4), 바울은 그 파당들의 우월성 추구 속으로 끌려들어 가는 것을 허용하지 않는다. 비교와 순위 매기기를 거부하며, 대신 아볼로와 자신의 관계를 고린도 교인들이 서로 어떻게 관계를 맺어야 하는지에 대한 모델로 제시한다(참조. 4:6).

"그런즉 아볼로는 누구이며 바울은 누구냐?"(고전 3:5, 저자의 번역).[11] 그는 독자들이 바울과 아볼로의 지위와 성취를 축소할 준비를 하도록 질문했다. 그 대답은 무엇인가?

> 그들은 주께서 각각 주신 대로 너희로 하여금 믿게 한 사역자들이니라 나는 심었고 아볼로는 물을 주었으되 오직 하나님께서 자라나게 하셨나니 그런즉 심는 이나 물 주는 이는 아무것도 아니로되 오직 자라게 하시는 이는 하나님뿐이니라 심는 이와 물 주는 이는 한 가지이나 각각 자기가 일한 대로 자기의 상을 받으리라 우리는 하나님의 동역자들이요 너희는 하나님의 밭이요 하나님의 집이니라(고전 3:5-9).

그렇다면 아볼로와 바울은 누구인가? 나의 목적상, 바울이 자신과 아볼로를 "사역자들"로 묘사한다는 사실은 덜 중요하다. 그들 각자가 맡은 과업이 스스로 선택한 것이 아니며, 과업을 완수할 능력도 단순히 그의 것이 아니라는 그의 주장이 더 중요하다.[12] 그들은 주께서 각각 주신 대로 일한다. 그들이 가진 것 중에 받지 않은 것이 무엇인가? 각자의 일은 중요하며 없어서는 안 될 것이지만, 들판에 생명의 싹을 틔우시는 하나님의 일에 비하면 무시할 만하다. 그들 둘 다 "아무것도 아니다!"

그러므로 아볼로와 바울은 하나님의 일을 하고 있으며, 하나님은 그들을 통해 일하고 계신다. 그럼에도 각자는 일종의 "아무것도 아닌 자"다. 어느 누구도 가슴을 두드리며 자기 우월성을 자랑하거나 다른 사람을 밀치고 들어가 그들보다 앞서려고 애쓰지 않는다. 이런 종류의 겸손이 있기에, 서로 다른 은사와 부르심을 가진 두 사람이 같은 밭에서, 공동의 목적을 가지고, 한 팀으로서 일하는 것이 가능하다. 바울은 심고(교회를 시작하고) 아볼로는 물을 준다(교회를 양육한다). 그들은 바울이 몸의 지체들을 묘사하는 방식으로(고전 12:12-31), 즉 그리스도인 공동체가 서로에게 행하는 방식으로 행한다. 서로에게 동등한 존경을 표하고 동일한 돌봄을 제공한다.

―――――

"각각 자기가 일한 대로 자기의 상을 받으리라"(고전 3:8). 바울에 의하면 이 상은 역사의 과정 속에서가 아니라, 역사의 마지막 날에 받게 될 것이다. 마지막 날에는 모든 사람의 공적이 드러날 것이며, "그 날이 공적을 밝[힐]" 것이기 때문이다(3:13). 하나님은 그들의 노동을 평가하시고 그에 상응하는 보상을 주실 것이다. 한편으로는, 들판의 일꾼들이 하나님으로부터 모든 능력과 그들 자신까지도 받았으며(4:7) 자라게 하시는 하나님에 비하면 아무것도 아니라는 것(3:7) - 혹은 빌립보서의 표현을 빌리자면, 하나님이 그들 안에서 소원을 일으키시고 행하게(energein) 하신다는 것(빌 2:13) - 과 다른 한편으로는, 각자가 자신의 일에 합당하게 보상을 받는다는 것 사이에는 긴장이 존재할 수 있다. 그들이 소원하고 행하는 것 속에서 하나님이 일하신다는 사실이 그들 각자가 일한 방식에 상응하는 차등적인 보상과 어떻게 조화를 이룰 수 있는가? 각자가 자기 노동에 따라 보상을 받는다는 사실은 우월성 추구와 자랑의 여지를 남겨 두는 것처럼 보일 수 있다. 이 편지의 뒷부분에서, 바울은 자신이 받은 것에 대해 자랑하는 것처럼 보인다. "그러나 내가 나 된 것은 하나님의 은혜로 된 것이니 내게 주신 그의 은혜가 헛되지 아니하여 내가 모든 사도보다 더 많이 수고하였으나 ……"(고전 15:10). 그러나 그는 즉시 다른 이들에 대한 우월성 주장을 약화시키고 그 자랑을 무효화하는데, 그가 지금의 자신이 된 것과 그가 행한 일을 할 수 있게 된 것 배후에 하나님의 행위가 있었다는 말로 그 자랑을 에워싸 버리기 때문이다. "내가 모든 사도보다 더 많이 수고하였으나, 내가 한 것이 아니요 오직 나와 함께하신 하나님의 은혜로라."

  만일 우리가 보상을 다르게 이해한다면, 일한 것의 '선물'과 일한 것에 대한 '보상' 사이의 긴장 해결에 더 근접할 수 있을 것이다. 보통 우리는 심판 날의 보상을 노동자가 일한 대가로 받는 임금과 유사하다고 생각한다. 대중적 상상 속에서는 흔히 그러한 보상이 자신의 도덕적 또는 사역적 성취와 그 노력의 질에 걸맞은 가치를 지닌 왕관 같은 것으로 표현되기도 한다. 그러나 바울은 그리 생각하지 않는다. "우리의 소망이나 기쁨이나 자랑의 면류관이 무엇이냐 그가 강림하실 때 우리 주 예수 앞에 너희가 아니냐 너희는 우리의 영광이요 기쁨이니라"(살전 2:19-20). 그렇다면 그리스도의 길을 받아들인 사람들은 바울이 보상을 받을만한 '일'이 아니다. 그럴 수가 없다. 왜냐하면 들판에 생명과 성장을 주시는 분은 하나님이신 반면, 들판의 일꾼인 바울은 "아무것도 아니기" 때문이다. 대신 사람들과 그들이 그리스도를 아는 우월한 지식 안에서 성장하는 것이 바로 그 보상이다. 더욱이, 그 보상 곧 '주 안에서의 자랑'은 상호적이다. "우리 주 예수의 날에는 너희가 우리의 자랑이 되고 우리가 너희의 자랑이 되[리라]"(고후 1:14). 죽은 자로부터의 부활에 이르는 모든 이들은 서로의 기쁨이며, 왕관이며, 영광이다. 그리고 우리는 노리치의 율리아나(Julian of Norwich)가 말한 것처럼, 그들 모두가 함께 그리스도의 왕관이라고 말할 수 있을 것이다.[13] 그리고 이 고백 안에서 그들은 또한 서로의 보상이 된다. 그러한 보상의 관점에서 보면 우월성 추구는 모순 어법(oxymoronic)이 된다.[14]

바울은 자랑을 주 안에서의 자랑으로 제한할 뿐만 아니라, 인간과 그들의 일에 대한 평가를 생각하는 방식을 통해서도 자랑에 제약을 가한다. 자신의 일과 지위에 대한 자랑이든 다른 사람의 그것에

대한 자랑이든 모든 자랑 행위는 평가를 전제한다. 물론 자기 부정이나 타인 폄하의 모든 행위도 마찬가지다. 앞서 언급했듯이, 바울에게 중요한 것은 자기 평가가 '분별력 있는 판단'(롬 12:3)에 따른 진실한 것이어야 한다는 점이다. 고린도전서 4장에서 그는 사람들이 실제로 자신과 타인에 대해 진실한 판단을 내릴 능력이 있는지 심각한 의문을 표한다.

> 너희에게나 다른 사람에게나 판단 받는 것이 내게는 매우 작은 일이라 나도 나를 판단하지 아니하노니 내가 자책할 아무 것도 깨닫지 못하나 이로 말미암아 의롭다 함을 얻지 못하노라 다만 나를 심판하실 이는 주시니라 그러므로 때가 이르기 전 곧 주께서 오시기까지 아무것도 판단하지 말라 그가 어둠에 감추인 것들을 드러내고 마음의 뜻을 나타내시리니 그때에 각 사람에게 하나님으로부터 칭찬이 있으리라(고전 4:3-5).

고린도 교인들의 바울에 대한 평가는 그에게 거의 중요하지 않은데, 부분적으로는 그가 그리스도의 종이며 하나님의 비밀을 맡은 청지기이기 때문이다. 그는 하나님을 위해, 하나님의 "밭" 또는 "집"에서 일한다. 가장 중요한 것은 그가 하나님께 신실한지 여부다. 이것이 고린도 교인들의 의견이 그에게 거의 중요하지 않은 한 가지 이유이기도 하다. 다른 이유는 그들이, 더 일반적으로는 인간이 타인에 대해 올바른 판단을 내릴 능력이 부족하다는 것이다. 고린도 교인들은 바울이 아볼로보다 열등한지 우월한지를 평가할 수 있을 만큼 그들의 성취에 관해 비교할 수 있는 지식이 없다. 인간은 본질적으로 서로에게 불투명하다. 인간의 내면의 삶은 상호간 접근이 불가능하다. 그들의 동기와 목적은 부분적으로 그들을 그들 되게 하는 것들이지만, 바울의 말처럼 "어둠에 감추인 것들"이다. 이것이 바로 최종 평가가 고린도 교인들이나 '어떤 인간의 법정'이 아니라 모든 것을 보시는 하나님께 속하는 이유이며, 밀턴 또한 이 점을 지적한다(3장).

아마 놀랍게도, 신뢰할 수 없는 인간의 법정에서는 사람들이 타인에 대해 내리는 판단뿐만 아니라 자신에 대해 내리는 판단도 이루어진다. 바울은 자신의 양심이 깨끗하다고 쓰지만, 그것이 그를 깨끗하게 만들어 주지는 않는다. 그는 그 사실로부터 자신이 하나님의 청지기로서 '의롭게 되었다'고 결론 내릴 수 없다. 그러한 판단을 내리기에는 자기도 자신을 충분히 파악할 수 없다. 그의 자아는 어둠 속에 있으며, 그가 보는 것은 어쩌면 그 자아가 드러내려는 것일 뿐일지도 모른다. 디트리히 본회퍼(Dietrich Bonhoeffer)는 옥중에서 쓴 〈나는 누구인가〉?(Who Am I?)라는 시에서 동일한 요점을 강력하게 표현했다. 그는 동료 수감자들이 자신에 대해 말하는 것과 자신이 더 내밀하게 자신에 대해 아는 것을 모두 진술한다. 그리고 이렇게 말한다.

> 나는 누구인가? 이 사람인가 아니면 저 사람인가?
> 오늘은 이 사람이다가 내일은 다른 사람인가?
> 나는 동시에 둘 다인가? 남들 앞에서는 위선자이고,

내 눈에는 그저 불쌍하게 흐느끼는 심약한 자인가.
아니면 내 안에 남은 이미 얻은 승리를 모르고
혼란 속에서 도망치고 있는 패잔병 같은 것인가?
나는 누구인가? 나를 조롱하는 이 외로운 질문들이여.
내가 누구이든 당신은 나를 아시오니
오 하나님, 나는 당신 것입니다![15]

본회퍼는 자신에 대한 평가를 신뢰하지 않는 태도를 바울로부터 배웠을지도 모른다. 바울 역시 자신을 판단하지 않는다. 그는 자신이 가진 빛 안에서 행하며, 자신과 자신의 일에 대한 최종 평가의 날을 기다린다. 그러나 앞서 언급했듯이, 그가 그리스도께 자신을 의탁했을 때 그의 것이 된 그리스도의 의 때문에(고전 1:30), 설령 청지기로서 행한 그의 모든 일에서 결함이 발견된다 할지라도 그는 의롭다 함을 받을 것이다(고전 3:13-15).

만일 모든 인간의 법정이 부적합하다면 다른 사람도 나 자신도 나를 적절히 평가할 수 없다면, 어떻게 내가 그들보다 더 나을 것을 추구하거나 더 낫다고 주장하는 것을 정당화할 수 있겠는가? 어떻게 내가 합법적으로 자랑할 수 있는 자리에 설 수 있겠는가? 나의 우월성 추구와 나의 자랑은 눈먼 것이다. 나는 빛이 어두운 공간을 비추어 줄 그날을 기다려야 한다. 그리고 그날이 오면, 나는 다른 모든 이들과 함께 하나님으로부터 칭찬 혹은 비난을 받을 것이다. 그날이 오기 전에, 자기 칭찬이나 자기 비하나, 타인을 찬양하거나 깎아내리는 것 모두 부적절하다. 사람들에 대한 평가는 잠정적이면서도 비경쟁적인 방식으로 이루어져야 한다. 자신의 우월성을 자랑하는 것은 배제된다.

4

고린도 교인들과의 갈등이 격렬해졌을 때, 바울 자신은 자랑으로 돌아선다. 비록 그들과의 이전 논쟁에서 여러 근거를 대며 자랑이 잘못이라고 주장했음에도 불구하고! 그의 첫 번째 고린도 서신은 능력과 지위에 대한 태도 때문에 생겨난 그들 사이의 긴장을 해결하지 못했다. 그가 쓴 글은 그들을 설득하지 못했다. 그의 이후 방문도 도움이 되지 않았다. 고린도전서 이후 약 1년 뒤에 쓰인 고린도후서의 마지막 부분이 증언하듯이, 그들 사이의 긴장은 그 어느 때보다 고조되었다.[16] 이제 고린도 교인들이 바울과 대립시키는 대상은 아볼로가 아니라, 바울이 "지극히 크다는 사도들"(고후 11:5)이라고 부르는 더는 알려지지 않은 어떤 지도자들이었다.

10장에서 12장까지는 바울의 자기변호와 이 지극히 크다는 사도들을 쓰러뜨리는 것, 그리고 그의 마음속에서 더 중요했던 것으로서 그가 전파했던 십자가에 못 박히신 그리스도의 복음에 대한 변호를 담고 있다. 그러나 그 본문의 대부분은 결국 하나의 매우 긴 자랑이다! 고린도 교인들은 바울보다 훨씬 더 세련된 수사법으로 일종의 영광의 신학 - 바울은 복음의 배신이라고 여기는 - 을 선포하는 지도자들을 선호한다. 고린도 교인들은 여전히 바울과 그의 십자가 신학을 열등하다고 여기며, 그래서 또한 바울을 따르는 사람들까지도 열등하게 보게 되었다. 바울은 자신이 고린도전서 1-4장에서 주장했던 바나 그가 오래 유지해 온 입장과는 반대로, 자랑한다. 그는 고린도 교인들이 그렇게 하도록 '강요했다'고 쓰고 있다(참조. 고후 11:30; 12:1, 11). 어쩌면 바울이 단순히 일관성이 없는 것일 수도 있다. 즉 그는 그리스도를 따르는 자들의 핵심 특징 중 하나라고 스스로 생각하는 것, 다름 아닌 자신의 우월성을 추구하거나 주장하지 않는 것에 따라 모든 상황에서 행동할 능력이 없는 것인지도 모른다. 그렇다면 그는 밀턴과 같을 것이다. 밀턴은 시를 통해 우월성에 대한 뛰어난 비판을 제시하는 행위 속에서 자신의 우월성을 주장했다(4장). 그러나 나는 바울이 일관성을 유지했다고 주장할 것이다. 그는 실제로는 이런 의미로 자랑하는 것이 아니라는 것이다. 비록 그 자랑에 매우 근접하기는 하지만 말이다.

바울은 쓰라린 심정으로 마구 자랑을 쏟아놓지만, 어리석은 인물의 모습으로 그리한다. 그리스도를 받아들였을 때, 그는 '쿠르수스 호노룸'(cursus honorum, 명예의 경주)을 포기했고, 자신의 삶을 그리스도께 맡김으로써, 자신보다 다른 사람을 더 사랑하고 자신보다 그들을 '더 높은' 사람처럼 대하는 것의 가치를 확언했다. 앞에서 지적했듯이(4장), 이는 그의 도덕적 가르침의 기반이다. 그러나 고린도 교인들에게는 '쿠르수스 호노룸'과 너무나도 반대되는 그 새로운 가치 기준을 보고 받아들일 눈과 마음이 없었다. 그의 첫 번째 편지에서 바울은 가치 기준의 전환을 이루는데, 무엇이 필요한지 설명했지만(고전 2) -

이 주제는 곧 다룰 것이다(단락 5) - 소용이 없었다. 따라서 그의 두 번째 편지의 마지막 부분에서 그들을 흔들어 깨우려는 절박한 시도를 한다. 그는 잠시 그들의 가치 체계(현재 모습의 세상에서 통용되는 "육체적인" 기준들, 고후 11:18)를 취하고, 자신과 지극히 크다는 사도들을 비교하며 자신이 그들과 동등하거나 대부분의 중요한 문제에서는 더 우월하다고 주장한 것이다. 그는 그 시도가 의도적인 어리석음이라고 분명히 여러 차례에 걸쳐 말한다. 그러나 이는 정신 착란 상태를 흉내 내는 식의 '어리석음'이 아니라, "주를 따라"(고후 11:17)가 아닌, 어리석고 멸망하고 있는 세상의(고전 1:18) 기준들에 따라 생각하고, 느끼고, 다른 사람들과 관계 맺는 상태를 말한다. 문자적으로는 "자랑의 상태"(hypostasei tēs kauchēseōs)인 그러한 "기탄없이 자랑〔함〕"(11:17)에 참여하는 그것이 바로 어리석음이다.

고린도후서 10-12장에서 바울은 수사적으로 점점 이 "자랑의 상태" 속으로 내려간다. "원하건대 너희는 나의 좀 어리석은 것을 용납하라"(11:1)로 시작하여, 그가 "그들이(지극히 크다는 사도들이) 그리스도의 일꾼이냐 정신없는 말을 하거니와 나는 더욱 그러하도다"(11:23)라고 쓸 때는 바닥까지 내려간다. 그보다 더 앞선 10장 8절에서 그가 "주께서 주신 권세〔를〕 …… 내가 이에 대하여 지나치게 자랑하여도 부끄럽지 아니하리라"라고 쓸 때조차, 우리는 그가 하려는 일에 대한 그의 불편함을 감지할 수 있다. 그는 잠시 후 자신이 보여 줄 어리석음에 대해 독자들을 대비시키는 것이다. (만일 그가 자랑이 괜찮은 것이며, 너무 과하지만 않다면 봐 줄 수 있는 사소한 예의 위반 정도라고 주장했다면, 그는 아마도 그들의 입장에 굴복하고 말았을 것이다!)**17** 의미심장하게도, 10장 8-18절에서 바울은 자신을 다른 사람과 비교하고 있지 않다. 그는 '자신에 비추어' 자신을 측정하는데, 이는 불트만(Bultmann)이 말하듯이, "하나님이 주신 과업의 성취를 기준으로 삼는 비교"다.**18**

———

바울은 소위 '어리석은 자의 연설'(고후 11:16-12:10)에서 온전히 어리석은 인물 역할을 맡고는 양쪽 모두를 자랑한다. 한쪽은 지극히 크다는 사도들도 자랑하고 또 고린도 교인들이 반길 만한 것들이며(혈통(11:22)이나 지식(11:6) 또는 계시(12:1-8) 등 그의 '강점들'), 다른 한쪽은 그런 사도들이 결코 자랑하지 않을 만한 것들로(선교 중에 만난 박해와 위험 같은 그의 '약점들', 11:23-33), 고린도 교인들과 지극히 크다는 사도들이 바울을 열등한 사도로 간주하게 만드는 것들이다.

이제 어떤 이들은 바울의 관점에서 볼 때, 첫 번째 종류의 자랑은 '인간의 기준에 따른' 것이기에 나쁘지만, 두 번째 종류는 좋을 것이라 생각할지 모른다. 왜냐하면 이 두 번째 종류의 자랑은 '주의 권위를 가지고' 또는 문자 그대로 "주를 따라"(kata kyrion)(11:17) 자랑하는 것이기 때문이다. 그리하다면 그는 첫 번째 종류의 자랑을 할 때는 어리석었겠지만 두 번째 종류의 자랑에서는 지혜로웠을 것이다.

하지만 이는 본문을 잘못 읽는 것이다. 자신의 자랑이 미친 것이라는 바울의 가장 단호한 진술은 자신이 지극히 크다는 사도들보다 더 나은 그리스도의 일꾼이라는 그의 주장과 관련이 있다. 이 자랑은 즉시 그의 고난에 대한 긴 증거 목록으로 이어지며, 이 모든 것은 그의 약함을 강조한다(11:23-33). 잘못된 것(강점)을 자랑하는 것만 '인간의 기준에 따라' 행동하는 것이 아니다. 어떤 류의 자랑이든 심지어 겸손한 섬김 속에서 이룬 가장 감탄할 만한 희생의 업적을 자랑하는 것조차도, 인간의 기준에 따라 행동하는 것이다. N. T. 라이트(Wright)의 표현을 빌리자면, "거꾸로 된 자랑"(upside-down boast)조차도[19] 육적인 자랑이며, 다른 이들에 비해 자신이 성취한 우월성을 자축하는 것이다.[20]

고린도후서 11장 23-33절에서 바울은 빌립보서 2장에 묘사된 것처럼 섬김과 십자가형의 치욕 속으로 내려오신 그리스도의 낮아지심을 자신이 본받고 있다고 묘사한다.[21] 빌립보서 3장과 고린도전서 1-4장에서 말하는 그의 요점은 자신이 그리스도를 본받은 것을 자랑한다면 그는 주님 안에서가 아니라 자기 자신 안에서 자랑하는 것이 되리라는 것이다(참조. 고전 1:30; 고후 10:17). 그가 보기에 그가 다른 이들을 섬기면서 기꺼이 고난을 겪을 수 있고 또 겪는 것은 부활하신 그리스도가 자신 안에 사시기 때문이며, 하나님이 그로 하여금 "자기의 기쁘신 뜻을 위하여 너희에게 소원을 두고 행하게 하시[기]"(빌 2:13) 때문이다.

그리스도인의 행위 주체성(agency)에 대한 그의 설명에서, 자기 행위의 주권적 주체로서의 '나'는 더 이상 살지 않는다. 그리스도가 자아 안에 사시고, 자아는 그리스도를 믿는 믿음으로 산다(갈 2:20;

빌 3:3; 고전 1:31).**22** 그러므로 자랑은 바울에게 속한 것이 아니라 하나님과 그리스도께 속한 것이다. 이것이 바로 영광의 신학 맥락에서의 자랑뿐만 아니라 십자가의 신학 맥락에서의 자랑조차 문제가 되는 이유다. 다른 이들보다 더 나아지려는 어떤 자랑이나 우월성 추구는 배제된다. 왜냐하면 그러한 모든 자랑과 우월성 추구는 우월성을 확립하고 다른 이들이 그것을 인정하도록 동기를 부여하기 위해 반드시 자아의 성취와 소유물에 의존해야 하기 때문이다. 우월성을 추구하고 그것에 대해 자랑함은 "주를 따라" 어리석은 자가 되는 것이다.

바울은 자랑함으로써 자랑의 부당함을 드러낸다. 자랑하는 자신의 모든 말이 사실이라 할지라도 그 진실 자체가 자신의 우월성을 추구하거나 주장하는 도구가 된다면, 실존적으로나 도덕적으로 오염된다. 자신에 대한 주장의 내용은 사실일 수 있지만, 그 진리를 주장하는 효과(pragmatics)는 이 멸망해 가는 세상의 기준을 따르기에 완전히 잘못될 수 있다(참조. 고후 12:6).

5

바울은 우월성 추구에 대한 자신의 비판과 그 대안 모두를 묵시적 용어들로 표현한다. 한 세상의 형태(form)는 지나가고 있으며, 그 통치자들은 폐하여지고 있다(고전 2:6). 다른 세상의 형태로서 십자가에 못 박히시고 부활하신 예수 그리스도 안에서, 그리고 그를 중심으로 모인 공동체들 안에서, 무조건적인 상호 존중과 돌봄이 특징이 되는 새 창조가 마치 봄의 첫 징후들처럼 옛 형태 안에서 터져 나온다. 두 형태의 세상을 구분하며 이동하고 있고 아직도 투과 가능한 경계선은 외부('세상')와 이 공동체들('교회') 사이는 물론이고 이 공동체들 내부에도 사실은 각 구성원 내부에까지도 그어져 있다. 공동체들은 아직 완전히 구원받지 못했지만 '구원을 받아 가는 중'이며, 세상은 아직 멸망하지 않았지만 '멸망해 가는 중'이다(1:18). 교회와 세상의 그러한 깊고 복잡한 실재와 그 가운데 십자가에 못 박히시고 부활하신 그리스도가 함께 계신 것이, 바로 세상이 보지 못하는 하나님이 계시하신 비밀이다(2:7).

표면적으로 교회 공동체들은 내부에서 부활의 생명과 새로운 세상 형태의 능력이 작용하고 있음에도 주변적이고 종종 박해받는 소수자들이었다. 표면적으로 더 넓은 세상은, 또는 적어도 그 일부는 그것이 치명적인 질병에 시달리고 있었음에도 점점 더 강성해지고 있었다. 제국의 중심 로마는 식민지를 건설하며 그 영역을 확장했고, 부는 증가하고, 지식은 늘어나고, '루디 푸블리키'(ludi publici, 대중 경기)와 더 은밀한 쾌락들이 향유되고 있었으며, 명예의 경주에서는 승리하는 일도 일어나고 있었다. 일부의 상승은 많은 사람의 권력 박탈, 빈곤화, 착취 그리고 퇴락을 의미했다. 이는 버그가 아니라 그 시스템의 특징이었다. 가난한 자들이 스스로 올라서게 하라. 이러한 그들을 도우면 전체 시스템의 질서와 안정성 - 오늘날의 질서에서는 가속화와 같은 역동 - 이 위태로워질 것이다. 우월성 추구는 그러한 형태의 세상이 낳은 지혜, 권력, 영광의 핵심에 있었다. 이는 단지 최정상에 있는 자들뿐만 아니라, 정상을 열망하거나 적어도 다른 이들 위로 올라서기를 갈망하는 모든 이들에게 해당되었다. 이 시스템을 내면화한 자들은 자신들만의 더 작지만 그 못지않게 중요한 명예의 경주를 벌였다. 오늘날 우리들 대부분이 그러하듯이.

바울은 이렇게 겉으로는 번성하는 듯 보이는 세상이 우월성을 추구하며 멸망해 가고 있다고 보았다. 그의 요점은 단지 그것이 더 강한 자, 더 강력한 침략자에 의해 최종적으로는 모든 세대 마지막에 있을 하나님의 심판으로 파괴될 운명이라는 것만이 아니었다. (로마의 특성과 그것이 신적 심판의 불길 속에서 몰락할 것을 보여 주는 한 가지 비전은 계 17:1-19:10에 나타난다.)[23] 그의 요점은 또한 이 세상이 병들고 죽어 가고 있다는 것이었다. 그 발그레한 뺨들과 불거진 근육들, 증가하는 지식과 세련된 연설들, 퇴폐적인 복장과 호화로운 식사들에도 불구하고 그러하다. 우월성을 추구함으로써, 누군가는 다른 이들을 약화시키고 때로는 파괴하고 있었으며, 모두가 자신을 파괴하고 있었다. 생명력 증가의 논리처럼 보였던 것은 성취와 열망의 대상이 된 반짝이는 거짓 영광에 가려진 자기 파괴의 논리였다. 밀턴은 사탄이라는 등장인물을 통해 자기 고양의 충동이 낳는 결과를 묘사했다. 이 결과는 세상을 파괴할 뿐 아니라 궁극적으로는 우월성을 추구하는 자들 자신마저 심연으로 떨어지게 만들었다(3장을 보라).

우리가 보아 왔듯이, 바울은 그리스도의 길과 명예를 위한 추구를 대조한다. 하나는 '주를 따르는' 삶이고, 다른 하나는 '육체를 따르는' 삶이다. 그리스도는 가장 높은 자로서의 특권을 붙잡는 대신, 가장 멸시받는 인간들의 종이 되기까지 낮아지셨다. 다른 이들로부터 명예를 빼앗아 자신을 위해 쌓는 대신, 그는 모든 선과 모든 명예가 공유되는 영광 속으로 모든 이를 끌어올리고자 하셨다. 이는 능력과 생명을 증진시키는 논리지만, 자신만이 아닌 모두를 위한 것이다. 여기에는 우월성을 비교하는 일은 없으며, 오직 탁월성을 위한 조건들을 관대하게 나누어 주는 일만 있다. 섬김을 위한 전체 지상 생애 동안 예수 그리스도는 '영광의 주'셨는데, 이는 바울이 고린도전서 2장 8절에서 간결하게, 빌립보서 2장 6-11절에서 상세히 설명하는 요점이다. 현재 형태의 세상을 다스리는 통치자들, 곧 이 세상의 생활 방식과 그것이 무수히 길러 내는 독이 든 열매의 수호자들은 이를 알아보지 못했다. 그것이 그들이 그를 십자가에 못 박은 이유다. 예루살렘 성문 밖에서 가장 큰 수치 속에서 죽으실 때에도, 그는 영광스러운 분의 오른편에 앉아 계실 때와 다름없이 영광스러우셨다.

―――

그리스도를 따르는 자들이었음에도 고린도 교인들은 십자가에 못 박히신 그리스도를 영광의 주로 알아보는 데 어려움을 겪었다. 부활 안에서 하나님을 보는 것과 십자가의 어리석음 속에서 빛나는 재정의된 영광을 받아들이는 것은 전혀 다른 문제다. 바울이 그리는 예수 그리스도와 그의 길을 어떻게 받아들일 만하게 만들고 또 받아들이게 할 수 있을까?

바울은 자신이 사용할 수 있는 모든 수단을(그가 말하려는 요점을 훼손할 수 있는 세련된 수사는 제외하고) 동원하여 고린도 교인들을 설득하려 애쓰지만 실패한다. 멸망해 가는 현 세상의 통치자들에게 그러하듯이, 고린도 교인들에게도 십자가의 신학은 약함과 패배의 신학이다. 고린도 교인들은 자신들을 사회적 위계의 바닥 근처에서 사는 삶으로부터 구출하여 더 큰 권력과 명예의 자리로 끌어올려 줄 지도자들을 찾고 있다. 그들은 심지어 그 지도자들로부터 학대를 견디고, 그들의 가혹한 권위주의를 감내하면서까지(고후 11:20), 위계 구조를 몇 걸음 더 올라가고 자기들 아래에 몇 사람 더 두기를 원한다. 바울은 설득력이 없다. 왜 일까?

바울에게 지혜인 것이 고린도 교인들에게는 어리석음이며, 그 반대도 마찬가지다. 그들 사이의 차이는 (물론 가치관의 차이이기도 하지만) 그보다는 평가 기준의 차이에 있다. 즉 "육신을 따르는 것" 대 "주를 따르는 것"이다. 이러한 "가치 서열표"(tables of value, 프리드리히 니체), "선호 규칙"(rules of preference, 막스 셸러), 또는 "고차적 선"(hypergoods, 찰스 테일러)과 같은 평가 기준은[24] 우리가 가치나 반(反)가치를 부여하는 기준이 된다. 이 기준들 사이의 간극은 거의 메울 수 없다.

플라톤의 대화편 《크리톤》(Crito)에서 소크라테스는 크리톤과 자신이 공유하는 견해에 대해 논한다. "(부당한 취급에 대해) 결코 부당한 짓으로 되갚아서는 안 되며, 어떤 사람이 당신에게 무슨 짓을 해도 그에게 해를 끼쳐서는 안 된다"고 말한다. 만약 사람들이 이 원칙에 동의하지 않으면 어떻게 될까? 소크라테스는 답한다. "이 견해를 가진 자들과 그렇지 않은 자들 사이에는 공통 기반이 없으며, 그들은 필연적으로 서로의 견해를 경멸하게 된다."[25] 받아들일 수 없는 "가치 서열표"를 지지하는 사람을 "경멸한다"는 것은 너무 강한 반응일지 모르지만, 다른 면에서는 소크라테스의 요점은 흠잡을 데 없다.

우리의 주제에 적용해 보면 위로 올라가는 명예 경주의 메타 가치와, 지위에 무관심하며 타인을 섬김의 메타 가치 사이에는, 또 우월성 추구와 타인을 자신보다 더 높은 것처럼 대하는 데 탁월하고자 추구하는 것 사이에는 공통 기반이 거의 없어 보인다.

예수 그리스도에 대한 헌신과 성령의 임재는 바울과 고린도 교인들 사이의 공통 기반이다. 그러나 예수 그리스도가 "지혜"가 되시는 것이(고전 1:30) 무엇을 의미하는지를 어떻게 결정하는가? 사람들은 이런저런 해석을 지지하는 논증들을 제시하는데, 바울도 그리한다. 그러나 그는 사람이 "육체를 따라" 생각하고 사는 것을 포기하고 "주를 따라" 생각하고 살기를 열망하기 시작할 때에만, 하나님의 지혜의 의미를 알게 될 것이라고 확신한다. 바울은 그 전환 자체가 오직 이성적 추론만의 결과는 아니며, 어쩌면 그럴 수도 없다고 믿는다. 자신도 단지 연구와 깊은 성찰의 결과로 예수 그리스도와 그의 지혜, 그리고 그의 '쿠르수스 푸도룸'(cursus pudorum, 수치의 경주)을 받아들인 게 아니었다. 예수님이 바울에게 나타나셔서 그에게 그리스도 자신과 그의 삶의 방식을 요약하는 바울의 단어인 "복음"을 계시하셨다(갈 1:11-12; 고전 2:13).

따라서 그는 고린도 교인들에게도 계시를 바라보게 한다. 하나님의 지혜는 "비밀스럽고 감추어져" 있으며, 오직 하나님만 아시고, 현 시대에는 정반대의 것인 양 나타난다. "우리가 세상의 영을 받지 아니하고 오직 하나님으로부터 온 영을 받았으니 이는 우리로 하여금 하나님께서 우리에게 은혜로 주신 것들을 알게 하려 하심이라"(고전 2:12). 성령이 주시는 것은 성육신한 지혜이신 그리스도이며, 그리스도와 함께 "그리스도의 마음"(2:16)을 주신다. 조금 다르게 표현하자면, 우리는 원형(prototype, 키르케고르가 그리스도를 일컬을 때 쓴 말)을 만나야 한다. 구체적인 삶의 이야기 속에 구현된 하나님의 지혜이신 그리스도를 만나야만 하며, 또한 그를 그런 분으로 알아볼 수 있는 눈이 필요하다.

계시에 호소하는 것, 하나님의 지혜로부터 어리석음의 외양을 제거하시는 그리스도와 성령의 임재에 호소하는 것은 궁극적으로 신뢰로의 초대다. 그리스도와 그를 따르는 자들의 길인 섬김으로의 "낮아짐"은 외부에서 지성적으로는 온전히 파악하기 어렵다. 성령 없이 그리고 "그리스도의 마음" 밖에서 그것에 접근하는 자들은 그것을 "깨닫지 못할" 것이다(고전 2:14). 그리스도를 받아들이는 자들의 눈은 성령의 능력으로 열릴 것이며, 그들은 그를 십자가에 못 박히신 영광의 주로 알아볼 것이다. 그와 동시에 그들은 또한 자신들이 누구인지를, 그들의 영광과 참된 탁월성이 서로를 자신보다 더 중요하게 여기는 데 있는 사람들임을 발견할 것이다. 그러한 자들에게는 또 다른 종류의 영광, 영속하는 영광이 약속되어 있다.

6

예수와 성경

우월함 추구에서
소명으로 시선을 돌리다

앞선 장들에서 나는 세 명의 기독교 사상가에게서 나타나는 우월성 추구에 대한 비판과 그 대안을 탐구했다. 키르케고르에서 시작하여 시간을 거슬러 올라가 밀턴에게로, 그다음에는 아마도 최초의 기독교 신학자라 할 수 있는 사도 바울에게로 나아갔다. 이 때문에 바울이 기독교 전통에서 우월성 추구를 주요 문제로 지목한 첫 번째 인물이라는 인상을 줄 수도 있겠다. 하지만 이는 잘못된 추론일 것이다. 비록 바울이 다른 어떤 성경 저자보다도 더 깊이 있게 이 문제를 다루기는 하지만, 성경 전통 내에서 우월성 추구를 비판한 첫 번째 인물은 아니었다. 이 관심은 예수님에게로(복음서에 묘사된 대로), 그리고 더 거슬러 올라가 이스라엘의 선택과 아브라함의 부르심에 대한 기록들에까지 이른다. 이제 탐구를 마무리해 가는 이 지점에서, 마땅히 공로를 인정해야 할 이들에게 경의를 표하며 좀 더 긴 역사를 간략하게 그려 보는 것이 좋겠다.

나의 세 명의 대화 상대는 모두 이 역사를 인식하고 있으며 그 요소들 위에 자신의 논의를 구축한다. 키르케고르는 바울에게 깊은 영향을 받았지만, 그의 우월성 비판은 주로 복음서, 특히 산상수훈과 바리새인과 세리 비유(눅 18:9-14)에 대한 자신의 해설에 의존하며 전개된다. 밀턴의 경우, 빌립보서 2장의 바울의 그리스도 찬가가 그의 위대한 두 서사시 《실낙원》과 《복낙원》의 틀을 이루며, 우월성 추구의 대안을 광야에서 예수님이 겪으신 시험을 바탕으로 그려 낸다. 바울은 복음서에 기록된 예수님의 가르침을 알지 못했던 것으로 보인다. 그래서 우월성 추구의 문제를 다루면서 예수님의 가르침을 언급하지는 않는다. 하지만 자신의 논의를 그리스도의 죽음과 부활에 근거하여 펼치며, 아브라함의 예를 매우 중요하게 다룬다.

이 마지막 장에서 나는 지금까지의 논의를 이 중요한 본문들에 든든히 뿌리내리게 하는 것을 목표로 삼는다. (하지만 이 주제가 복음서와 히브리 성경에 나타나는 모습들을 완전하게 다루려고 시도하지는 않을 것이다.) 그리고 이 책 전체에 흐르고 있던 핵심 주제 중 하나인 우월성 추구와 하나님의 섭리와의 관계를 표면으로 끌어올리며 마무리하려 한다.

1

예수님이 우월성 추구를 가장 강력하게 반대하신 경우는 장차 도래할 하나님 나라에서 자신이 메시아적 통치자로 세워지실 때 그의 오른편과 왼편 자리를 요구하는 두 제자에게 답변하실 때다.

> 세베대의 아들 야고보와 요한이 주께 나아와 여짜오되
> 선생님이여 무엇이든지 우리가 구하는 바를 우리에게 하여
> 주시기를 원하옵나이다 이르시되 너희에게 무엇을 하여 주기를
> 원하느냐 여짜오되 주의 영광 중에서 우리를 하나는 주의
> 우편에 하나는 좌편에 앉게 하여 주옵소서 예수께서 이르시되
> 너희는 너희가 구하는 것을 알지 못하는도다 내가 마시는
> 잔을 너희가 마실 수 있으며 내가 받는 세례를 너희가 받을
> 수 있느냐 그들이 말하되 할 수 있나이다 예수께서 이르시되
> 너희는 내가 마시는 잔을 마시며 내가 받는 세례를 받으려니와
> 내 좌우편에 앉는 것은 내가 줄 것이 아니라 누구를 위하여
> 준비되었든지 그들이 얻을 것이니라
> 열 제자가 듣고 야고보와 요한에 대하여 화를 내거늘 예수께서
> 불러다가 이르시되 이방인의 집권자들이 그들을 임의로
> 주관하고 그 고관들이 그들에게 권세를 부리는 줄을 너희가
> 알거니와 너희 중에는 그렇지 않을지니 너희 중에 누구든지
> 크고자 하는 자는 너희를 섬기는 자가 되고 너희 중에 누구든지

으뜸이 되고자 하는 자는 모든 사람의 종이 되어야 하리라

인자가 온 것은 섬김을 받으려 함이 아니라 도리어 섬기려 하고

자기 목숨을 많은 사람의 대속물로 주려 함이니라(막 10:35-45).

한 측면에서 보면, 이 본문은 다스림과 섬김을 대조한다. 야고보와 요한은 다스리기를 원하지만, 예수님은 자신의 사명의 핵심 부분이 대안적인 사회 질서를 세우는 것임을 그들에게 말씀하신다. 그 질서 안에서는 권력과 부를 가진 자들이 약하고 가난한 자들 위에 군림하는 것이 아니라, 모두가 서로를 섬긴다. 그는 다른 이들 위에 '군림하러' 오신 것이 아니다.

누가복음 22장 24-27절의 병행 구절에서, 예수님은 자신이 "은인"(benefactor)이라 불리기를 원하지 않는다고 암시하신다. 이렇게 불리움은 로마제국의 많은 통치자, 귀족, 관리들의 열망이었는데, 그들은 선물을 주는 행위를 "자신들이 다스리는 자들의 충성심을 확보하기 위해" 사용했다.[1] 그와 달리 예수님은 죽음에 이르기까지 섬기러 오셨다. 올바른 통치자는 섬긴다. 그들은 폭력으로 통치를 강요하지도 않으며 선물로 충성심을 사지도 않는다. 예수님은 그 교훈을 이미 그들에게 주셨고, 또 강조하셨다(막 9:35).

야고보와 요한은 이에 동의하지만, 자신들이 무엇에 동의하는지를 완전히 이해하지는 못한다. 아마도 부분적으로는 그들이 변화산에서 목격했고 또 그들도 공유하기를 바랐던 예수님의 눈부신 영광이 그들의 판단을 흐리게 한 탓일 것이다(9:2-3). 그들 역시 하나님이

예수님을 "내 사랑하는 아들"(9:7)이라 선포하시는 음성을 들었고, 이로써 하나님이 그를 얼마나 고유하게 사랑하시는지뿐만 아니라, 아브라함과 야곱의 사랑받는 아들들처럼 그도 큰 고난을 겪게 될 것도 알게 되었다.² 야고보와 요한이 자신들의 요청을 말씀드릴 때, 이 모든 것을 이해하고 있음이 암시된다. 즉 그들은 예수님이 받아들이실 것처럼, 섬김의 잔을 마시고 희생적 죽음의 세례로 세례 받을 각오가 되어 있다.

그러나 야고보와 요한은 단지 예수님과 함께 다스리기만을 열망하는 것이 아니다. 그들이 예수님에게 "주의 영광 중에서 우리를 하나는 주의 우편에, 하나는 좌편에 앉게 하여 주옵소서"(막 10:37)라고 요청함은 예수님 다음으로 가장 높은 지위를 두고 경쟁하는 것이다. 그들은 자신들을 영광의 나라에서 논쟁의 여지가 없는 최고 수장의 양팔이라고 상상한다. 그 요청에 대해 알게 된 다른 열 제자들의 분노는 이 책 전반에서 보아 왔듯이 인간 조건에 깊이 뿌리내린 강력한 충동인, 제자들 사이에서 계속되는 우월성 추구 투쟁의 일부다.

마가복음의 바로 앞 장에서 우리는 그들 모두가 "서로 누가 크냐" 하며 논쟁하는 것을 발견한다(9:34). 예수님은 단지 세 제자, 베드로와 가장 높은 지위를 열망하는 두 사람(야고보와 요한)만을 데리고 자신의 변모를 목격하게 하셨다(9:2-8). 나머지 제자들은 산 아래 머물러 있었고, 예수님의 변모를 보거나 엘리야와 모세가 예수님과 대화하는 것이나 하나님의 음성을 듣지 못했다. 그리고 고통받는 소년에게서 귀신을 쫓아내지 못하여 예수님의 질책을 받는 수치를 겪는다

(9:14-29). 뒤따르는 누가 크냐는 논쟁은 거의 예정된 듯 보인다. 더 작고 총애받는 듯한 집단의 교만이 나머지 제자들의 굴욕감과 충돌하는 것이다. 이에 대한 반응으로, 예수님은 앉으셔서 그들을 부르시고, 권위 있는 자로서 그들에게 규칙을 주신다. "누구든지 첫째가 되고자 하면 뭇 사람의 끝이 되며 뭇 사람을 섬기는 자가 되어야 하리라"(9:35).

우리는 야고보와 요한이 그 교훈을 듣고 받아들였지만 핵심은 놓쳤다고 추정할 수 있다. 인류 자체만큼이나 오래된 습관은 쉽게 죽지 않는다. 그들은 다른 제자들 몰래 예수님에게 가서, 요청이라기보다는 다소 뻔뻔스러운 요구를 한다. "선생님이여 무엇이든지 우리가 구하는 바를 우리에게 하여 주시기를 원하옵나이다"(10:35). 그들은 은밀하게 자신들을 앞세우고, 사실상 특혜를 요구한다.

그들은 예수님의 첫 반응에 놀라지 않는다. 그들은 예수님이 단지 그들이 대가를 치를 준비가 되었는지, 예수님처럼 고난 받을 준비, 즉 마지막이 되고, 섬기는 자가 되고, 종이 될 준비가 되었는지를 확인하시는 것이라고 생각한다. 그들은 자신들이 예수님이 제시하신 다스림을 위한, '첫째'가 되기 위한 자격 요건에 부합한다고 여긴다. 그러나 몇 명이나 '첫째'가 될 수 있을까? 그들은 정확히 두 명, 예수님의 양쪽에 각각 하나씩이라고 추론하는 듯하다(비록 오른편 자리가 왼편 자리보다 조금 더 높다고 여겨진 것이 사실이지만(참조. 벧전 3:22)). 그들은 큰 희생이, 비교할 수 없는 우월성이라는 특권을 얻기 위한 대가가 될 것이라고 생각한다. 그러나 이것만으로는 충분하지 않다. 다른 이들도 동등한 희생을 할 수 있어서다. 그 자리를 확보하려면 예수님의 특혜가 필요할 것이다. 이것이 그들이 요청한 이유다.

다른 제자 열 명이 분노하는 것은 아마도 두 사람의 요청이 받아들여진다면 자신들이 같은 보상을 받을 기회를 빼앗겨서일 것이다. 이런 해석에 따르면 모든 제자는 예수님이 비난하신 "은인들"처럼 행동하는 것으로 보인다. 단지 지위를 획득하고 유지하기 위한 조건이 다를 뿐이다(5장, 단락 4의 "거꾸로 된 자랑" 논의를 보라). 부를 줄이게 되는 자선 대신, 그들이 받아들이는 조건은 자기희생적 섬김이다. 그럼에도 제자들 각자는 자신의 우월성을 확보하려 든다.

=====

야고보와 요한에게 하신 답변의 두 번째 부분에서 예수님은 그러한 추론의 근거를 무너뜨리신다. 그들의 운명은 참으로 예수님 자신처럼 다른 이들을 섬기는 가운데 큰 고난을 받으리라고 말씀하신다. 그러나 그것이 그들에게 가장 높은 자리를 부여하지는 않을 것이다. "내 좌우편에 앉는 것은 내가 줄 것이 아니라 누구를 위하여 준비되었든지 그들이 얻을 것이니라"(막 10:40). 마가복음 다른 곳에서 예수님의 좌우편을 언급하는 유일한 곳은 두 사람이 예수님 좌우편 십자가에 못 박혀 있는 십자가 처형 장면이다. 마가는 십자가 처형이 바로 예수님이 마신 잔을 마시고 그의 세례로 세례 받는 것이며, 그것이 바로 영광이라고 암시하는 것일까?[3] 우리가 이 해석을 선택하지 않더라도 예수님의 핵심 요점은 분명하다. 장차 올 세상에서의 지위는 희생적인 섬김을 통해 취득되는(earned) 것이 아니라는 것이다.

섬김으로 다스림과 지위를 얻는다는 생각에는 여러 문제가 있다. 첫째, 만약 모든 이를 위한 고된 섬김이 지위를 얻을 만한 공적이 된다면 - 하지만 야고보와 요한은 가장 높은 자리를 확보하기 위해 단순히 능력주의 원칙의 작동에만 의존할 수는 없었다는 점에 주목하라 - 장차 올 삶에서도 동일한 원칙이 적용되어야 할 것이다. 지위를 획득하는 데 공적이 필요했으므로, 그 지위를 유지하기 위해서도 어떤 종류의 공적이 요구될 것이다. 장차 올 세상을 완벽한 능력주의 사회로 생각할 수도 있지만, 그렇다면 그곳을 사랑의 세계로 상상하기는 어려울 것이다. 영광의 나라에서는 다른 이들의 필요를 돌보는 고된 섬김이 필요치 않을 것이며, 하물며 다른 이들을 위해 자신의 생명을 희생하는 일은 더더욱 없을 것이라고 가정하는 편이 더 낫다. 그곳에서의 섬김은 사랑의 기쁨, 서로의 기쁨을 사랑으로 증진시키는 활동 외에는 아무것도 아닐 것이다.[4] 그러한 활동이 어떻게 지위를 취득하는 일일 수 있겠는가?

둘째, 가장 높은 두 명예를 취득하는 것은 문제가 있다. 예수님의 모든 제자는 각 사람이 예수님을 본받아 다른 이들을 희생적으로 섬기도록 부름받았기 때문이다. 그들 모두는 서로를 섬겨야 한다.[5] 장차 올 세상에는 첫째가 몇 명이나 있는가? 모든 이를 섬기는 모든 사람, 이는 어쩌면 하나님만이 유일한 첫째시고, 장차 올 세상의 모든 거주자들은 동등하게 둘째라는 말일 수도 있다. 통치하시는 예수님의 좌우편 가장 높은 두 자리는 존재하지 않는다. (야고보와 요한에게 답변하실 때, 예수님은 논증을 위해, 즉 전체 아이디어를 해체하기 위해 그 자리가 존재한다고 가정하셨을 것이다.) 야고보와 요한이, 또는 그들에게 그 아이디어를 제공한 자가, 그 두 자리를 생각해 냈을 수 있으며, 그 발명은 우월성 추구의 산물이었다.

신약성경에서 통치하시는 예수님 옆에 누가 앉을지를 추측하게 하는 유일한 구절은 요한계시록에 있다. 승천하신 예수님은 라오디게아 교회에 말씀하신다. "이기는 그에게는 내가 내 보좌에 함께 앉게 하여 주기를 내가 이기고 아버지 보좌에 함께 앉은 것과 같이 하리라"(계 3:21). 누가 이길 것인가? 단지 한두 사람이 아니라 영광에 들어가는 모든 사람이다. 만약 우리가 요한계시록을 활용해 장차 올 세상에서의 하나님이 누구를 명예로운 자리에 앉히실 것인지에 대한 수수께끼를 푼다면, 야고보와 요한이 은밀하게 자신들을 위해 가장 높은 자리를 확보하려 했던 작전은 완전히 방향이 잘못된 추구였음이 드러난다. 어떤 제자도 다른 제자보다 더 높은 자리를 갖지 않을 것이다. 모두가 같은 보좌에 앉게 될 것이다.[6]

〔다른 견해는 차등적인 지위가 있을 것이며, 어떤 성취 가령 다른 이들을 의로움으로 인도하는 것(단 12:3)과 같은 일이다. 이에 근거하여 지위가 부여될 것이라는 것이다. 이 경우, 상대적 지위는 도덕적으로 무관할 것이다. 중요한 것은 단지 사람이 도덕적 이상에 얼마나 가까운가일 뿐, 다른 사람과 비교하여 어떠한지는 중요하지 않다. 우리가 이런 해석을 받아들인다면, 이런 단순한 상대적 지위를 목표로 삼는 것은 야고보와 요한의 추구에서는 가치가 없는 목표였을 것이다.〕

셋째, 마가복음 10장에서 섬김의 전형적인 예는 예수님이시다. 그가 누구신지를 고려해 보면, 그는 다른 이들을 대신하여 섬기고 죽으심으로써 지위를 획득하실 수 없다. 본문에서 그가 자신에 대해 사용하는 칭호는 '인자'다. 이는 다니엘 7장의 "인자 같은 이"를 상기시키는 듯한데, 그는 "모든 백성과 나라들과 다른 언어를 말하는 모든 자들"(단 7:14) 위에 영원한 통치권을 가진 높임을 받은 인물이다. 마가복음에서 예수님은 다니엘서에서처럼 이 지위를 받으시는 것이 아니라, 그 지위를 가지고 오신다. 그는 높임을 받은 지위를 가진 자로서 섬기고 자기 생명을 주신다. 이는 마가복음 9장에서 하늘로부터 들려온 음성이 예수님을 하나님의 아들로 선포하며 그가 고난 받을 분임을 표시하는 내용과 일치한다(9:7). 예수님은 자신의 섬김과 십자가에서의 죽음 때문에 인자나 하나님의 아들이 되시는 것이 아니며, 그의 지위가 높아지는 것도 아니다.[7] 제자들을 위한 교훈은 섬김이 다른 이들보다 높아지려는 수단이 아니라는 것이다. 섬김은 섬김을 받는 자들의 고통을 완화하거나 기쁨을 증가시키기 위한 수단이다. 섬기는 사늘에게 있어서 수단이 아닌 그 자체로 목표다. 섬김은 영광에 이르는 수단이 아니라 영광의 내용이다(비록 그것만이 유일한 형태는 아닐지라도).

    나의 읽기에 따르면, "누구든지 첫째가 되고자 하면 뭇 사람의 끝이 되며 뭇 사람을 섬기는 자가 되어야 하리라"(막 9:35)라는 말씀으로, 예수님은 마치 열등함이 새로운 우월함이라는 듯 우월성 추구를 뒤집고 계신 것이 아니다. 만약 그랬다면, 그는 제자들 사이에서 누가 가장 큰지에 대한 논쟁을 끝내지 않으셨을 것이다. 오히려 그는 우리가 앞서 만났던 능력주의 도덕가들의 방식처럼 다른 조건들로,

예를 들어 각자가 어떻게든 다른 이들보다 더욱 '모든 사람의 종'이 되려고 애쓰는 방식으로, 논쟁이 계속되도록 부추기셨을 것이다! 내가 읽기에는, 예수님은 다른 누군가보다 우월하다는 것 자체가 무가치하다고 말씀하고 계신다. 우월성을 자신의 목표로 삼고 누가 가장 큰지에 대해 논쟁하는 것은 잘못이다. 다른 누군가보다 우월해지려고 추구함은 악덕이다.

2

우월성 추구에 대한 비판은 예수님으로부터 시작되지 않았다. 이는 히브리 성경 곳곳에서 발견할 수 있다. 예를 들어, 전도자는 이 문제를 다룬다(1장을 보라). 우월성 추구가 노력을 자극하고 기술을 향상시키기는 하지만, 그럼에도 이는 헛될 수밖에 없다. 서문에서 나는 창세기의 가인과 아벨 이야기를 간략히 언급하며, 그 이야기가 다른 어떤 내용을 말하든지 간에 부분적으로는 우월성 추구에 대한 비판임을 지적했다. 이 경우, 우월성 추구는 하나님이 아벨의 제물을 받으심으로써 뒤집힌 우월성의 순서를 다시 세우기 위해 고안된 살인으로 이어진다.[8] 밀턴은 창세기 3장의 타락이 주로 우월성 추구에 관한 것이라고 주장했지만, 그가 주로 신약성경에서 비롯된 확신을 그 이야기에 투영했다는 비난을 받을 수도 있다.

만약 히브리 성경에서 오직 이 몇몇 구절만 우월성 추구와 관련이 있다면, 우리는 이 주제가 주변적이며 히브리 성경이 이런 점에서 신약성경과 다르다고 정당하게 결론 내릴 수도 있을 것이다. 결국 예수님과 바울의 우월성 추구 비판은 예수님의 사명이 지닌 목적 자체에서 비롯한다. 즉 예수님은 섬기러 왔으며, 그의 섬김의 방식이 탁월성뿐만 아니라 참된 영광이 무엇인지를 정의한다(4장을 보라). 그러나 우월성 추구라는 주제가 히브리 성경에서는 주변적이고 신약성경에서는 중심적이라고 단순히 대조적으로 이해한다면, 이는 유대교의 토대가 된 아브라함의 부르심과 이스라엘의 선택에 담긴 우월성 추구에 대한 비판을 간과하게 될 것이다. 존 레벤슨(Jon Levenson)과 그의 뒤를 이어 샤이 헬드(Shai Held)는 아브라함의 부르심과 이스라엘의 선택에 함축된 우월성에 대한 반박 논리를 강조한다. 나는 이 문제를 탐구하면서 주로 창세기와 신명기에 대한 그들의 해석을 따를 것이다. 나의 목표는 우월성 추구에 대한 유대적 관점의 여러 측면을 조명하는 것이다.

―――

먼저 아브라함의, 아니 하나님이 이름을 바꾸시기 전의 이름인 아브람의 부르심을 생각해 보자. 창세기 11장에서 우리는 데라가 그의 아들 아브람과 며느리 사래를 데리고 함께 "갈대아인의 우르를 떠나 가나안 땅으로 가고자 하더니 ……"(11:31)라는 기록을 읽는다. 그 일행은 가나안에 이르지 못했고 잠시 하란에 정착했다. 우리는 아브람의 아버지가 죽은 후 하나님이 그에게 말씀하시기 전까지 그의 도덕적, 지적 자질이나 그의 행적과 성취, 또는 그런 면에서의 부족함에 대해 아는 바가 전혀 없다.

> 여호와께서 아브람에게 이르시되 너는 너의 고향과 친척과 아버지의 집을 떠나 내가 네게 보여 줄 땅으로 가라 내가 너로 큰 민족을 이루고 네게 복을 주어 네 이름을 창대하게 하리니 너는 복이 될지라 너를 축복하는 자에게는 내가 복을 내리고 너를 저주하는 자에게는 내가 저주하리니 땅의 모든 족속이 너로 말미암아 복을 얻을 것이라 하신지라(창 12:1-3).

아브람의 부르심에 대해 레벤슨은 다음과 같이 쓴다.

> 성경 이야기에서 하나님이 이스라엘 백성과 특별한 관계를 형성하시리라는 최초의 징표는 하나님이 처음으로 이스라엘(다른 이름으로는 야곱)의 할아버지인 아브라함에게 말씀하시면서 그가 큰 민족이 되고 복의 대명사 또는 근원이 될 것이라고 약속하시는 것이다. 그런데 왜 아브라함인가? 창세기는 미래에 족장이 될 그가, 가령 그의 형제 나홀보다 더 특별한 대우를 받을 만했음을 시사하는 내용을 전혀 기록하고 있지 않다.[9]

모든 인류 가운데서 아브람을 골라내어 위대하게 만들려고 하심은 임의적인 결정인 듯 보인다.[10] 왜 아브람인가? 노아와 아브람을 대조해 보라. 노아는 그만 홀로 "의인이요 당대에 완전한 자"였기(창 6:9)에 은총을 입어 홍수에서 구원받았다. 아브람에 대해서는 그런 말이 전혀 없다. 의로움, 종교적 열심 또는 (나중에 소돔 문제로 하나님과 흥정할 때 보이는) 협상 기술 같은 그의 뛰어난 자질 어느 것도 언급되지 않는다. 반대로 아브람은 몇 가지 부정적인 특성을 지니고 있어, 부르심과 함께 오는 위대한 약속이 과연 성취될까 의심스럽다. 아브람의 아내 사래는 "임신하지 못하므로 자식이 없었[다]"(11:30). 역사적으로, 창세기 자체에서부터 이미, 이 하나님의 임의성처럼 보이는 스캔들을 제거하기 위해 아브람의 부르심에 대한 다양한 설명이 제시되어 왔다.[11] 성경에 익숙한 이들은 이런 종류의 임의적으로 베푸는 호의를 부르는 이름이 있다는 걸 알 것이다. 바로 은혜다. 아브람은 어떤 면에서도 그런 부르심을 받을 공로가 없었다. 그는 그 부르심을 값없는 선물로 받았으며, 그 선물과 함께 책임도 받았다. 그리고 그 책임에는 논란의 여지는 있지만, 탁월성을 추구하는 것이 포함된다.

═══════

창세기의 아브람을 부르신 은혜는 신명기의 이스라엘을 선택하신 '비합리성'(unreason)과 상응한다.

너는 여호와 네 하나님의 성민이라 네 하나님 여호와께서 지상 만민 중에서 너를 자기 기업의 백성(treasured possession, 소중한 보물)으로 택하셨나니 여호와께서 너희를 기뻐하시고 너희를 택하심은 너희가 다른 민족보다 수효가 많기 때문이 아니니라 너희는 오히려 모든 민족 중에 가장 적으니라 여호와께서 다만 너희를 사랑하심으로 말미암아 또는 너희의 조상들에게 하신 맹세를 지키려 하심으로 말미암아 자기의 권능의 손으로 너희를 인도하여 내시되 너희를 그 종 되었던 집에서 애굽 왕 바로의 손에서 속량하셨나니 ……(신 7:6-8).

하나님은 모든 민족 가운데서 이스라엘 백성을 골라 내어 하나님의 소중한 보물로 삼으셨다. 다시 묻게 된다. 왜인가? 본문은 하나님이 이스라엘 백성이 다른 백성보다 수가 많았기에 이스라엘을 '기뻐하신'(set his heart on) 게 아니라고 말한다. 여기서 인구의 규모는 그들이 지녔을 수도 있는 어떤 긍정적인 자질, 예를 들어 종교적 수용성, 도덕적 탁월성, 또는 높은 지능 등을 나타낼 수 있다. 그러나 그러한 자질은 주어진 이유에는 나타나지 않는다.

그들을 선택하신 유일한 이유는 전혀 적절한 이유가 아니다. 이스라엘이 하나님의 소중한 보물이 된 이유는 주가 "너희를 기뻐하시고"(7절) "너희를 사랑하심"(8절) 때문이다. 레벤슨은 하나님이 그저 이스라엘과 사랑에 빠지셨던 것이며, "너희를 기뻐하시고"는 여기서 "열정을 품다"(take a passion to)로 번역하는 것이 최선이라고 지적한다. 하나님이 이스라엘 백성을 선택하신 것은 "말하자면 마음의 문제일 뿐, 그 당시에 그들의 공으로 내세울 만한 어떤 속성이나 성취 때문이 아니었다."[12] 하나님이 이스라엘을 선택하신 이유는, 표현된 어휘는 달라도 하나님이 아브라함을 선택하신 이유와 같다. "창세기가 암묵적으로 제시하는 요점을 신명기는 명시적으로 제시한다."[13] 신명기 7장 8절은 이 둘을 연결한다. 하나님이 이스라엘을 사랑하셨고 아브라함에게 하신 약속에 신실하셨기에, 하나님은 이스라엘 백성을 애굽(이집트)에서 구출하시고 그들을 한 민족으로 세우셨다.

부르심과 선택에서 하나님이 속성과 성취를 제쳐 놓으신 것, 임의적으로 한 사람을 골라 내시고 한 백성을 선택하신 것은 우월성에 관한 모든 주장에 영향을 미친다. 이 문제를 명시적으로 다루면서, 레벤슨은 하나님의 부르심과 선택이 지닌 무공로적(unmerited) 성격에 대해 다음과 같이 쓴다.

> 그것은 중요하다. 왜냐하면 본문에 주의 깊게 귀를 기울이는 사람으로 하여금 선택받음과 우월성을 동일시하는 것을 불가능하게 만들기 때문이다. 그러한 동일시는 오늘날 매우 흔한 실수이며, 특히 선택받음이라는 개념 자체를 불쾌하게 여기는 사람들 사이에서는 더욱 그러하다. 하나님이 아브라함에게 처음 말씀하셨을 때처럼, 이스라엘은 하나님의 관심의 수혜자 역할을 스스로 노력해서 얻어 낸 것이 아니기 때문이다. 신명기 본문이 이어서 말하듯이, 그들이 애굽의

종살이하던 집에서 해방된 것 자체도 백성들이 행한 어떤
일의 결과가 아니며, 심지어 그들이 직접 자신들의 신적인
구속자로부터 받은 무공로적 호의의 결과도 아니다. 이는
하나님이 여러 세대 전 조상들에게 하신 맹세에서 비롯된
것이다(신 7:8).
그렇다면 후손들은 그들의 높은 지위를 물려받은 것이다.
그들이 그것을 성취하지 않았다. 그것은 보상이 아니라
선물이다. 이에 대해 그들은 자만심이 아니라 감사를 느껴야
하며, 과거 자신들의 행위에 대한 만족이 아니라 미래에
자신들의 신적인 은인의 기대에 부응해야 한다는 심오한
도전을 느껴야 한다.[14]

아브라함을 부르신 일의 본질과 이스라엘을 선택하신 근거는 우월성에 대한 어떤 주장도 허용하지 않으며 교만을 위한 어떤 근거도 제공하지 않는다. 이스라엘의 지위는 성취된 것이 아니라 부여된 것, 사회학의 용어로는 '귀속된'(ascribed) 것이다.

———

유대인 학자들은 우월성 추구에 대한 반발을 창세기 1장의 창조 이야기까지 거슬러 올라가며 추적해 왔다. 하나님은 인간을 창조하시기 전에 물속과 하늘과 지상의 동물을 순서대로 창조하셨고,

이 각각의 범주에서 동물을 "그 종류대로" 창조하셨다(1:20-25). 나훔 사르나(Nahum Sarna)는 그의 창세기 주석에서 다음과 같이 쓴다.

> 지금까지 모든 생명체가 출현할 때마다 반복해서 나왔던 "그 종류대로"라는 공식이 여기서는 생략되었다는 점이 주목할 만하다. 인간 종은 오직 하나뿐이다. 모든 인류가 하나의 공동 조상에서 유래했다는 개념은 인간 문화의 무한한 다양성에도 불구하고 인류의 통일성을 인식하도록 이끈다.[15]

미슈나의 현인들은 아담과 하와의 창조 이야기에서 우월성 추구에 대한 반발을 발견한다. '왜 아담은 홀로 창조되었는가?'라고 그들은 묻는다. 그들이 제시하는 한 가지 이유는 다음과 같다.

> 그리고 이 일은 사람들 사이의 평화를 유지하는 것이 중요하기 때문에 행해졌으니, 한 사람이 다른 사람에게 '나의 아버지, 즉 나의 선조가 너의 아버지보다 더 위대하다'라고 말하지 못하게 하려는 것이다. 또한 이것은 여러 신들을 믿는 이단자들이 '하늘에는 많은 권세가 있고, 각자가 다른 사람을 창조했다'라고 말하지 못하게 하려는 것이었다. 그리고 이것은 거룩하신 분, 찬양받으실 분의 위대하심을 말해 주는데, 이는 마치 한 사람이 하나의 인장으로 여러 개의 동전을 찍어 내면 그것들이 모두 서로 비슷한 것과 같다. 그러나 왕 중의 왕이신 지극히 높으신

분. 거룩하신 분. 찬양받으실 분이 모든 사람을 첫 사람 아담의 인장으로 찍어 내셨으니, 그들 모두가 그의 후손이지만 그들 중 누구도 다른 사람과 똑같지는 않다.[16]

이 문헌은 우월성 추구에 관해 서로 관련된 두 가지 주장을 하는데, 우리는 이미 그 변형된 형태들을 살펴본 적이 있다. 첫째, 자신의 우월성을 주장하고 추구하는 것은 본질적으로 경쟁적이기에 사회적 평화를 훼손한다. 둘째, 개개인은 고유하지만, 우리 인간이 공동의 기원을 가진다는 사실은 모든 사람의 동등한 존엄성의 기초가 되며, 한 인간이나 한 민족이 다른 이들보다 우월하다는 주장의 근거를 허문다.[17]

3

히브리 성경에서 우월성을 가장 강렬하게 추구한 두 사람은 아브라함의 손자 야곱과 증손자 요셉이다. 두 사람 모두 변화를 겪으며, 적어도 부분적으로는 거의 무자비할 정도의 경쟁심에서 벗어난다. (신약성경에서 이들과 비교할 만한 정도로 강렬하게 우월성을 추구한 사람은 예수님의 제자인 야고보와 요한, 그리고 그리스도와 만나기 전의 바울이다.)

야곱과 요셉의 추구를 간략히 탐구하면서, 나는 샤이 헬드의 *The Heart of Torah*(토라의 심장)와 그의 유대인 대화 상대자들의 논의를 참고할 것이다. 헬드는 그의 다른 책인 *Judaism Is about Love*(유대교는 사랑의 종교다)에서 우월성 추구를 배경으로 자기 가치(self-worth)를 명시적으로 설명한다. 헬드에 의하면, "나는 가치 없는 존재일지 모르지만, 저들보다는 똑똑하거나 잘생겼다"는 다른 사람과의 비교를 통한 자기 자랑과는 대조적으로, "유대교 신학은 진정한 자기 가치가 결코 경쟁적이거나 비교적이지 않으며, 결코 타인을 희생시켜 얻어지는 것이 아니라고 주장한다."[18] *The Heart of Torah*(토라의 심장)의 야곱과 요셉에 관한 글에서, 헬드는 우월성 추구를 명시적으로 탐구하지는 않지만 나는 그의 탐구를 그런 방향으로 활용할 것이다. 그 과정에서, 나의 지금까지의 우월성 추구 논의에서는 잠재적으로만 존재했던 한 주제가 표면으로 드러날 것이다. 바로 우월성 추구와 하나님의 섭리 사이의 관계 문제다.

야곱의 이야기는 그가 쌍둥이 형 에서보다 더 우월해지고자 추구했던 이야기다. 두 사람은 어머니의 태 속에서부터 우월성을 두고 다투었고(창 25:22-26), 부모의 엇갈리는 편애(이삭은 에서를 리브가는 야곱을 더 아꼈다)가 그들의 갈등을 더 심화시켰다. 야곱은 에서가 가진 두 가지 큰 '유리한 점'인 장자의 지위와 약속된 아버지의 축복을 노린다.

어느 날 에서가 들에서 돌아와 야곱이 쑨 팥죽을 가리키며 말한다. "내가 피곤하니 그 붉은 것을 내가 먹게 하라"(창 25:30). 야곱은 가혹한 거래를 제안한다. "형의 장자의 명분을 오늘 내게 팔라"(31절). 거칠고 저항할 수 없는 갈망에 사로잡힌 에서는 그 제안을 받아들인다. 우리는 "에서가 먹으며 마시고 일어나 갔(다)"는 기록을 읽게 되고, 그 뒤에 내레이터의 통렬한 평가가 이어진다. "에서가 장자의 명분을 가볍게 여김이었더라"(34절). 에서는 충동적인 사람일지 모르지만, 이야기를 읽고 있는 우리를 걱정시키는 것은 야곱의 성품이다. 단 한 끼의 소박한 식사를 두고 형에게 그토록 높은 대가를 요구하다니, 얼마나 무자비한 야심의 소유자일 것인가? 헬드는 15세기 랍비인 이삭 아브라바넬(Isaac Abravanel)을 인용한다. "만약 야곱이 흠 없고 정직했다면, 어찌 감히 형에게 팥죽 한 그릇이라는 …… 보잘것없는 대가에 장자의 명분을 팔라고 말할 수 있었겠는가."[19]

야곱은 에서에게 돌아갈 아버지의 축복을 훔치는 리브가의 계획에 동의함으로써 훨씬 더 도덕적으로 무감각한 모습을 보인다. 에서가 아버지를 위해 음식을 만들고 약속된 축복을 받으려고 사냥하러 간 사이, 리브가는 이삭이 바라는 비슷한 음식을 요리하고, 야곱은 에서의 옷을 입고 에서인 체하며 음식을 아버지에게 가져간다. 노쇠하여 눈먼 이삭은 에서라고 생각하고 야곱을 축복한다. 잠시 후 에서가 등장하고, 그와 이삭은 둘 다 망연자실하며 파렴치한 속임수를 비난한다. 에서의 비통한 부르짖음은 성경 전체에서 가장 가슴 아픈 장면 중 하나다. "내 아버지여 아버지가 빌 복이 이 하나뿐이리이까 내 아버지여 내게 축복하소서 내게도 그리하소서"(27:38). 그가 얻은 축복은 야곱에게 주어진 것보다 훨씬 못한 것이었다. 결정적으로, 야곱은 그토록 추구했던 에서에 대한 우월성을 성취했다. 이삭은 야곱을 축복하며 말했다. "네가 형제들의 주가 되고 네 어머니의 아들들이 네게 굴복하며 ……"(27:29).

헬드는 두 이야기를 함께 주해하며 이렇게 쓴다. "토라는 야곱의 속임수에 대해 극히 부정적인 견해를 취한다. 그는 남은 평생 자신의 기만에 대한 대가를 치르게 된다."[20] 그럼에도 하나님은 야곱을 사랑하신다. 사실 하나님은 바로 그 결과를 예정해 두신 것처럼 보인다. 이러한 속임수에도 야곱은 이스라엘 백성의 조상이 된다. 그러나 그 신성한 목적이 그의 파렴치한 우월성 추구라는 악을 정당화하지는 않는다.

리브가가 야곱을 편애했듯이, 야곱은 그가 가장 사랑한 아내 라헬의 첫아들이자 노년에 얻은 아들인 요셉을 편애한다. 야곱은 요셉만 애지중지하는 아버지였고, 그가 요셉을 "형들보다 그를 더 사랑함"을 가족 전체가 분명히 알고 있다(창 37:4). 그의 형들은 그에게 적대적이다. 그들 중 가업을 관리하는 자는 누구든 "그를 여종의 아들들(창 30:3-13), 즉 가장 낮은 서열의 형제들과 함께 있도록 배치했다."[21]

자신의 우월감에 도취되어 이를 더 강화하려던 그 젊은 자기 도취자는 스스로를 망치는 단계를 하나씩 밟아 나간다. 첫째, 형들과 함께 양을 칠 때, 그는 "그들의 잘못(bad report)을 아버지에게 말〔한다〕"(37:2). 여기서 히브리어로 '나쁜'(bad)이라는 단어는 그것이 사실이 아니라 거짓되고 악의적인 내용이었음을 시사한다. 둘째, 요셉은 의기양양하게 먼저 형들에게, 그다음 아버지에게 그들 모두가 자기에게 '땅에 엎드려 절하는' 두 가지 꿈 이야기를 한다(10절). 셋째, 아버지는 오직 그에게만 채색옷을 만들어 줌으로써 눈에 띄게 그를 특별 대우한다(37:3). 요셉의 자유를 앗아 간 자기도취적 어리석음은 아버지가 세겜 근처에 나간 형들과 양 떼가 잘 있는지 보라고 그를 보냈을 때 그 옷을 입게 만들었다. 조엘 카민스키(Joel Kaminsky)는 이렇게 해설한다. "형제들은 받지 못한 장난감을 받은 아이들이 그러듯이, 〔요셉은〕 자기의 욕구 충족을 위해 형들 앞에서 자신의 총애받는 지위를 과시하고 있다."[22]

형들이 그를 노예로 팔아 버린 후, 그는 애굽에 가게 되었고, 잘생기고 재능 있던 그는 스스로 노력하여 그의 주인 보디발의 "집과 그의 모든 소유물을 주관하〔는〕" 집안 관리인이 된다(창 39:5). 그의 애굽인 주인과 내레이터는 모두 요셉의 성공의 이유를 하나님께 돌린다. 헬드는 요셉 자신은 "하나님에 대해 전혀 언급하지 않는다"라고 쓴다. "따라서 독자는 요셉이 '스스로 이 지위를 획득했고 자신의 카리스마가 편안한 삶을 사는 것 이상의 더 큰 목적을 위한 것은 아니라고 여기는지' 궁금해하게 된다."[23]

보디발의 아내와의 사건으로 부당하게 투옥된 후 일부 랍비 주석가들이 주장하듯이 그에게도 일말의 책임이 있을 수도 있지만[24]

그는 변화를 겪는다. 그는 감옥에서 꿈 해석가로 알려지게 되는데, 꿈을 해석하는 이는 자신이 아니라 하나님이라고 주장하며 관심을 자신에게서 하나님께로 돌린다. 바로 앞에 불려 나갔을 때도 마찬가지다. "내가 아니라 하나님께서 바로에게 편안한 대답을 하시리이다"(창 41:16). 그는 하나님을 자신의 능력과 성취의 근원으로 인식하는 듯하다. 몇 년 후, 야곱 가족을 기근에서 구하기 위해 애굽에 식량을 사러 온 형들에게 자신을 밝힐 때, 요셉은 그들이 자신을 노예로 파는 끔찍한 행위를 저질렀지만 "하나님이 생명을 구원하시려고 나를 당신들보다 먼저 보내셨나이다"라고 말한다(45:5). 자신을 내세우는 대신, 그는 이제 자신의 재능과 애굽으로의 여정을 하나님의 선물로 본다.

그러나 그는 바로의 신하로서 더 큰 권력과 부를 가차 없이 끝까지 추구한다. 하나님이 요셉을 통해 계시하신 대로 큰 기근이 닥쳤을 때, 그는 풍년 동안 저장한 식량을 고통받는 백성과 나누지 않는다. 그는 그것을 그들에게 팔아서 결국 바로를 위해 모든 땅과 모든 백성을 사들인다(47:20-23). 행정가로서의 영리함일지도 모르겠지만, 하나님의 길을 걷는 데서는 참담한 실패다.[25] 궁극적으로 요셉은 하나님의 선물을 사용하여 자신이 오를 수 있는 가장 높은 지위로 자신을 높였고, 대다수 백성에게 닥칠 끔찍한 결과는 고려하지 않은 채 가능한 한 최고로 강력해졌다. 레벤슨은 요셉의 성인기 삶의 거대한 아이러니를 다음과 같이 요약한다. "노예로 이집트에 끌려온 요셉이 이제 이집트를 노예로 만드는 자가 된다." 그리고 이집트만이 아니었다. 요셉을 알지 못하는 새 왕이 이집트에 일어났을 때(출 1:8), "이스라엘 집안은 다시 한번 노예화 과정의 희생자 쪽에 서게 되었다."[26] 우리는 요셉이, 결국 나타날 이 억압적인 정치 체제를 준비했다는 이야기를 듣게 된다. 그의 권력욕과 자기 고양은 야곱 후손들의 구원과 노예화를 위한 두 가지 길을 모두 예비했다.

―――――

"당신들은 나를 해하려 하였으나 하나님은 그것을 선으로 바꾸사 오늘과 같이 많은 백성의 생명을 구원하게 하시려 하셨나니 ……"(50:20). 창세기의 마지막 부분에서 요셉이 형들에게 한 이 말은 하나님의 섭리가 역사하고 있음을 가리킨다. 야곱의 후손들에 대한 하나님의 무조건적인 신실함에 바탕을 둔 이 섭리는 매릴린 로빈슨(Marilynne Robinson)이 *Reading Genesis*(창세기 읽기)에서 매우 설득력 있게 묘사했듯이, 창세기 전체의 두드러진 특징이다.[27] 하나님이 요셉의 형들의 잔인함을 그들을 구원하는 수단으로 바꾸셨듯이, 하나님은 개인의 운명, 가족사, 세상의 사건들을 이끄시며 모든 인류를 향한 그의 의도를 성취해 나가신다. 우리가 창세기에서 그토록 자주 마주치는 우월성 추구라는 악덕에 대해서도 상당한 정도로 같은 말을 할 수 있다. 동생을 죽여 자신의 우월한 지위를 다시 주장하려 했던 가인, 하늘에 닿기를 시도했던 바벨탑 건축자들, 하갈의 후손보다 자기 후손의 우위를 지키려 했던 사라, 그리고 형들보다 우위를 차지하려 했던 야곱과 요셉에 이르기까지 인간의 우월성 추구도 하나님의 목적 안에 통합된다.

우리는 창세기에서 하나님의 섭리가 근대 경제에서 애덤 스미스(Adam Smith)가 말한 "보이지 않는 손"과 동일한 기능을 수행한다고 생각하려는 유혹을 받을 수 있다. 즉 그런 손이 이기심, 교만, 우월성 추구 같은 사적인 악덕을 문명 발전에 연료를 공급하는 공공재로 변형시킨다는 생각이다. 도스토예프스키(Dostoevsky)의 《죄와 벌》(*Crime and Punishment*)에 나오는 표트르 페트로비치는 이런 생각을 대중적으로 단순화한 사례를 잘 보여 준다. 나는 "오로지 나 자신만을 위해" 얻으며 "바로 그렇게 함으로써 나는 모두를 위해 얻고 있다."[28] 이 조잡한 생각은 또한 '보이지 않는 손'이라는 아이디어가 가져온 중요하지만 의심스러운 변화를 보여 준다. 이는 우리가 더 이상 자기 이익과 우월성 추구를 아예 악덕으로 생각하지 않게 되었다는 점이다. 많은 이들에게 그것들은 미덕이 되었거나, 아니면 그냥 우리 인간이 당연히 하는 일이 되었다. 과거의 악덕이 미덕으로 전환되는 이런 과정은 인간 기원에 대한 진화론적 설명으로 도움을 받았는데, 이 설명에서는 자기 이익과 개인 및 집단의 경쟁이 발전의 필수적인 동인이다. 자기 이익을 추구하고 경쟁하는 것이 우리 인간이 하는 일이며, 그 과정에서 우리가 협력할 때 그 협력을 '이타주의'라고 부른다.[29]

이와 대조적으로, 창세기는 바로 그 책을 만들어 낸 백성의 조상들 이야기이자 그들의 토대가 되는 이야기를 전하면서, 그들의 삶에 대한 기록을 전혀 미화하지 않는다. 창세기는 그들의 악덕을 미덕으로 바꾸거나 혹은 시야에서 감추려는 유혹에 저항한다. 그러나 동시에 창세기는 하나님의 의도가 불완전하고 부패한 인간들을 통해서뿐만 아니라, 바로 그들의 도덕적 실패를 통해서도 성취되고 있었다고 주장한다. 창세기는 에서를 속여 장자의 명분과 축복을 빼앗은 야곱을 정죄하며, 동시에 그가 이스라엘 백성의 조상이 되는 과정에서, 심지어 그의 죄악된 계획들의 도움을 받아서라도 하나님이 역사하고 계심을 본다. 창세기는 요셉의 평생에 걸친 자기도취적인 우월성 추구를 정죄하며, 동시에 정죄하는 바로 그 추구가 이스라엘을 구원하는 수단이 되었음을 인식한다. 어느 속담처럼, 하나님은 구불구불한 선을 가지고도 곧게 글 쓰는 방법을 아신다. 그러나 구불구불한 선으로 곧게 쓰시는 하나님의 행위가 그 선들을 '곧게 펴는' 것은 아니다. 이는 역사 속 악들에서 나온 선들에 호소함으로써 그 악들을 정당화하지 않는다.

    우리는 창세기의 선례를 따르는 것이 좋을 것이다. 우리는 우월성 추구가 중요한 선들을 가져올 수 있다는 점과 동시에 그러한 추구가 잘못되었으며 심각한 해를 끼친다는 점을 모두 인식해야 한다. 왜냐하면 만약 우리가 우월성 추구의 악들을 가린다면, 우리는 결코 그것을 버리고 다른 종류의 추구를 선호할 수 없을 것이기 때문이다. 우월성 추구가 지닌 모든 폐해에 짓눌리지 않으면서도 진정한 진보를 이끌 수 있는 추구는, 바로 하나님이 주신 우리의 인간성에 합당한 목적들에 의해 정의되는 탁월성 추구다.

결론_

우월성 추구에 반대하는
24가지 논제

돌아보기: 이 책은 무엇에 관한 것이었나?

1. 우월성 추구는 다른 누군가보다 더 나아지려는 추구이며, 일반적으로 다른 이들에게 더 낫다고 인정받으려는 추구다. 우월성 추구는 탁월성 추구와 다르다. 탁월성 추구에서 사람은 다른 사람과의 비교와 무관하게 어떤 선을 성취하려고 노력한다. (이 구별에 대해서는 1장을 보라.)
2. 우월성 추구는 많은 긍정적인 효과를 가져올 수 있고, 또 실제로 가져왔다. 우리는 과학, 예술, 스포츠, 경제 등 인간 노력의 모든 분야에서 이루어진 많은 놀라운 발전을, 적어도 부분적으로는 이 추구 덕분으로 여긴다. 그럼에도 우월성 추구는 악덕이다. 이는 추구하는 자 자신에게, 그들의 가까운 주변 환경에, 그리고 세계 전체에 도덕적인 문제를 일으킨다. (1장에서

살펴본 루소의 우월성 추구에 대한 양가감정은 중요한 교훈을 준다.)

3. 우월성 추구는 그 강도 면에서 단계가 존재한다. 우리가 스스로 관찰하며 억제하거나 극복할 수 있는 경향들에서부터, 우리 자신을 내맡기게 되어 결국 우리를 사로잡아 버리는 모든 것을 집어삼키는 오만한 열정에 이르기까지 다양하다. 우월성 추구는 대부분의 다른 가치들, 극단적인 경우 모든 가치들을 종속시키는 지배적인 가치가 될 때 최악이 된다. 그러면 이는 거의 치유 불가능한 악덕이 된다. (밀턴의 사탄이 대표적인 예다.)

4. 우월성 추구는 항상 개인의 추구지만, 동시에 이는 본질적으로 사회적인 악덕이다. 정의상 이는 한 사람이 능가할 수 있는 다른 사람들이 필요하다. 또한 대부분 제3자의 존재, 즉 그들의 시선, 평가, 공적인 인정을 먹고 자란다. 인정은 공통의 공적 준거들에 의존하므로, 우월성 추구는 '다른 누군가보다 더 나은 것'이 중요한 가치가 되는 공유된 가치 체계를 전제한다. (토니 모리슨의 피콜라의 경우에서 미의 기준이나 바울이 말한 '인간적인 기준들에 따른' 삶의 비전을 생각해 보라.)

5. 사람들은 종종 다른 사람의 우월성 추구에 끌려 들어간다. 매력을 느끼거나, 유혹당하거나, 때로는 강요당하면서 그것의 일부가 된다. 어떤 식으로든 특정 인물이 지녔다고 여겨지는 우월함은 결국 다른 이들이 우월성 추구 과정의 일부로 통합된다. 예를 들어, 부모는 동료들보다 우월해지려는 자신의 욕

구를 만족시키려고 자녀가 학업이나 운동에서 우월성을 추구하도록 압박할 수 있다. 또는 우월하다고 여겨지는 정치 지도자(종종 자신의 우월성을 과장하는)를 열렬히 지지하는 행위가 소외되고 열등하다고 느끼는 시민들에게는 자신의 지위를 강화하는 수단일 수도 있다. (하나님과의 우월성 경쟁에서 이기기 위해 인간에게 파멸을 가져온 사탄의 경우를 보라.)

우월함과 열등함

6. 우월성 추구가 문제인 많은 경우는 내가 어떤 것에서 남보다 더 낫다는 것이 내가 그 사람보다 인간으로서 더 낫다는 의미로 이해되는 경향 때문이다. 개인적 우월감 배후의 암묵적인 가정은 한 사람이 그의 성취와 소유물의 총합이며, 사람은 자기 자신의 창조물이라는 생각이다. 즉 성취와 소유물이 바로 그들이 누구인지를 말해 주며, 따라서 한 인간으로서 그들의 가치를 재는 척도가 된다. (밀턴의 사탄이 자기가 스스로 창조되었다고 주장하는 것을 보라.)

7. 역사를 통틀어, 아마도 오늘날에는 특히 많은 이들이 우월성 추구가 추구하는 그 자아를 고양시킨다고 믿는다. 이는 어느 정도 자아를 고양시키기는 하지만, 그 대가 또한 상당하다. 우월성 추구는 그 자아를 높임으로써 동시에 그 자아를 평가

절하한다. 왜냐하면 그 자아가 어디에나 있는 잠재적 경쟁자들에 미치거나 그들을 능가하지 못한다면, 자신을 받아들이고 사랑하기를 거부하게 되며, 처음부터 자신은 열등한 존재라고 여기게 되기 때문이다. (밀턴의 사탄의 자기혐오와 소셜 미디어에서의 비교가 아동과 청소년에게 끼치는 해악을 생각해 보라. 1장을 보라.)

8. 우월해지려는 욕망과 열등감의 고통 중 어느 것이 먼저 오는지를 판단하는 것은 불필요하며, 어쩌면 가능하지 않을 수도 있다. 이 둘은 대부분 함께 간다. 지속적인 우월성 추구는 열등감의 고통을 연료로 삼는다. 동시에 성공적인 우월성 추구 뒤에는 새로운 열등감에서 오는 실망이 따른다. (키르케고르의 작은 백합의 추구에서 낙담의 역할과 그 추구의 결과를 보라.)

9. 우월성 추구는 패배한 상대를 열등하게 만듦으로써 추구하는 자 자신의 열등감에서 오는 고통을 덜어 준다. 이는 본질적으로 두 경쟁자의 위치를 교환하는 것이다. 우월성 추구는 열등감의 고통을 다른 이에게 떠넘기려는 시도다. 따라서 이는 열등감 문제를 해결하기보다는 다른 곳으로 옮겨 놓을 뿐이다. (밀턴의 사탄은 이에 관해서도 대표적인 예이다.)

10. 만약 성공한다면, 우월성 추구는 추구하는 자에게 뛰어나다는 느낌을 줌으로써 그의 열등감을 해소하고 자기 가치를 증가시키는 것처럼 보일 수 있다. 그러나 이런 방식으로 성취된 자기 가치감은 매우 취약하며, 항상 끌어내려질 위험에 노출

되어 있다. 자기 가치는 그것이 경쟁 관계에서 비롯되지 않을 때, 모든 비교 이전에 확립될 때에만 안전하게 확보될 수 있다. (키르케고르는 만약 백합이 자신이 아름다움과 상관없이 사랑받는 것이 아니라 아름다움 때문에 사랑받는다고 생각한다면 시들 것이라고 주장한다.)

11. 우월성 추구의 추한 이면은 우리가 종종 상대방의 노력을 방해함으로써 그들을 이기려 한다는 것이다. 나는 단지 나 자신을 향상시키는 것뿐만 아니라 경쟁자들을 깎아내림으로써 그들보다 우월해질 수 있다. (그것이 하나님께 반역하고 아담과 하와와 그리스도를 유혹하는 밀턴의 사탄이 목표로 삼았던 것이다.)

우월성 추구의 부담

12. 우월성 추구는 특정한 대상, 자질 또는 최종 목적지와 관련된 것이 아니라, 다른 사람들의 성취라는 움직이는 목표를 능가하는 것에 관련되어 있기에 결코 멈추지 않는다. 우리가 성취하는 우월성은 매우 힘들게 얻지만 오래가지는 못한다. 더욱이 우월성을 추구할 때 우리는 우월해지기 위해서뿐만 아니라 우월함을 유지하기 위해서도 애써야 한다. 우리는 언제든 뒤처질 수 있고, 다른 이들이 우리를 따라잡고 추월할 수도 있다. 우리가 아무리 우월해지더라도 열등함의 위협은 늘 주위

에 존재한다. 〔역대 최고의 선수(GOAT)도 단 한 시즌에서만 최고일 수 있다.〕

13. 우리는 우월성 추구를 자유의 실현, 곧 주권을 가진 개인이 최고가 되기 위해 위로 나아가는 것으로 생각하는 경향이 있다. 그러나 다른 사람을 이기는 것이 가장 중요하거나 지배적인 가치가 될 때, 우월성 추구는 강박으로 변한다. 열등감의 고통은 견디기가 너무나 힘들어서, 우리는 우울증에 빠지지 않기 위해, 우리가 패배시킨 자들의 모습에서 벗어나 안도하기 위해, 위로 올라가야만 한다. (밀턴의 사탄은 자신이 이길 수 없다는 걸 알면서도 그 지식을 억누르며 하나님과 전쟁을 벌인다.)

14. 고정된 목적지나 한계가 보이지 않는 우월성 추구에 사로잡힌 우리는 삶에서 만족감을 추방해 버렸다. 불안한 마음으로, 변화, 움직임, 성장(또는 적어도 성장의 외양)을 사랑하고 기뻐하는 데는 익숙하지만, 우리의 과거와 우리가 가졌던 것, 우리의 현재와 우리가 가지고 있는 것, 그리고 우리가 되어야 할 미래를 사랑하고 기뻐하는 것은 어렵다고 느낀다. 우월성을 향한 모색은 미래에 대해 거의 항상 거짓 약속을 제시하며, 그 결과 우리를 실망의 덫에 걸리게 만든다. (키르케고르의 작은 백합이 가장 생생한 예다.)

우월성, 진리, 그리고 선함

15. 우월성에 대한 대부분의 주장은 거짓에 근거한다. 나의 성취는 그 어떤 것도 대부분 나 자신 것만은 아니며, 나의 기여를 다른 많은 이들의 기여와 분리하는 것은 불가능하다. 내가 어떤 면에서 다른 사람보다 우월함이 증명되었다 하더라도, 내가 그 우월성의 유일한 원인인지 제대로 확인하고 그 공을 나 자신에게 돌리는 것은 결코 가능하지 않다. (바울은 이것을 나 자신이나 다른 사람에 대한 비교 판단이 불충분할 수밖에 없는 중요한 이유로 본다.)

16. 우월성을 추구하는 자들은 종종 경쟁자들과 맞서는 무기로 거짓을 이용한다. 때로는 그들이 자신과 타인에 대해 진실이라고 생각하는 것조차 사실은 진실의 왜곡이거나 부인이다. 나의 우월성에 대한 인정을 추구하고 열등하다는 수치를 회피하면서, 나는 나의 성취는 과장하고 다른 사람들의 성취는 깎아내린다. 나의 성취에 대한 주장 자체가 이미 부분적으로 거짓에 근거함에도(논제 15에서 언급했듯이), 거짓말과 허위는 다른 사람들의 인식 속에서 나의 실제 성취만으로는 도달할 수 없는 수준까지 나를 더 높이 끌어올린다. (우월성 추구에서 거짓의 역할에 관해서는 밀턴의 사탄을 생각해 보라.)

17. 다른 사람보다 우월하다는 것이 지배적인 가치가 될 때, 우월성 추구는 많은 진정한 선들의 가치를 비워 버린다. 그러면

그 선들의 가치는 추구하는 자의 우월성에 기여하는 정도에 따라 평가된다. 모든 선은 그 자체로 가치 있거나 심지어 거룩할지라도, 도구적 가치만을 지니게 된다. (이것은 바울이 하나님의 율법을 자신의 우월한 자기 의의 도구로 사용함으로써 그 가치를 배설물과 같은 것으로 만들어 버린 것, 또는 키르케고르의 작은 백합이 솔로몬의 영광보다 더 나았던 자신의 아름다움을 쓰레기 취급한 것에서 얻는 한 가지 교훈이다.) 만약 내가 어떤 좋은 것을 얻었으나 나의 경쟁자가 더 좋은 것을 획득하고 더 많은 것을 성취함으로써 그 좋은 것이 나의 열등함을 표시하는 것이 된다면, 바로 그 사실 때문에 내 눈에는 그 좋은 것이 단지 나의 목적에 실패를 가져다준 것으로 평가절하될 것이다. 반대로, 만약 진정한 선이 나의 경쟁자를 우월하게 만든다면, 내가 그 선을 기뻐하기는 어렵거나 때로는 불가능할 것이다. (밀턴의 사탄은 새로 창조된 땅을 보면서 그 아름다움이 주는 모든 "기쁨" 속에서도 "기쁨을 느끼지 않는다.")

18. 우월성 추구가 촉발하는 열등감은 생물권에 파괴적인 결과를 가져왔다. 사회적 위계를 오르기 위해 우리는 우리를 뒤처지게 하는 모든 것 - 작년의 패션 아이템이나 2년 된 스마트폰 - 을 내다 버리고 우리의 지위를 높여 주는 새로운 것들을 획득하는 낭비적인 순환에 들어선다. 그 과정에서 우리는 우리의 집인 이 행성을 쓰레기 취급한다. 혁신을 가속하는 우월성 추구는 우리로 하여금 많은 비경쟁적인 선들-"숲의 보석"인 카

홀리 나무 달팽이 같은 것들-을 보지 못하게 할 뿐만 아니라, 우리를 그것들을 적극적으로 파괴하는 행위자들로 만든다.

19. 우월성 추구는 개인들의 특수성을 지우는 경향이 있다. 우월성을 추구하는 자는 대부분 단일한 가치 척도, 가령 단일한 종류의 아름다움, 단일한 종류의 지능, 단일한 성공의 척도 등으로 비교하며, 그런 다음 다른 사람보다 그 가치의 더 높은 형태를 구현하려 한다. 그 과정에서 우리는 우리 자신만의 고유한 인간으로서의 존재 방식, 즉 우리에게 고유하게 적합한 종류의 아름다움, 지능, 성공을 저버린다. 우월성을 추구하는 자는 순위 매기기에 몰두하는 동안, 자신이 인간이라는 순전한 사실이 지닌 영광에 대한 감각을 잃어버린다. 우월성을 추구하면서, 우리는 '살해당하고' '죽게' 되는데, 우리를 죽이는 것은 그런 문화와 구조에 의해 끔찍한 행위를 하도록 내몰린 우리 자신의 손이다. (키르케고르는 우리의 고유성과 공동의 인간성이 모두 위험에 처했다고 강조한다.)

우월함과 열등함을 넘어서

20. '죽지' 않기 위해서, 진정한 자유 속에서 기쁨을 누리며 살기 위해, 우리는 우월성 추구를 포기해야만 한다. 우리 각자는 단지 인간이라는 사실만으로도 영광스럽다. 하나님은 우리

각 사람을 인류의 고유한 표본으로 존재하게 하심으로써 각 사람에게 존재와 영광을 주신다. 다른 사람들이 우리를 깨뜨리고 우리가 우월성 추구나 다른 방식으로 우리 자신을 깨뜨릴 때, 하나님은 우리를 "새로운 피조물"로 만들겠다고 약속하신다. 우리가 깨어졌든 온전하든 하나님이 우리에게 가치를 부여하시고 우리 곁에 서시기에, 우리의 영광은 우리가 자신을 영광스럽게 만들기 위해 할 수 있는 어떤 것보다 더 크다. (그것이 바울, 밀턴, 그리고 키르케고르의 핵심 신념이며, 그들 사상적 건축물 전체의 기초다.)

21. 공동체 안에서 어떤 사람의 지위는 다른 누군가의 지위와 정확히 동등하다. 우월하거나 열등한 구성원은 없다. 우월하거나 열등한 가치나 지위는 사회적 허구다. 이는 매우 강력하게 매력적이고 매우 파괴적인 허구지만, 그럼에도 불구하고 허구다. (바울은 이 점을 명확히 말하고, 키르케고르도 단호하게 주장한다.)

22. 하나님이 주신 우리의 영광은 이미 도달한 목적지이며 또 시작된 여정이다. 이는 하나님의 고유하고 대체 불가능한 피조물로서 우리 자신의 특별한 영광을 살아가고 세상에 구현하라는, 우리 존재 자체를 향한 부르심이다. 이는 추구를 향한, 심지어 열심을 향한 초대다. 그러나 이 추구에서는 우리가 다른 사람들과 비교하여 어떤지는 중요하지 않다. 다른 사람들은 우리의 척도가 아니다. 하지만 그들이 우리의 영감이나 경

고가 될 수는 있다. 탁월성의 척도는 예수 그리스도시다. 그리고 그는 또한 우리의 미래의 탁월성을 보증하는 분이시다(이 점은 바울, 밀턴, 키르케고르가 주장하는 점이다).

23. 신약성경의 가장 혁명적인 명령 중 하나는(그리고 그리스도를 따르는 자들이 열망해야 할 탁월성의 핵심적인 측면은) 공동체의 각 사람이 다른 모든 사람을 마치 자신보다 우월한 것처럼, 성취에서가 아니라 중요성에서 우월한 것처럼 대해야 한다는 것이다. 이 명령에 대한 순종은 아마도 우월성 추구와 그 결과로 나타나는 명예의 위계질서들을 전복시키는 가장 좋은 방법일 것이다. 이 위계질서들은 모두 절대적인 차이보다는 상대적인 차이에 더 의존하기 때문이다.

24. 다른 사람들을 우리보다 우월한 존재처럼 대하는 실천은 단순히 급진적인 사회 변화를 위한 전략 이상의 의미를 지닌다. 그것은 '만물이 주에게서 나오고 주로 말미암고 그를 위하여 있는'(롬 11:36) 바로 그 하나님의 성품 자체를 반영한다. 니케아 신경이 말하듯이, 예수 그리스도 안에서, "만물이 다 그로 말미암아 지은 바 된" 그분이 "내려오사" 종이 되셨고, 심지어 가장 비천한 인간들의 종이 되셔서 그들 모두를 그분 자신의 영광으로 높이셨다.

주

서문

1. Taylor, *Cosmic Connections*, 572.

PART 1

1 "솔로몬이여, 내가 그대를 능가했노라!"

1. 간략한 역사적 개관은 Ousterhout, *Eastern Medieval Architecture*, 9장을 보라. 이 자료와 이 절의 다른 여러 자료를 알려 준 바실레이오스 마리니스(Vasileios Marinis)에게 감사한다.
2. Harrison, "Church of St. Polyeuktos," 279.
3. 같은 글, 278.
4. Bardill, "New Temple for Byzantium," 343.
5. McClanan, *Representations of Early Byzantine Empresses*, 94-98.
6. 같은 책, 96-97.
7. Barker, *Justinian and the Later Roman Empire*, 183.

8. Schibille, *Hagia Sophia*, 124-28. 이 참고문헌은 펠리시티 할리-맥고언(Felicity Harley-McGowan)에게 빚졌다. 또한 Ousterhout, *Eastern Medieval Architecture*, 206을 보라.

9. Paul the Silentiary, "Description of Hagia Sophia," in Bell, *Three Political Voices*, 197.

10. Ousterhout, *Eastern Medieval Architecture*, 203, 207-8.

11. 같은 책, 210.

12. 거의 900년 후인 1453년 술탄 메흐메트 2세(Sultan Mehmet II)가 콘스탄티노플을 정복했을 때, 그는 하기아 소피아를 모스크로 바꾸었고, 짧은 중단 기간을 제외하고는 오늘날까지 모스크로 남아 있다. 성당으로서 하기아 소피아는 이슬람의 위대함에 의문을 제기했다. 1616년 술탄 아흐메트 1세(Sultan Ahmed I)는 하기아 소피아를 압도하기 위해 그 맞은편에 웅장한 블루 모스크를 세웠다. (하기아 소피아를 모스크로 유지하는 것의 법적 타당성에 대해서는 "Hagia Sophia Case"를 보라.)

13. 바울의 십자가 신학, 즉 미래의 영광을 향한 순례 여정에서 "말이나 지혜의 탁월함"에 대한 그의 저항을 하기아 소피아의 장엄함과 정확히 어떻게 조화시킬 것인가 하는 질문은 여전히 남는다. 4장을 보라.

14. Frías, "Games as Windows and Remedies"를 보라.

15. Sandel, *Tyranny of Merit*, 71에서 재인용. 마이클 샌델, 《공정하다는 착각》(와이즈베리 역간).

16. Wallace, *This Is Water*, 3-4. 데이비드 포스터 월리스, 《이것은 물이다》(나무생각 역간).

17. Nietzsche, "Homer's Contest," in *On the Genealogy of Morality*, 189-90에서 재인용. 니체, 《도덕의 계보》(아카넷 역간).

18. 아모르 프로프르(*amour propre*)의 위험성을 강조하는 보다 전통적인 견해는 Charvet, *Social Problem in the Philosophy of Jean-Jacques Rousseau*를 보라. 그것의 건설적인 발현 가능성을 강조하는 수정주의적 견해는 Neuhouser, *Rousseau's Theodicy of Self-Love*를 보라.

19. Bertram, "Jean-Jacques Rousseau."

20. Rousseau, "Discourse on the Origin and the Foundation of Inequality among Men or Second Discourse," 224 (이하, Second Discourse). 장 자크 루소, 《인간 불평등 기원론》(돋을새김 역간).

21. 같은 책, 170.

22. 루소의 영향을 받았지만, 악에 대한 인간의 소질(predisposition)과 성향(propensity)을 구별하는 보다 정교한 인간학을 바탕으로, 임마누엘 칸트(Immanuel Kant)는 비록 그가 강조하는 바는 아니지만 질투-그리고 그 결과로 나타나는 우월성 추구-의 기원을 다른 인간 존재가 있다는 사실에서 찾는다. 이는 다른 사람들을 잘못된 길로 이끄는 나쁜 본보기가 있어서가 아니라 단순히 그들의 존재 자체 때문이다. 칸트는 인간의 필요는 "제한적이며, 그것을 충족시키는 그의 마음 상태는 온건하고 평온하다"고 생각한다. 그러나 다른 사람들의 존재는 불만을 야기한다. "그가 가난한 (또는 스스로 그렇다고 여기는) 것은 오직 다른 인간들이 그를 가난하다고 여기고 그로 인해 그를 경멸할까 봐 불안해하는 정도만큼이다." Kant, *Religion within the Boundaries of Mere Reason*, 105. 임마누엘 칸트, 《이성의 한계 안에서의 종교》(아카넷 역간).

23. Rousseau, *Second Discourse*, 170.

24. 같은 책, 189.

25. 같은 곳(강조 표시는 필자가 한 것).

26. 같은 책, 171.

27. Meier, "Rousseaus Disckurs über den Ursprung," lxv, lxxin72.

28. Rousseau, *Second Discourse*, 192-93.

29. Smith, *Theory of Moral Sentiments*, 57-58. 애덤 스미스, 《도덕 감정론》(한길사 역간).

30. 다른 동물들과 달리, 인간은 "선두가 되는 것 외에는 다른 목표도, 다른 화환도 없다." Hobbes, *Elements of Law*, 36, 47. 토머스 홉스, 《법의 기초》(아카넷 역간).

31. Rosa, *Resonance*, 1. *Resonance* 첫 페이지에서 그는 *Social Acceleration*에서의 주장을 다음과 같이 요약한다: 경제, 정치, 과학, 예술 등에서 "근대성의 사회적 형성"은 "역동적으로 진행하는 방식 외에는 스스로를 안정화시킬 수 없다. …… (그것은) 영원히 확장하고, 성장하고, 혁신해야 하며, 생산과 소비뿐만 아니라 연결을 위한 선택지와 기회도 증가시켜야 한다." 하르트무트 로자, 《공명 사회》(니케북스).

32. 플라톤 역시 인간의 욕망, 특히 부자가 되고자 하는 욕망은 "만족할 줄 모른다"라고 믿었다. Plato, *Republic* 555b, in *Plato: Complete Works*, 1166. 플라톤, 《국가》(현대지성 역간).

33. Galbraith, *Affluent Society*, 155, 153. 존 케네스 갤브레이스, 《풍요한 사회》(한국경제신문사 역간).

34. Ehrenberg, *Weariness of the Self*. 한병철이 지적했듯이, 에렌버그는 우울증의 구조적 원인, 남보다 나아져야 한다는 경제적 압박, 그리고 우울증에 대처할 자원을 빼앗는 사회적 파편화의 원인을 간과한다. Han, *Burnout Society*, 9-11. 한병철, 《피로

사회》(문학과지성사 역간).

35. 이 절은 테일러 크레이그(Taylor Craig)가 초안을 작성했다.

36. US Surgeon's General Advisory, *Social Media and Youth Mental Health*.

37. 같은 책, 8.

38. Luthar and Kumar, "Youth in High-Achieving Schools," 441.

39. 같은 글, 441.

40. Sandel, *Tyranny of Merit*, 7.

41. 같은 책, 10-11.

42. 보고서는 Kavanagh and Rich, *Truth Decay*를 보라. 뉴스 보도는 Jennifer Kavanagh and Michael D. Rich, "The 'Truth Decay' Research That Made Obama's Reading List," CNN, 2018. 6. 21, https://www.cnn.com/2018/06/19/opinions/truth-decay-opinion-rich-kavanagh/index.html을 보라.

43. Kavanagh and Rich, *Truth Decay*, iii.

44. Janezic and Gallego, "Eliciting Preferences for Truth-Telling."

45. Rousseau, *Second Discourse*, 170.

46. 우월성 추구의 가능한 진화론적 토대에 대한 논의는 예를 들어, Chapais, "Competence and the Evolutionary Origins of Status"; and Cheng, Tracy, and Henrich, "Pride, Personality, and the Evolutionary Foundations"를 보라.

47. 탁월함 추구가 더 나빠지지 않으려는 노력의 형태를 띨 수 있다는 아이디어는 라이언 맥애널리-린츠(Ryan McAnnally-Linz)에게서 빚졌다.

48. 알프레드 아들러(Alfred Adler)의 심리학에서 우월성 추구는 결정적인 역할을 한다. 그러나 그는 내가 '탁월함 추구'라고 부르는 것을 지칭하기 위해 '우월성 추구'를 사용한다. 그에게 있어 이것은 인간 행동의 근본적인 동인이며, 개인이 자신의 '자아 이상'을 실현하는 방식이다: "우월성 추구는 결코 멈추지 않는다. 이는 사실상 개인의 마음, 정신을 구성한다. 우리가 말했듯이, 삶은 목표나 형태의 달성이며, 형태의 달성을 작동시키는 것은 바로 우월성 추구다"(Adler, *Best of Alfred Adler*, 334). 아들러가 이해하는 우월성 추구는 경쟁적 행동으로 표현될 수 있지만, 나와 달리 그에게는 본질적으로 다른 사람보다 '더 나아지려는' 추구가 아니다. 둘째 자녀의 삶에서처럼 경쟁이 포함될 때, 그는 그것을 "압력을 받는" 우월성 추구라고 묘사한다(164). 그에게 우월성 추구는 나처럼 다른 사람을 능가하는 것이 아니라, 결핍감을 극복하고, 인식된 삶의 처지를 개선하며, 자아 이상에 더 가까워지는 것에 관한 것이다. 따라서 이는 열등감이 보편적인 것처럼 "보편적"이다(325). 나는 아들러보다 더 제한적인 의미로 이 구절을 사용

한다.

49. 탁월함을 추구하다 보면 실제로 최고가 될 수도 있다. 비즈니스에 대해서는 Walter, "Case against Competing"에서 워렌 버핏(Warren Buffett)의 사례를 보라. 스포츠에 대해서는 Hawkins, "Pusillanimity, Superiority, Magnanimity, Haecceity"를 보라.

50. 이 문장들은 이 글의 초기 버전에 대한 Frías, "Games as Windows and Remedies"의 논평을 수정한 것이다.

51. 2024년 하계 올림픽의 예시는 Brad Stulberg, "What the Olympics Can Teach Us about Excellence," 〈뉴욕 타임스〉(New York Times), 2024. 8. 11, https://www.nytimes.com/2024/08/09/opinion/paris-olympics-gold-excellence.html을 보라.

52. 이 표현은 테일러 크레이그에게 빚졌다.

53. 약간의 변경과 함께, 이 표현은 Soulen, untitled paper, 1에서 가져왔다.

54. Stephen L. Darwall, "Two Kinds of Respect," *Ethics* 88, no. 1 (1977): 36-49.

55. Smith, *Theory of Moral Sentiments*, 58.

56. Cortina, *Aporophobia*를 보라. 아델라 코르티나, 《가난포비아》(북하이브 역간).

57. 이 절은 테일러 크레이그가 초안을 작성했다.

58. 이 절은 테일러 크레이그가 초안을 작성했다.

59. 여러 주석가들은 《실낙원》과 《복낙원》 연작을 아들의 겸손과 사탄의 교만의 근본적인 대조로 읽어 왔다. 《실낙원》 3.303-322은 빌립보서 2장의 카르멘 크리스티(그리스도 찬가)를 지속적이고 직접적으로 언급한다. 이 부분은 아버지와 아들이 합의한 구속 계획을 제시하므로 시 전체 구조의 기초가 되는 본문이다. 또한 성육신에서의 그리스도의 겸손은 천사들의 왕으로서 그들과 함께 헤아림을 받는 그의 겸손(5.843)에 의해 예표된다. 따라서 사탄의 교만한 반란을 촉발하는 것은 실제로는 신적 겸손의 움직임이다. Barnaby, "Form of a Servant"; Labriola, "'Thy Humiliation Shall Exalt'"; Hunter, "Milton on the Exaltation of the Son"; 그리고 Johnston, "Milton on the Doctrine of the Atonement"를 보라. 이러한 참고문헌 중 일부를 알려 주고 3.303-322가 《실낙원》과 그 구조에 절대적으로 중심적"이라는 자신의 의견을 덧붙여 준 필리포 팔코네(Filippo Falcone)에게 감사한다(2023. 11. 27. 개인 서신).

60. Kierkegaard, *Upbuilding Discourses*, 169.

61. Kierkegaard, *Philosophical Fragments*, 42.

2 비교의 불안, 내 영혼을 마르게 하는 독

1. Kierkegaard, *Upbuilding Discourses*, 169.
2. 같은 책, 167, 168, 169.
3. Löwith, *Von Hegel zu Nietzsche*, 125-30.
4. Kierkegaard, *Works of Love*, 70. 쇠렌 키르케고르, 《사랑의 실천》(카리스아카데미 역간).
5. 같은 곳.
6. Kierkegaard, *Upbuilding Discourses*, 167, 169를 보라.
7. 키르케고르가 거부하는 입장과 유사한 입장을 옹호하는 현대의 주창자에 대해서는 Alain de Benoist, *On Being a Pagan*을 보라.
8. Kierkegaard, *Upbuilding Discourses*, 69.
9. Kierkegaard, *Works of Love*, 67.
10. 특히 그의 *Works of Love*를 보라. 키르케고르는 1847년 9월에 *Works of Love*를 완성했다. 그가 백합과 새를 사용하여 비교의 염려를 논하는 *Upbuilding Discourses*는 6개월 전(1847년 3월)에 쓰였고, 비천함의 염려와 고귀함의 염려를 논하는 *Christian Discourses*는 *Works of Love* 이후 7개월(1848년 4월)에 쓰였다. 세 권 모두 자신의 이름으로 출판되었는데, 이는 그가 그 내용에 전적으로 동의했음을 나타낸다.
11. 루소와 달리, 키르케고르는 여기서 우월성 추구에 대한 발생적 설명을 제공하지 않는다. 그는 우월성 추구를 하나님과 이웃에게 죄를 짓는 널리 퍼진 방식으로 분석하고 있다.
12. Kierkegaard, *Upbuilding Discourses*, 165.
13. 같은 책, 169.
14. 같은 책, 161.
15. Kierkegaard, *Works of Love*, 69.
16. Löwith, *Von Hegel zu Nietzsche*, 175를 보라.
17. Kierkegaard, *Upbuilding Discourses*, 189.
18. 같은 책, 171.
19. 같은 책, 189.
20. 같은 책, 179.
21. 같은 책, 165.
22. Kierkegaard, *Christian Discourses*, 40.

23. Kierkegaard, *Upbuilding Discourses*, 165.
24. Kierkegaard, *Sickness unto Death*, 13-14(강조 표시는 필자가 한 것). 쇠렌 키르케고르, 《죽음에 이르는 병》(세창출판사 역간).
25. 같은 책, 14.
26. 같은 책, 15.
27. 같은 책, 14.
28. Kierkegaard, *Works of Love*, 71. 또한 Kierkegaard, *Upbuilding Discourses*, 171을 보라: "인간이 된다는 것은 다양성보다 낮은 것이 아니라 그것들 위에 높이 올려져 있다. 왜냐하면 모든 인간에게 본질적으로 동등하게 주어진 영광이야말로 …… 사랑스러움 안에서 그들이 평등하다는 근거가 되기 때문이다."
29. Kierkegaard, *Christian Discourses*, 58.
30. Morrison, *Bluest Eye*. '인종적 자기혐오'(racial self-loathing)라는 용어는 모리슨의 것이다. 그녀는 처음 출판 후 20년 이상이 지난 1993년, 이 책의 서문에서 피콜라에 대해 이 용어를 사용한다(xi). 토니 모리슨, 《가장 푸른 눈》(문학동네 역간).
31. Kierkegaard, *Christian Discourses*, 58.
32. Simmel, *Schriften zur Soziologie*, 171.
33. Kierkegaard, *Christian Discourses*, 37-38.
34. Kierkegaard, *Works of Love*, 71.
35. Kierkegaard, *Christian Discourses*, 37-38.
36. 같은 책, 38.
37. Kierkegaard, *Philosophical Fragments*, 36-37.
38. 고귀함에 대한 염려에 대해서는 Kierkegaard, *Christian Discourses*, 48-59를 보라.
39. Kierkegaard, *Sickness unto Death*, 14.
40. Lippitt and Evans, "Søren Kierkegaard"에서 저자들은 키르케고르에게 자아는 "일종의 형이상학적 실체라기보다는 오히려 성취, 추구해야 할 목표에 더 가깝다"고 지적한다(단락 2). 이 문장의 부정 부분은 옳지만, 그것이 성취라고 긍정하는 부분은 "더 가깝다"는 수식어가 붙더라도 오해의 소지가 있다. 나는 이것이 키르케고르에게 가장 중요한 점, 즉 하나님이 자아를 정립하시는 힘이시며 자아의 성취는 무엇보다도 정립된 그 현실 안에 "투명하게 머무르는 것"과 그 안식으로 인해 자유롭게 행동하는 것이라는 점을 가린다고 생각한다.
41. Kierkegaard, *Christian Discourses*, 42.

42. Roberts, *Recovering Christian Character*, 308을 보라.

43. Kierkegaard, *Christian Discourses*, 50.

44. Kierkegaard, *Works of Love*, 72.

45. Kierkegaard, *Christian Discourses*, 37.

46. Kierkegaard, *Without Authority*, 130, 129.

47. 키르케고르가 보기에 세리조차도 자신을 바리새인과 비교하여 자신이 부족하다고 생각했다면, 그 역시 자신을 잘못 측정했을 것이다. 그는 서로 다른 사람들 사이에서 동일하게 비교하는 도덕적 계산에 참여하여 자신을 실패자로 판단했을 것이다. 그러나 세리는 바리새인 앞에서가 아니라 **하나님 앞에서** 자신의 죄를 가지고 서 있으며, 바로 그 이유 때문에 의롭다 하심을 받는다.

48. Kierkegaard, *Upbuilding Discourses*, 159-82.

49. Kierkegaard, *Sickness unto Death*, supplement, 158.

50. Kierkegaard, *Christian Discourses*, 130-31.

51. Kierkegaard, *Practice in Christianity*, 241.

52. Kierkegaard, *Upbuilding Discourses*, 199.

53. 같은 책, 200.

54. 내가 아는 한, 키르케고르는 우리 존재를 깊이 규정하기에 결코 가볍게 여길 수도 없고 여겨서도 안 되는 그런 독특성이 존재할 수 있는지에 대해 논의한 적은 없다.

55. Kierkegaard, *Christian Discourses*, 55.

56. Kierkegaard, *Christian Discourses*, 54. 내가 인용하고 있는 *Christian Discourses*의 이 부분에서 키르케고르는 한 가지 난해한 질문에 대한 대답을 시도한다. 왜 복음서가 일관되게 주장하듯이, "비천한 자가 그리스도인이 되는 것이 저명한 자에 비해 쉬우며 또한 어려운 것이" **아닌가** 하는 질문이다. 결국 양쪽 모두에게 요구되는 비천함은 "외적인 것이 아니라 내적인 것, 즉 저명한 자도 비천한 자만큼이나 가질 수 있는 자신의 비천함에 대한 느낌"이다. 같은 책, 54.

57. Kierkegaard, *Works of Love*, 81-82.

58. 같은 책, 82.

59. 같은 책, 67.

60. 같은 책, 84.

61. 같은 책, 83-85.

62. Kierkegaard, *Works of Love*, 88. 분명히 개인적 특수성, 즉 개인적 본질의 비유사

성은 개인에게 느슨하게 걸쳐져 있을 수 없다. 하지만 사회적 비유사성은 그럴 수 있고 그래야 한다고 키르케고르는 생각한다.

63. 키르케고르의 사회 비판이 종종 과소평가된다는 주장에 대해서는 Plekon, "Moral Accounting"을 보라.

3 가장 높이 오르려다 끝없이 추락하다

1. Milton, "Tenure of Kings and Magistrates," 754.
2. Lewis, *Preface to Paradise Lost*, 72. C. S. 루이스, 《실낙원 서문》(홍성사 역간)
3. 같은 책, 93. 또한 Cohen, "Injured Merit"를 보라.
4. Kierkegaard, *Christian Discourses*, 130-31. 또한 이 책 2장을 보라.
5. 밀턴의 기독론은 상당한 학문적 논쟁 거리다. 많은 논의는 종종 기독론적으로 아리우스주의로 비난받고 있으며 일반적으로 밀턴의 저작으로 간주되는 작품인 *De Doctrina Christiana*의 문제에 집중된다. 그러나 이 작품의 저자 문제는 많은 논쟁의 대상이 되어 왔다 (최근의 검토는 Urban, "Revisiting the History of the *De Doctrina Christiana* Authorship Debate"; Urban, "Increasing Distance between *De Doctrina Christiana* and Milton's Poetry"를 보라). 저자 문제에 대해 확고한 입장을 취하지 않으면서, 나는 *De Doctrina Christiana*의 기독론을 공유한다고 미리 제약을 두지 않음으로써 《실낙원》을 가장 유익하게 읽을 수 있다는 어번의 견해에 동의한다. 내 주장의 목적상 가장 중요한 고려 사항은 밀턴의 사탄이, 특히 4권의 독백에서 아들이 시간 안에서 창조되었다는 사실에 근거하여 논증하지 않는다는 점이다. 만약 사탄이 그것을 믿었다면, 이 사실은 분명 관련성이 있고 심지어 결정적이었을 것이다. 따라서 내 주장은 《실낙원》의 아들이 아버지와 함께 공동 창조주이신 것으로 읽는 것이 타당하다는 전제하에 진행될 것이다. (이 주석은 테일러 크레이그가 작성했다.)
6. 로저스(Rogers)는 "Paradise Lost: Books V-VI"에서 압디엘의 천사 창조 설명이 "이상하고 새로운 점"(*PL* 5:805)이라는 사탄의 말을 액면 그대로 받아들이고, 천사의 자기 창조에 대한 사탄의 설명을 타당하게 만들려고 시도한다. 그는 또한 아버지의 말씀 "오늘 내가 선언하노라. / 나의 독생자를 내가 낳았고, 이 거룩한 산 위에서 / 그에게 기름을 부었으니, 너희가 지금 보는 자라"(*PL* 5:603-4) 부분이 아들의 대리 통치자 임명을 가리키는 것이 아니라 그의 창조를 언급하는 것으로 받아들인다. 만약 로저스가 옳다면, 아버지가 아들을 높임은 자의적이며, 사탄이 하나님의 불의에 대해 불평하는 것이 옳다. 여기서 《실낙원》을 그 자체로 읽기보다는 *De Doctrina Christiana*의 기독론적 아리우스주의를 그 해석의 열쇠로 삼아야만 하는 것처럼 읽고 있는 것은 아닌지

의문이 들 수 있다. 곧 보게 되겠지만, 4권의 유명한 독백에서 사탄은 하나님이 자신을 창조하시고 그에게 높은 지위를 주셨음을 인정한다. 사탄은 하나님이 자신과 천사들을 창조하신 것을 부인하는 것, 즉 자신이 하나님으로부터 존재와 높은 지위를 받았다는 사실을 "잊어버리는 것"(PL 4:54)에 즉각적인 군사적, 정치적 이해관계가 걸려 있다. 자신이 하나님의 피조물임을 명백하게 확언하는 그의 독백에서 그는 **이런** 확언 자체에는 관심이 없다. 사실, 그가 창조되었다는 사실을 부인할 수 있다면 더 나을 것이다. 왜냐하면 피조물이라는 현실, 따라서 하나님보다 열등하다는 현실이 거기서 그의 고통의 주요 원천이기 때문이다.

7. 로저스는 "자기 창조"라는 개념을 평등주의의 존재론적 기초로 간주한다. 그러나 그것은 사탄의 관점에서 사물을 보는 것이다. 하나님과의 평등 주장은 자기 창조 개념을 요구한다. 자기 창조는 뒤따르는 존재들 사이의 평등의 기초는 될 수 없다. 밀턴에게 있어 하나님의 창조는 인간들 사이의 평등주의의 근거이다.

8. 이 독백의 첫 부분(PL 4:33-41)은 "시가 시작되기 몇 년 전에" 쓰였다. Phillips, *Life of Milton*, 1034.

9. Nietzsche, *On the Genealogy of Morality* 1.10.

10. "무한한 희망"은 "죄에 사로잡혀 / 더럽고 과도한 욕망에 빠지는 것"(PL 3:176-77)과 동일하다.

11. 사탄에 맞서게 될 아들에게 말씀하시면서, 아버지는 사탄이 단지 "넓은 북쪽 지역 전체에 우리의 것과 동등한 / 자신의 보좌를 세우려" 할 뿐만 아니라 "우리의 이 높은 곳, 우리의 성소, 우리의 언덕"을 정복하는 것을 목표로 삼고 있다고 지적하신다(PL 5:725-32).

12. 사탄이 뱀에게 들어간 후 유혹의 작업을 시작하려 할 때, 그는 땅의 아름다움을 빈정거리며 "내 주위에서 쾌락을 / 더 많이 볼수록, 내 안의 고통을 / 더욱더 많이 느낀다"고 말한다. 그는 이어서 "하늘에서는 내 상태가 훨씬 더 나쁠 것"이라고 말한 다음, "그러나 여기서도, 하늘에서도, 나는 머물려 하지 않는다 / 하늘의 최고 존재를 제압하지 않고서는"이라고 말한다(PL 9:119-25). 사탄의 모든 비참함은 최고가 아니라는 데서 비롯된다. 땅을 파괴하는 데서조차 그는 하나님을 이기려고 한다:

> 지옥의 권세들 가운데서 나 홀로 영광을 차지하리라.
> 전능하신 이가 육일 밤낮으로 계속 만드셨고,
> 그 이전에 얼마나 오랫동안 궁리하셨을지 누가 알랴.
> 그 모든 것을 내가 단 하루 만에 망쳐 놓았도다(PL 9:135-39).

파괴하는 데 있어서, 그는 창조하시는 하나님보다 더 위대하다.

13. 감사를 인정의 관점에서 설명하는 것에 대해서는 Volf and McAnnally-Linz, "Joyful Recognition"을 보라.

14. 알면서도 모르는—필사적으로 몰라야만 하는—것과 유사한 예를 사탄과 하나님 능력의 관계에서도 볼 수 있다. 이 경우의 이해관계는 패배한 자신의 군대에게 희망을 불어넣고, 하늘에서 쫓겨난 후 잃어버린 "그들의 본래 자리에 / 스스로 일어나 다시 오르는 데 실패하지 않으리라"라는 희망을 자신 안에서 유지하는 것이다. 하나님에 대해 말하면서, 그는 자신의 군대에게 이렇게 말한다: "그러나 하늘 보좌의 군주께서는, 그때까지 굳건히 선 듯이 / 오랜 명성이나 동의 또는 관습에 의지하여 보좌에 앉아, / 그 왕의 위엄은 온전히 펼치셨으나 / 당신의 참 힘은 여전히 감추셨으니, 그것이 우리의 도전을 부추겨 우리의 패망을 불렀도다"(PL 1:637-42). 사탄의 묘사에서, 하나님이 하늘에서 능력을 드러내시지 않은 것은, 하나님이 능력을 사랑보다 능력을 덜 중요하게 여기신 것이 아니라, 하늘의 충성되지 않은 거주자들을 가려내어 자신의 영역에서 추방하시기 위한 단순한 속임수다.

15. 《실낙원》앞부분에서 사탄과 그의 군대가 하늘에서 패배하고 지옥으로 내던져진 후, 사탄은 자신이 "(하나님)의 보좌를 흔들었다"고 자랑하며, 사탄의 팔이 가져다준 공포에 하나님이 "자신의 제국을 (두려워했다)"(PL 1:105, 113-15)라고 말한다. 일부 해석자들은 사탄이 실제로 자신이 하나님께 공포를 안겨 주었다고 확신하며 하나님의 능력이 과장되었다고 생각한다고 제안한다. 만약 그렇다면, 그것은 자기기만의 결과일 수밖에 없다. 그러나 모든 피조물 중에서도 사탄이 하나님의 능력의 정도를 모른다고 상상하기는 어렵다. 결국 그는 그를 "전능하신 이"(PL 4:86)라고 부른다. 그가 자신의 부사령관에게 이 말을 하고 있다는 점을 고려할 때, 불명예스러운 패배로 끝난 반란을 정당화하고 그가 투쟁을 계속하도록 동기를 부여하려고, 자신의 능력을 부풀리고 하나님의 능력을 축소하고 있을 가능성이 더 크다. 그보다 덜한 행동을 하는 것은 실패를 인정하고, 하나님을 이기려는 노력을 포기하는 것이 될 것이다. 따라서 그가 하나님을 제압할 수 있다는 공개적인 자랑이 나온다(PL 4:86-92). 로저스와 달리, 사탄은 여기서 하나님의 능력에 대한 탈신비화를 제시하지 않는다. 그는 자신이 거짓말임을 아는 것을 말함으로써 부하들의 눈을 속이고 자신의 평판을 되살리려 하고 있다. 그래서 그는 "오랜 명성이나 동의, 혹은 관습에 의지하여 보좌에 앉아" 계셨던 하나님이 자신의 능력을 감춤으로써 그들로 하여금 반란을 일으키도록 속였다고 주장한다. 하나님은 그의 능력을 감춤으로써 "우리의 도전을 부추겼고" 그래서 "우리의 패망을 불렀다"(PL 1:639-43). 이 모든 것은 그의 더 나은 판단과 대립하는, 자신의 망가진 평판을 구제하기 위한 허풍과 속임수다. 결국 그는 지옥의 통치자이며, 그의 통치는 그의 능력에 대한 부하들의 믿음에 달려 있다.

16. 이런 정서는 당연하지 않다. 예를 들어, 아킬레스는 죽은 자들 사이의 왕 중의 왕이 되기보다는 가난한 사람의 집에서 품삯을 받는 하인이기를 더 원한다. Homer,

Odyssey, 11:489-91을 보라. 호메로스, 《오디세이아》(돋을새김 역간).

17. 밀턴이 하와를 다루는 방식을 다룬 중요한 글로는 Gilbert, "Patriarchal Poetry and Women Readers"를 보라.

18. 그러나 밀턴은 나르키소스의 원 이야기를 충실히 따른다. 나르키소스는 하와처럼 처음에는 자신이 자신의 이미지의 반영을 보고 있음을 알지 못한다. Kilgour, "'Thy Perfect Image Viewing'"을 보라. 나르키소스에 대해서는 Ovid, *Metamorphoses*, 3:339-510의 설명을 보라. 오비디우스, 《변신이야기》(민음사 역간).

19. 하와가 자신과 관련하여 아담을 묘사하는 데 사용하는 비교급 형용사 "덜하다"(less)에 상응하여, 8권에서는 아담이 자신과 관련하여 하와를 묘사할 때 "덜하게"(less)라는 부사를 사용한다:

> 적어도 그녀에게는
> 외양의 장식이 과하게 주어져
> 겉모습은 정교하나 내면은 덜 정밀하구나.
> 이는 내가 최고의 목적을 잘 알기 때문이라.
> 자연의 설계상 그녀는 정신과
> 가장 뛰어난 내면의 능력에서 열등하고,
> 겉모습마저 우리 둘을 지으신 분의 형상을 덜 닮았으며,
> 다른 피조물 위에 주어진
> 그 지배의 성격 또한 덜 지니었구나(PL 8.53/-46).

20. Milton, *Complete Poems*, 733의 *Areopagitica*를 보라: "만약 장성한 인간의 선하거나 악한 모든 행위가 할당과 규정과 강제하에 놓인다면, 덕이란 이름뿐인 것이 아니고 무엇이겠는가, 선행에 어떤 칭찬이 주어질 수 있겠는가, 절제하고, 정의롭고, 혹은 자제하는 것에 대해 무슨 감사가 있겠는가?"

21. 밀턴은 성 아우구스티누스(*City of God*, 14.11) 및 지난 세기 중반까지의 기독교 전통의 많은 부분과 마찬가지로, 여성이 남성보다 지적으로 열등하며 그들의 지적 열등성은 신이 창조하신 변하지 않는 본성의 결과라는 편견을 공유했던 것으로 보인다.

22. 그녀는 그 불편한 감정 속에서는 결백했다. 왜냐하면 그녀는 그에 따라 행동하지 않았기 때문이다. 밀턴에게 있어, 해서는 안 되는 일에 끌리고, 그것을 하도록 유혹받는 것은 결백한 상태에서 벗어나게 하지 않는다. 죄를 짓는 순간은 당신이 매력을 느끼고 따라서 유혹받는 금지된 일을 실제로 하는 순간이다. 이에 대해서는 Falcone,

*Milton's Inward Liberty*를 보라.

23. "둘째 됨"(Secondness)은 내가 "열등함"이라고 말한 것에 대한 샌드라 길버트(Sandra Gilbert)의 용어이다. 길버트는 바로 그것이 하와가 반항했던 대상이라고 옳게 지적한다. Gilbert, "Patriarchal Poetry and Women Readers," 370. 나의 질문은 이것이다: 그녀의 반란을 이끈 긍정적인 목표는 무엇이었는가? 한 가지 선택지는 평등이고, 다른 하나는 우월성이다. 나는 그녀가 평등의 이름으로 반란을 시작했을지 모르지만, 사탄의 교활함이 그녀의 열망을 우월성으로 확장시켰다고 주장한다.

24. Falcone, *Milton's Inward Liberty*, 141-42를 보라. 이는 또한 사탄의 입장이었던 것으로 보인다. 비록 반항하는 천사 무리들-보좌들, 주권자들, 통치자들, 덕들, 권세들-에게 연설하면서, 그는 그들이 자신과 동등하지는 않지만, 그럼에도 불구하고 "자유롭고, / 동등하게 자유롭다"(*PL* 5:791-92)라고 제안한다. 그러나 그는 자신의 우월성에 몰두하고 있으며, 그를 최고의 존재로 인정하기 위해, 그들은 그가 믿지 않는 것, 자유와 불평등이 양립 가능하다는 것을 믿어야 한다.

25. 사탄의 도움으로 그녀는 자신이 아담뿐만 아니라 자신의 타락 이전에 하나님의 피조물 중 가장 탁월했던 사탄 자신보다도 우월해졌다고 생각한다. 사탄은 그녀에게 아첨하며, 그녀가 모든 천사 위에 있으며, "피조물들의 주권자요, 우주의 여주인이라고 정당하게 선언된" 존재라고 말한다(*PL* 9:611-12). 유혹자는 그녀를 자신의 형상으로 만들었다. 아담에 대한 그녀의 둘째 됨, 그녀의 열등함에서 도망친 그녀는 상상 속에서, 피조물로서의 우월성의 정점에 도달했다. 그녀의 야망은 하나님을 이기려 하지 않는다는 점에서만 사탄의 야망과 다르다.

26. C. S. 루이스는 아담에게 열매를 나눠 주기로 결정하면서 하와가 실제로 살인을 저지르기로 결정했다고 주장하는데, 너무 멀리 나아간다(Lewis, *Preface to Paradise Lost*, 121). 비록 하나님의 유일한 명령을 불순종하여 죽을 수도 있음을 두려워하지만, 그녀는 여전히 그 나무가 뱀이 말했던 것을 전달해 줄 것이라 희망한다. 그녀는 뱀이 나무의 열매를 먹고 죽지 않았기에 자신의 도박이 승산이 있다고 생각한다. 그래서 그녀는 아담에게 돌아가기 전 나무에게 경배한다: "그러나 먼저 깊이 숙여 절했으니, 마치 그 안에 깃든 힘에게 하듯, / 그 힘이 있어 이 나무에 지혜의 진액을 불어넣었으니, / 신들의 음료인 넥타르에서 비롯한 것이라"(*PL* 9:835-38). 그녀는 죽음을 두려워하지만 높아질 것에 판돈을 건다. 그리고 자신의 베팅이 잘못된 것으로 판명될 경우를 대비하여 아담도 함께 베팅하기를 원한다. 만약 그녀가 열매를 나누지 않고 하나님이 이를 발견하신다면 그녀는 죽을 테고, 이는 살아 있는 자의 관점에서 볼 때 궁극적인 열등함의 상태다.

27. Plutarch, "Caesar," sec. 11.

28. 예수님이 자신이 구속하러 온 자들을 영화롭게 하려 하신 것에 대해서는 Milton,

Complete Poems의 "On the Morning of Christ's Nativity," 42-49를 보라.

29. Blake, *Marriage of Heaven and Hell*, 10.

30. Pattison, "Milton," 2장.

31. 다음 시에 대한 해설에서 나는 로저스의 "Infant Cry of God"에 의존한다.

32. 이것은 밀턴이 그의 친구 찰스 디오다티(Charles Diodati)에게 쓴 "Elegy VI"에 나온 성탄 서사시의 목적에 관한 설명에서 가져왔다. Milton, *Complete Poems*, 52.

33. 같은 곳.

34. 같은 곳.

35. 이전 버전의 이 글에 대한 답변으로 보낸 개인 서신에서 필리포 팔코네는 탄생 송시의 이러한 읽기를 반박한다: "나는 항상 이것을 사랑의 역설로 간주해 왔다. 사랑에서 첫째가 되는 것은 자아를 뒤에 놓는 것이다. 만약 이교도 동방박사들이 아기가 되신 하나님, 처음이지만 마지막이 되신 분을 경배하러 가는 길이라면, 밀턴이야말로 그들을 앞질러야 할 자가 아니겠는가, 첫째이신 분이 모든 이의 종이심을 명심하면서. 구세주의 구유에 첫 번째로 가는 것은 하나님의 약함의 신학을 온전히 받아들이는 것이다." Falcone, 저자에게 보낸 이메일 메시지, 2023. 9. 25. 이것은 가능한 읽기다. 내가 그것을 받아들이지 못하게 하는 것은 밀턴의 자아가 뒤에 있는 것처럼 보이지 않는다는 점이다. 그가 첫째가 되려고 노력하는 것을 고려할 때, 그것은 앞에 있다. 여기서 밀턴은 세베대의 아들들인 야고보와 요한처럼 보인다. 각자 예수님의 영광 가운데서 하나는 그의 왼쪽에, 다른 하나는 그의 오른쪽에 앉아 다른 사람들보다 높아지기를 원했지만, 예수님은 그 요청을 거절하신다. 그리고 우월성을 추구하는 두 사람에 대한 나머지 제자들의 분노가 따랐다. 이 일 후에, 예수님은 위대힘을 가상 높은 지위로의 승격이 아니라 섬김과 연결시키신다(막 10:35-45).

36. Milton, "Elegy VI," in *Complete Poems*, 53.

37. Rogers, "Infant Cry of God"(강조 표시는 필자가 한 것).

38. 밀턴을 칭찬하자면, 그는 다른 사람들로부터 자유롭고 광범위하게 차용했으며, "남보다 뒤처지고, 남이 선행하고, 선점하는 것에 대한 불안"을 쉽게 극복했다(Kerrigan, Rumrich, and Fallon, introduction to *Paradise Lost*, by Milton, xliii). (무엇보다도, 이 두 시가 들려주는 이야기는 거의 독창적이지 않았다!) 해럴드 블룸(Harold Bloom)은, 사탄은 자신이 빚진 바를 보여 주기를 두려워하고, 인용하는 것을 두려워하며, 파생적 작가가 되는 것을 두려워하는 (근대의) 시인을 나타내는 반면, 밀턴은 자신의 작품이 다른 사람들의 작업 위에 세우는 방식에 의존하고 있으며, 자신의 예술은 그로 인해 더욱 훌륭해진다고 주장했다(Bloom, *Anxiety of Influence*, 20-21). 만약 그렇다면, 이 모든 것은 우월성 추구의 유혹에 저항하려는 그의 시도를 보여 주는 증거일 수도 있다.

PART 2

4 타인을 자신보다 낮게 여기며

1. Theissen, *Religion of the Earliest Churches*, 13-14, 63-64, 101.
2. 바울은 참여적이며 상황적인 사상가였다. 따라서 나는 그의 비판의 다양한 측면과 대안 제시를 주로 로마서, 고린도전후서, 빌립보서의 서신에서 종합해야 할 필요가 있다. 〔이러한 '통일적' 읽기의 위험은 맥락이나 전기적 상황에서 생겨난 차이점들을 평준화하는 것이다. 하지만 나는 그의 서신 전반에서 강조점의 변화는 있지만 상당히 통일된 입장을 발견한다. 그 입장은 행위 주체성(agency)을 설명하는 부분에서 두드러진 긴장을 내포한다.〕 내가 보기에 바울은 상황적 사상가지만 또한 체계적인 사상가이기도 하다. 그럼에도 우리의 주제와 관련이 있는 두 가지 긴장이다. 하나는 특히 심판의 날과 관련된 은혜와 인간의 행위 주체성 사이의 관계에 대한 그의 설명이다. 다른 하나는 하나님 앞과 교회 안에서의 평등주의를 확언하는 것과 더 넓은 사회적 관계에서의 위계질서를 받아들이는 것 사이의 긴장이다. 나는 이러한 긴장들이 완전히 해결될 수 있다고 생각하지 않기에, 우월성 추구에 대한 그의 입장의 개요를 제공하면서, 내가 그의 사상의 지배적인 흐름이라고 생각하는 급진적인 은혜와 평등주의적 관계의 강조에 주로 의존할 것이다. 만약 내가 (1) 그가 구원에서 하나님과 인간의 협력을 옹호하는 듯한 부차적 흐름(롬 2:6-8을 보라)인 믿음으로 구원에 들어가고, 하나님의 도움을 받는 행위로 그 안에 머무는 것과, (2) 남성과 여성, 정치 당국과 백성 사이의 위계적 관계를 긍정하는 그의 입장을 나의 논의에 포함시킨다면, 이 개요는 근본적으로 달라지지는 않지만 어느 정도 변할 것이다. 밀턴을 논의하면서(3장), 나는 비록 자연적인 우월함과 열등함에 근거한 위계적 세계 질서를 긍정하더라도 우월성 추구에 대한 비판이 급진적일 수 있음을 보여 주었다.
3. Hellerman, *Reconstructing Honor in Ancient Philippi*, 35에서 재인용. 키케로는 명예 추구가 다른 미덕이나 공동선 추구와 분리되기를 원하지 않았을 것이다. 이는 순전히 명예 자체를 위한 명예는 아니었지만, 그가 명예에 부여하는 중요성은 여전히 주목할 만하다. 내가 여기서 다룰 수 있는 것보다 더 깊이 있게 이 문제를 다룬 최근 작품으로는 Schofield, *Cicero*를 보라.
4. 성만찬 중에 일어난 사회적 차별의 스캔들이 고전 12:22-26에서 다루어지는 문제라는 점에 대해서는, Fee, *First Epistle to the Corinthians*, 678을 보라. 고든 피, 《고린도전서》(부흥과개혁사 역간).
5. Livy, *Early History of Rome*, 2.32.7-33.1에 나오는 유명한 메네니우스 아그리파 (Menenius Agrippa)의 연설을 보라. 논의에 대해서는 Schottroff, *1 Corinthians*, 253을 보라.
6. Luther, "Chapter Twelve," 455.

7. 같은 곳(강조 표시는 필자가 한 것). 개인적인 논평에서 마크 사이프리드(Mark Seifrid)는 이 것이 종교개혁을 일으킨 발견 이전인 1515-16년에 강의하던 초기 루터이며, 당시 그는 여전히 겸손, 자기 무화(self-nullification), 그리고 하나님의 높이심의 신학을 옹호했다고 나에게 상기시켜 주었다.

8. 자신보다 다른 사람을 더 낫게 여기는 생각의 변형으로서, 요한 알브레히트 벵겔(John Albert Bengel)은 *Gnomon of the New Testament*, 165에서 "우리는 오히려 다른 사람들의 좋은 자질과 우리 자신의 결점들을 고려해야 한다"라고 제안한다. 비교 판단은 왜곡하는 경향이 있을 것이다.

9. 나는 여기서 '존중'(honor, 명예)이 주로 사람의 성취와 소유물의 객관적 가치에 관한 것이 아니라, 사람으로서의 그들의 가치에 관한 것이라고 생각한다.

10. 이 구절들에 대한 나의 아래 주해를 보라.

11. Luther, "Chapter Twelve," 455.

12. "상호 간에" 또는 "서로"는 바울의 교회론과 윤리적 지침에서 가장 널리 사용되는 용어 중 하나다. Lohfink, *Wie hat Jesus Gemeinde gewollt?*, 116ff를 보라. 게르하르트 로핑크, 《예수는 어떤 공동체를 원했나》(분도출판사).

13. 다른 사람이 자신보다 더 중요한 것처럼 여기며 관계를 맺는다는 것이 실제적으로 무엇을 의미하는지는 문화마다 다르며, 다문화적 교회 공동체에서는 다소 복잡할 수 있다. 어떤 형태의 존중 표현은 도덕적 근거를 가지고 정당화할 수 없을지도 모른다. 이런 점이 이 원칙에 따라 사는 것을 복잡하게 만들 수 있지만, 원칙 자체를 무효화하지는 않는다.

14. Barth, *Epistle to the Philippians*, 56.

15. 캐스린 태너(Kathryn Tanner)가 이 글의 이전 버전에 대한 논평에서 이 점을 지적했다.

16. 바르트는 "만약 그것이 정말로 **또한** 다른 사람들의 것도'라고 번역된다면 논증의 날카로움이 무뎌질 것"이라고 주장한다(Barth, *Epistle to the Philippians*, 57-58). 이 말에 나는 설득되지 않는다. 바울이 그리는 대조는 어떤 사람(다른 사람)을 '더 높게' 여기고 자신을 '더 낮게' 여기는 것 사이의 대조이지, 어떤 사람을 '무엇인가'로 여기고 자신을 '아무 것도 아닌 것'으로 여기는 것 사이의 대조가 아니다. 다른 사람을 우월하게 여긴다고 해서 자아가 완전히 사라지는 것은 아니다. 바르트 자신이 지적하듯이, 다른 사람들의 이익을 추구하는 데는 자아의 포기가 포함되지 않으며, 바울이 쓴 겸손 안에서는 "머리를 높이 들어야 한다"(57). 이는 빌 2:21과 비교해 봄이 유익하다. 바울은 주변 인물 중 빌립보 사람들을 진정으로 염려할 만한 사람들에 대해 쓰면서, 그는 디모데를 제외하고는 "그들이 다 자기 일(이익)을 구하고 예수 그리스도의 일을 구하지 않는다"라고 지적한다. 예수 그리스도의 이익을 구하는 것은 빌립보 사람들 그리고 그리스도께 속

한 모든 사람의 이익을 구하는 것이며, 모든 사람에는 그리스도의 이익을 추구하는 사람 자신도 포함된다.

17. 같은 책, 56.

18. 개인 서신, 2024. 1. 15. 및 24.

19. Hellerman, *Reconstructing Honor in Ancient Philippi*, 130.

20. 스티븐 파울(Stephen Fowl)은 '붙잡는 것'이 그리스도가 하나님과 동등하게 되거나 되지 않는 것에 관한 것이 아니라, 그가 소유하고 있다고 전제되는 신적 지위에 대한 특정한 "성향 또는 태도"에 관한 것이라고 올바르게 지적한다. Fowl, "Christology and Ethics," 142.

21. 한 오래된 전통은 이 본문에서 아들이 인간이 되시면서 어떤 형태로든 신성을 비우신다고 이해한다. 나는 이것이 주석적 실수라고 생각한다. 예수 그리스도의 신성에 대해 우리가 어떻게 생각해야 하는지에 관해 전체 찬가가 함의하는 바가 무엇이든 간에, 바울은 그리스도가 무엇인가를 비우셨다고 주장하는 것이 아니라 단순히 그리스도가 **자신을** 비우셨다고 주장할 가능성이 가장 크다. Fee, *First Epistle to the Corinthians*, 210을 보라.

22. 십자가 처형의 수치에 대해서는 Hengel, *Crucifixion in the Ancient World*를 보라. 마르틴 헹엘, 《십자가 처형》(감은사 역간).

23. Hellerman, *Reconstructing Honor in Ancient Philippi*, 154-55.

24. Nietzsche, *Human, All Too Human I*, in *Complete Works*, vol. 3, §87. 이 참고 문헌은 라이언 맥애널리-린츠(Ryan McAnnally-Linz)에게 빚졌다. 프리드리히 니체, 《인간적인 너무나 인간적인》(책세상 역간).

25. 칼 바르트에게, 그의 빌립보서 주석과 다른 곳에서, 높임은 낮아짐 "이후에" 오지 않는다. 그의 주장은 "'하나님의 형상'을 다시 취하는 것에 대한 언급이 전혀 없다"는 것이다(Barth, *Epistle to the Philippians*, 66). 그러나 높임 받으신 그리스도께 "모든 이름 위에 뛰어난 이름"을 주시는 것이, 본래 하나님과 동등하셨고 여전히 동등하신 분, 하나님의 형상(외양)을 가지셨던 분이, 이제 그 명백히 수치스러운 행위 속에서도 여전히 그러한 분으로 인정받음을 의미하는 것이 아니라면 무엇일 수 있겠는가? 내가 보기에 높이심은 이 비참한 모습의 '인간의 형상' 또한 하나님의 형상임을 의미하는 것이지, 그가 십자가에 못 박힌 노예의 형상 말고는 다른 어떤 형상으로도 나타나지 않음을 의미하지는 않는다. 바르트의 본문 해석처럼 "그는 겸손 안에서 가장 높으신 분이다"(62)가 아니라, "겸손 안에서도 또한 가장 높으신 분이다"이다.

26. 요한복음의 유사한 주제에서 비록 부활의 영광을 부인하지는 않지만 십자가 처형이 영광을 받으심으로 표현되는 것에 관해서는 Volf and McAnnally-Linz, *Home of*

God, 150, 184를 보라. 성자의 지상에 머무르심은 십자가 위에서 끝났고 그 십자가는 영광을 받으시는 사건으로 묘사된다. 우리는 그러한 아들의 성육신이 출애굽기에서 "여호와의 영광이 성막에 충만"했을 때(출 40:34) 예표되었다고 주장한다. 요한복음의 요점은 그의 가장 큰 낮아짐 속에서도 아들이 영화롭게 되셨다는 것이다. 미로슬라브 볼프, 라이언 매커닐리-린츠, 《하나님의 집》(IVP 역간).

27. Luther, "Magnificat," 299-300.

28. 귀속된 지위와 획득된 지위 사이의 구분은 Linton, *Study of Man*, 115-31에서 처음 제안되었다.

29. Hellerman, *Reconstructing Honor in Ancient Philippi*, 124-25.

30. 나의 글에 대해 논평하면서 매튜 크로스먼(Matthew Croasmun)은 지위의 상승과 소속감 사이의 연관성을 지적한다: "심리 분석을 해 보자면, 나는 바울이 여기서 우월성 추구를 통해 소속감을 추구하고 있다고 생각한다. 특히 두 문화 가정의 자녀로서 바울은 다소에서도 예루살렘에서도 자신의 자리를 못 찾았고, 두 곳 모두에서 소속감을 제한하는(자신을 배제시키는) 동일한 지위 게임을 본다. 그는 조상들의 백성에 소속되기 위해 바리새주의에 전념한다. 그리고 그것이 결국 그를 하나님과 대립하게 만들었을 때, 그는 자신의 추구 시스템 전체가 헛되다는 것을 본다. 따라서 다메섹(다마스쿠스)으로 가는 길 위에서 혁명이 시작된다. 그 이후로, 그의 열정은 완전히 다른 소속감이 작동하는 새로운 공동체(교회)를 세우는 것이 되었다. 그리고 이에 대한 위협은 그의 가장 날카로운 비판을 불러일으킨다." Croasmun, 개인 서신, 2024. 1. 31.

31. Luther, *Freedom of the Christian*, 343-77. 마틴 루터, 《그리스도인의 자유》(키아츠 역간).

32. 이 상의 이전 버전에 대한 응답으로 마크 사이프리드는 이렇게 썼다: "나는 지금 단지 마지막에 영광을 받기 위해서만 나 자신을 낮추는가? 우리의 그리스도를 닮음(빌 3:17)은 우리가 지금 놓여 있는 그를 본받아 가는 패턴 안에서 일어나는 일이 아닌가?(3:20과 다시 2:5을 보면)" Seifrid, 개인 서신, 2024. 1. 24.

33. 이와 유사하게 경주 비유와 승자에게 주어지는 상의 은유를 포괄적인 방식으로 사용하는 사례가 딤후 4:7-8에도 나타난다: "나는 선한 싸움을 싸우고 나의 달려갈 길을 마치고 믿음을 지켰으니 이제 후로는 나를 위하여 의의 면류관이 예비되었으므로 주 곧 의로우신 재판장이 그 날에 내게 주실 것이며 내게만 아니라 주의 나타나심을 사모하는 모든 자에게도니라." 이 부분은 티아고 데 멜로 노바이스(Tiago de Melo Novais)에게 빚졌다.

34. Nietzsche, *Twilight of the Idols*, 121-22, in *Complete Works*, vol. 9. 프리드리히 니체, 《우상의 황혼》(아카넷 역간).

35. 이것은 바울에 대한 보다 전통적인 읽기와 소위 "바울에 대한 새 관점"(Richard Hays 와 N. T. Wright에 의해 잘 대표되는) 사이의 논쟁에서 중요하게 다루어지는 본문 중 하나이다. 나는 수정된 전통적 읽기(사실상, 바울에 대한 루터의 해석의 수정된 버전)가 더 설득력이 있다고 생각한다. 이어지는 로마서에 대한 나의 주해는 Gathercole, *Where Is Boasting?*에 의존한다.

36. Luther, "Two Kinds of Righteousness," 297을 보라.

37. Gathercole, *Where Is Boasting?*, 7장.

38. 같은 곳.

39. Teresa Morgan, 개인 서신, 2024. 1. 16.

40. Luther, "Preface to the Epistle of St. Paul to the Romans," 370-71을 보라.

41. Gathercole, *Where Is Boasting?*, 7장.

42. 믿음(faith)보다는 신뢰(trust)가 더 낫다고 보는 점에 대해서는 Morgan, *New Testament and the Theology of Trust*를 보라.

5 은혜의 자각, 욕망을 멈추게 하다

1. 루터의 사상을 형성한 중요한 초기 문건 중 하나인 "The Heidelberg Disputation"에서 루터는 "십자가 신학"과 "영광의 신학"을 구별한다(53). 나는 Fee, *First Epistle to the Corinthians*, 192를 따라, 이 용어를 고린도에 있는 바울의 반대자들 신학에 적용한다.

2. 나는 여기서 Fee, *First Epistle to the Corinthians*, 186의 번역을 따른다.

3. Kierkegaard, *Philosophical Fragments*, 64-65.

4. 이런 추측은 고린도의 아볼로파 사람들이 인간의 기준으로 볼 때 지혜롭지도, 강하지도, 고귀하지도 않은 그룹이며(고전 1:27), 4:8에서 바울이 그들에게 말하고 있다는 가정에 근거한다.

5. Nietzsche, *On the Genealogy of Morality* 1.10.

6. '세상의 지혜'인 "자랑의 구조"라는 용어에 대해서는 Schottroff, *1 Corinthians*, 52를 보라.

7. Nietzsche, *On the Genealogy of Morality* 1.15.

8. "의로움과 거룩함과 구원함"이 "지혜"를 설명하는 것이라고 보는 데 대해서는 Fee, *First Epistle to the Corinthians*, 89를 보라.

9. 많은 주석가들(예를 들어, Fee, *First Epistle to the Corinthians*, 179; Schottroff, 1 *Corinthians*, 73)과 마찬가지로, 나는 NRSVue의 대안 번역을 선택한다: "Who makes you different from another? What do you have that you did not receive? And if you received it, why do you boast as if you did not receive?"(본문에는 개역개정 번역을 실었다-옮긴이).

10. 바울은 자신의 경험으로 그리스도인의 삶을 묘사하며 고후 6:8-10에 이렇게 쓴다: "우리는 속이는 자 같으나 참되고 무명한 자 같으나 유명한 자요 죽은 자 같으나 보라 우리가 살아 있고 징계를 받는 자 같으나 죽임을 당하지 아니하고 근심하는 자 같으나 항상 기뻐하고 가난한 자 같으나 많은 사람을 부요하게 하고 아무것도 없는 자 같으나 모든 것을 가진 자로다."

11. NRSVue를 포함한 많은 다른 번역본은(개역개정도 포함하여-옮긴이) "그런즉 아볼로는 무엇이며 바울은 무엇이냐?"로 번역한다. 나는 무엇(*ti*, 중성형) 대신 누구(*tis*, 남성형)를 사용하는 사본들을 따랐다. 본문비평가인 피(Fee)는 그의 주석에서 주로 문맥상의 이유-그의 의견으로는, 문맥이 두 사람의 인격보다는 기능을 강조한다는 사실-를 들어 남성형보다 중성형을 선호하는데, 남성형은 사본들이 잘 뒷받침해 준다(Fee, *First Epistle to the Corinthians*, 137n344를 보라). 내 생각으로는 문맥은 우월성 추구에 관한 것이므로 인격을 강조하며, 질문에 답하면서 바울은 자신이나 아볼로나 중요하지 않다고 말한다. 문제는 그들의 기능보다는 그들의 지위다.

12. 데일 마틴(Dale Martin)은 어떤 형태의 노예나 종으로서의 삶은 엄청난 명예를 동반했다고 지적한다. Martin, *Slavery as Salvation*, 1장.

13. 노리치의 율리아나는 *Revelations of Divine Love*, 12장에서 "우리가 그의 [그리스도의] 면류관이 되리라"라고 주장한다. 이 인용문은 라이언 맥애널리-린츠에게 빚졌다. 누리치의 율리아나, 《사랑의 계시》(가톨릭출판사 역간).

14. 마지막 구절은 드루 콜린스(Drew Collins) 것이다.

15. Bonhoeffer, "Who Am I?," 459-60. 이 인용문은 마크 사이프리드에게 빚졌다.

16. 학자들은 바울이 고린도 교회에 몇 통의 편지를 썼는지, 그리고 우리가 가지고 있는 고린도후서가 한 통의 편지인지 아니면 두 통 이상의 편지를 합친 것인지에 대해 논쟁한다.

17. 일부 번역본과 주석가들은 바울이 "[정당한] 한계를 넘어" 자랑하지 말라는 것이며(고후 10:13) 암묵적으로 적당한 한계 안에서의 자랑은 허용한다고 받아들인다. 마크 사이프리드는 나와 마찬가지로 이 입장을 거부한다. "바울은 과도한 자랑을 비판하는 것이 아니라, 특이한 자랑(eccentric boasting)을 주장하고 있다." 이는 "주 안에서 자랑하는 것"이다. Seifrid, *Second Letter to the Corinthians*, 392.

18. Bultmann, "καυχάομαι," 651. 바울이 자신의 사역에 대해 자랑하는 것에 대해 불

트만은 이렇게 쓴다: "자기에게 영광을 돌리는 것에 대한 근본적 거부와 바울이 자신의 사역을 자랑하는 구절들은 서로 모순되지 않는다"(650). 바울은 또한 "자랑하다"를 긍정적으로 사용하는 극소수의 다른 경우(예를 들어, 고전 9:15; 15:31; 고후 11:10; 롬 5:1-5; 빌 2:16)에서도 비교에 참여하지 않으며, 이 모든 경우가 자랑하는 자는 자신이 아니라 주 안에서 자랑해야 한다는 그의 엄격한 원칙과 양립 가능하다고 주장할 수 있다.

19. Wright, "Lecture Nine"을 보라. 라이트의 견해로는 거꾸로 된 자랑은 괜찮은 것이다.

20. 바울이 실천하고 있고 두 번이나 완강하게 주장하는 아주 매혹적인 자랑이 있다. 그는 고린도 교인들에게 복음을 값없이 전파한다고 자랑하며 이렇게 쓴다: "그리스도의 진리가 내 속에 있으니 아가야 지방에서 나의 이 자랑이 막히지 아니하리라." 아가야는 고린도가 위치한 곳이다(고후 11:10). 그는 고전 9:15에서도 유사한 주장을 한다: "차라리 죽을지언정 누구든지 내 자랑하는 것을 헛된 데로 돌리지 못하게 하리라!" 그가 원칙적으로 교회로부터 지원받는 것을 반대하는 것은 아니다. 그는 그렇게 할 권리가 있다고 명시적으로 말한다(고전 9:3-14). 그는 실제로 다른 교회들로부터 지원을 받고 있으며, 고린도에 있는 **동안에도** 받고 있다(고후 11:9). 그러나 그는 고린도 교인들로부터는 받기를 거부한다. 그는 이렇게 쓴다: "보라 내가 이제 세 번째 너희에게 가기를 준비하였으나 너희에게 폐를 끼치지 아니하리라 내가 구하는 것은 너희의 재물이 아니요 오직 너희니라 어린아이가 부모를 위하여 재물을 저축하는 것이 아니요 부모가 어린아이를 위하여 하느니라 내가 너희 영혼을 위하여 크게 기뻐하므로 재물을 사용하고 또 내 자신까지도 내어 주리니 너희를 더욱 사랑할수록 나는 사랑을 덜 받겠느냐"(고후 12:14-15). 이 마지막 말로써, 그는 핵심 문제를 지적했을 것이다. 이 문제에 대해 주해하면서, 빅터 퍼니시(Victor Furnish)는 이렇게 쓴다:

> 구체적으로 로마사회 내에서-그리고 바울이 알았던 고린도는 로마 식민지였다-부유한 자들은 궁핍한 자들의 후원자가 됨으로써 자신들의 권력을 표현하고 강화했다. 개인의 자선 활동 범위와 그의 후원을 받는 사람들의 수는 그 사람의 사회적 지위와 영향력의 중요한 척도였다. …… 따라서 선물을 받는 것은 더 위의 특권층 인물의 피후견인이 되고 그에게 의존하게 되는 것이었다. 물론 후원자 역시 추가적인 후원의 의무를 져야만 했다(Furnish, *II Corinthians*, 507).

퍼니시가 제안하듯이, 고린도 교인들이 바울이 재정 지원을 받기를 거부한 데 화가 났을 수 있는 이유 중 하나는 바울과의 관계에서 그들이 "권력과 명성"을 추구했을 수 있어서다(507). 만약 그렇다면, 스스로 생계를 유지하고 다른 곳에서 도움을 받기를 고집함으로써, 그는 십자가에 못 박히신 그리스도의 복음에 대한 그의 설교와 가르침이 그의 청중에게 우월성 추구의 수단이 되기를 거부하고 있었던 것이다. 그는 "나는 나의 독립을 자랑할 것이다. 그래서 너희가 나의 너희에 대한 의존을 너희의 우월성을 자랑할 기회로 삼는 것을 막을 것이다"라고 말하고 있었을까?

21. Wright, "Lecture Nine"을 보라.

22. 앞에서 지적했듯이, 이런 생각은 사람이 전혀 아무것도 아니라는 것이 아니라, 자기 자신 안에서는 아무것도 아니라는 것이다. 바울은 이렇게 쓴다: "내가 아무것도 아니나 지극히 크다는 사도들보다 조금도 부족하지 아니하니라"(고후 12:11; 또한 6:10을 보라).

23. 요한계시록에 나타난 로마에 대한 사회적 비판을 신학적 분석한 내용은 Volf and McAnnally-Linz, *Home of God*, 194-204를 보라.

24. Nietzsche, *Thus Spoke Zarathustra*, in *Portable Nietzsche*, 308; Scheler, *Ressentiment*, 57-61; Taylor, *Sources of the Self*, 63-73. 프리드리히 니체, 《짜라투스트라는 이렇게 말했다》(문예출판사 역간), 찰스 테일러, 《자아의 원천들》(새물결 역간).

25. Plato, *Crito* 49d, in *Plato: Complete Works*, 44. 플라톤, 《크리톤》(아카넷 역간).

6 우월함 추구에서 소명으로 시선을 돌리다

1. Theissen, *Religion of the Earliest Churches*, 90.

2. Levenson, *Death and Resurrection of the Beloved Son*을 보라.

3. 매튜 크로스먼이 개인 서신(2024. 8. 5.)에서 이 아이디어를 나에게 제안했다. 만약 이것이 사실이라면, 마가는 요한복음에서 발견되는 영광의 개념과 유사한 개념을 장려하는 것이다. 이는 예수님이 십자가에 달리시는 것이 그가 영광스럽게 되심이다. Volf and McAnnally-Linz, *Home of God*, 95-96을 보라.

4. Volf, *Exclusion and Embrace*, 358-60을 보라. 미로슬라브 볼프, 《배제와 포용》(IVP 역간).

5. 타이센은 상호적 지위 포기 개념이 서신들에 도입되었다고 주장한다. Theissen, *Religion in Earliest Churches*, 4장. 나는 그러한 상호성이 서신들에서 명시적으로 드러나지만, 복음서에는 암묵적으로 존재한다고 주장하고 싶다.

6. Volf and McAnnally-Linz, *Home of God*, 213-14를 보라.

7. 요한복음은 예수님이 제자들의 발을 씻기심으로써 섬김을 통해 지위를 얻으려 하지 않으신다는 점을 강조한다. 발 씻기는 일은 당시 매우 굴욕적인 것이어서 유대인 노예 소유주들이 자기 노예들에게 강제로 그 일을 시키는 것이 금지될 정도였다. 요한은 낮은 자 중에서도 가장 낮은 자의 일인 발 씻기는 일을 예수님이 행하신 장면을 소개

하면서, 가능한 가장 높은 지위를 언급하는 그의 말로 시작한다: "저녁 먹는 중 예수는 아버지께서 모든 것을 자기 손에 맡기신 것과 또 자기가 하나님께로부터 오셨다가 하나님께로 돌아가실 것을 아시고 ······"(요 13:3). 높임은 겸손한 섬김에 대한 보상이 아니다. 겸손한 섬김은 높임받은 지위의 표현이다. 예수님은 섬기기 때문에 높임받으시는 것이 아니다. 그는 높임받으신 분으로서 섬기기로 결정하시고, 섬김의 행위 안에서 그의 보좌 위에서만큼이나 높임받으신다. 요한복음에 나타난 낮아짐과 영화롭게 됨 주제에 대해서는 Volf and McAnnally-Linz, *Home of God*, 92-96, 107-108을 보라. 이는 빌 2:6-11과 유사하다(4장을 보라).

8. 히브리 성경에서의 우월성 추구 비판에 대해서는 Held, *Judaism Is about Love*, 30-32를 보라. 대중적인 정통 유대 문헌에서의 이 주제 처리에 대해서는 Kestenbaum, *Run after the Right Kavod*, 19-29를 보라. 자신의 용어로, 케스텐바움은 내가 했던 것처럼(1장 참조) 탁월함 추구와 우월성 추구를 구별한다.

9. Levenson, *Love of God*, 43.

10. 창세기에서 하나님은 외견상 임의적인 방식으로 행동하신다. 내가 앞서 언급했듯이 우월성 추구의 이야기인 가인과 아벨에 대한 하나님의 처우가 그러한 예 중 하나다. "세월이 지난 후에 가인은 땅의 소산으로 제물을 삼아 여호와께 드렸고 아벨은 자기도 양의 첫 새끼와 그 기름으로 드렸더니 여호와께서 아벨과 그의 제물은 받으셨으나 가인과 그의 제물은 받지 아니하신지라 ······"(창 4:3-5). 하나님이 편애하신 이유는 제시되지 않는다.

11. Levenson, *Inheriting Abraham*, 18-35.

12. Levenson, *Love of God*, 41. 신명기에서 이스라엘에 대한 하나님의 사랑에는 어두운 면이 있다. 이는 이스라엘에 대한 공로와 관계없는 사랑과 헌신의 선언 바로 앞 구절들에서 분명하게 나타난다. 하나님은 이스라엘이 차지할 땅에서 '많은 민족들을 쫓아내실' 것이다. 이스라엘은 "그들을 진멸"해야 한다. 그렇지 않으면 이스라엘이 '다른 신들을 섬기려는' 유혹에 굴복할 것이고, 이는 이스라엘에 대한 하나님의 분노를 촉발하여 "갑자기 너희를 멸하실" 것이기 때문이다(신 7:1-4). 이 문제를 다루는 방식에 대해서는 Levenson, *Love of God*, 38-41; Held, *Judaism Is about Love*, 265-346을 보라.

13. Held, *Judaism Is about Love*, 311.

14. Levenson, *Love of God*, 45-46.

15. Sarna, *Genesis*, 13.

16. Mishnah Sanhedrin 4:5(확장된 번역), https://www.sefaria.org/Mishnah_Sanhedrin.4.5.

17. Mishnah Sanhedrin 4:5 해석에서 첫 두 사람의 창조 이야기, 아브라함의 소명, 이스

라엘의 선택 등은 명시적으로 우월성 추구에 관한 것은 아니다-그것들은 우월성 주장을 하는 것에 관한 것이다. 그러나 만약 우월성 주장이 허용되지 않는다면, 우월성 주장을 할 수 있기 위해 우월해지려는 노력 또한 금지되어야 한다.

18. Held, *Judaism Is about Love*, 31.
19. Held, *Heart of Torah*, 64-65.
20. 같은 책, 66.
21. Levenson, "Genesis," 69.
22. Kaminsky, "Reclaiming a Theology of Election," 138.
23. Held, *Heart of Torah*, 85, Kaminsky, "Reclaiming a Theology of Election," 139에서 재인용.
24. Held, *Heart of Torah*, 85.
25. Sarna, *Genesis*, 321; 그리고 Lerner, "Joseph the Unrighteous," 279.
26. Levenson, "Genesis," 87.
27. Robinson, *Reading Genesis*, 15-17, 224-230를 보라.
28. Dostoevsky, *Crime and Punishment*, 158. 도스토예프스키, 《죄와 벌》(민음사 역간).
29. Wilson, *Does Altruism Exist?*

참고문헌

Adler, Alfred. *The Best of Alfred Adler*. Grapevine India, 2023. Kindle.

Augustine. *The City of God against the Pagans*. Edited and translated by R. W. Dyson. Cambridge: Cambridge University Press, 1998.

Bardill, Jonathan. "A New Temple for Byzantium: Anicia Juliana, King Solomon, and the Gilded Ceiling of the Church of St. Polyeuktos in Constantinople." In *Social and Political Life in Late Antiquity*, edited by William Bowden, Adam Gutteridge, and Carlos Machado, 339-70. Leiden: Brill, 2006.

Barker, John W. *Justinian and the Later Roman Empire*. Madison: University of Wisconsin Press, 1966.

Barnaby, Andrew. "'The Form of a Servant': At(-)onement by Kenosis in *Paradise Lost*." *Milton Quarterly* 52, no. 1 (2018): 1-19.

Barth, Karl. *The Epistle to the Philippians*. Translated by James W. Leitch. Richmond, VA: John Knox Press, 1962.

Bell, Peter N., trans. *Three Political Voices from the Age of Justinian*. Liverpool: Liverpool University Press, 2009.

Bengel, John Albert. *Gnomon of the New Testament*. Vol. 3, *Romans and 1 and 2 Corinthians*. Translated by James Bryce. Edinburgh: T&T Clark, 1877.

Bertram, Christopher. "Jean-Jacques Rousseau." *Stanford Encyclopedia of Philosophy*. Stanford University. First published September 27, 2010. Revised April 21, 2023. https://plato.stanford.edu/entries/rousseau.

Blake, William. *The Marriage of Heaven and Hell*. Boston: John W. Luce and Company, 1906.

Bloom, Harold. *The Anxiety of Influence: A Theory of Poetry*. Oxford: Oxford University Press, 1973.

Bonhoeffer, Dietrich. "Who Am I?" In *Dietrich Bonhoeffer Works*, vol. 8, *Letters and Papers from Prison*, edited by John W. de Gruchy, 459-60. Minneapolis:

Fortress, 2010.

Bultmann, Rudolph. "καυχάομαι." In *Theological Dictionary of the New Testament*, vol. 3, edited by Gerhard Kittle and Gerhard Friedrich, 645-54. Grand Rapids: Eerdmans, 1964-76.

Chapais, Bernard. "Competence and the Evolutionary Origins of Status and Power in Humans." *Human Nature* 26 (2015): 161-83.

Charvet, John. *The Social Problem in the Philosophy of Jean-Jacques Rousseau*. Cambridge: Cambridge University Press, 1974.

Cheng, Joey T., Jessical L. Tracy, and Joseph Henrich, "Pride, Personality, and the Evolutionary Foundations of Human Social Status." *Evolution and Human Behavior* 31, no. 5 (2010): 334-47.

Cohen, Paula Maranz. "Injured Merit: How a Righteous Sense of Grievance Can Lead to a Better World." *American Scholar*, January 28, 2021. https://theamericanscholar.org/injured-merit.

Cortina, Adela. *Aporophobia: Why We Reject the Poor Instead of Helping Them*. Princeton: Princeton University Press, 2022.

De Benoist, Alain. *On Being a Pagan*. Translated by John Graham. North Augusta, SC: Arcana Europa Media, 2018.

Dostoevsky, Fyodor. *Crime and Punishment*. Translated by Richard Pevear and Larissa Volokhonsky. New York: Vintage, 2021.

Ehrenberg, Alain. *The Weariness of the Self: Diagnosing the History of Depression in the Contemporary Age*. Montreal: McGill-Queen's University Press, 2009.

Falcone, Filippo. *Milton's Inward Liberty: A Reading of Christian Liberty from the Prose to Paradise Lost*. Eugene, OR: James Clark, 2014.

Fee, Gordon. *The First Epistle to the Corinthians*. Grand Rapids: Eerdmans, 2014.

Fowl, Stephen E. "Christology and Ethics in Philippians 2:5-11." In *Where Christology Began: Essays on Philippians 2*, edited by Ralph P. Martin and Brian J. Dodd, 140-53. Louisville: Westminster John Knox, 1998.

Frías, Francisco Javier López. "Games as Windows and Remedies to Modern Society: A Qualified Defense of Agonistic Encounters." Yale Center for Faith & Culture, Consultation on "Striving for Superiority," New Haven, CT, December 8-9, 2023.

Furnish, Victor Paul. *II Corinthians: Translated with Introduction, Notes and Commentary*. Anchor Bible 32A. Garden City, NY: Doubleday, 1984.

Galbraith, John Kenneth. *The Affluent Society*. Boston: Houghton Mifflin, 1959.

Gathercole, Simon J. *Where Is Boasting? Early Jewish Soteriology and Paul's Response in Romans 1-5*. Grand Rapids: Eerdmans, 2002. Kindle.

Gilbert, Sandra M. "Patriarchal Poetry and Women Readers: Reflections on Milton's Bogey." *Publications of the Modern Language Association* (*PMLA*) 93, no. 3 (May 1978): 368-82. https://www.jstor.org/stable/461860. "The Hagia Sophia Case." *Harvard Law Review* 134, no. 3 (January 2021): 1278-85. https://harvardlawreview.org/print/vol-134/the-hagia-sophia-case.

Han, Byung-Chul. *The Burnout Society*. Translated by Erik Butler. Stanford, CA: Stanford University Press, 2015.

Harrison, R. M. "The Church of St. Polyeuktos in Istanbul and the Temple of Solomon." *Harvard Ukrainian Studies* 7 (January 1983): 276-79.

Hawkins, Justin. "Pusillanimity, Superiority, Magnanimity, Haecceity: A Reply to Miroslav Volf." Yale Center for Faith & Culture, Consultation on "Striving for Superiority," September 9-10, 2022.

Held, Shai. *The Heart of Torah*. Vol. 1, *Essays on the Weekly Torah Portion: Genesis and Exodus*. Philadelphia: Jewish Publication Society, 2017.

———. *Judaism Is about Love: Recovering the Heart of Jewish Life*. New York: Farrar, Straus and Giroux, 2024.

Hellerman, Joseph H. *Reconstructing Honor in Ancient Philippi: Carmen Christi as Cursus Pudorum*. Cambridge: Cambridge University Press, 2005.

Hengel, Martin. *Crucifixion in the Ancient World and the Folly of the Message of the Cross*. Translated by John Bowden. Philadelphia: Fortress, 1977.

Hobbes, Thomas. *The Elements of Law, Natural and Politic*. Edited by Ferdinand Tönnies. London: Frank Cass, 1969.

Homer. *The Odyssey of Homer*. Translated by Richmond Lattimore. New York: HarperCollins, 2007.

Hunter, William B. "Milton on the Exaltation of the Son: The War in Heaven in *Paradise Lost*." *English Literary History* 36, no. 1 (March 1969): 215-31.

Janezic, Katharina A., and Aina Gallego. "Eliciting Preferences for Truth-Telling in a Survey of Politicians." *Proceedings of the National Academy of Sciences of the United States of America* 117, no. 36 (August 2020): 22002-22008. https://doi.org/10.1073/pnas.2008144117.

Johnston, James E. "Milton on the Doctrine of the Atonement." *Renascence* 38, no. 1 (Autumn 1985): 40-53.

Julian of Norwich. *Revelations of Divine Love*. Translated by Barry Windeatt. Oxford: Oxford University Press, 2015.

Kaminsky, Joel S. "Reclaiming a Theology of Election: Favoritism and the Joseph Story." *Perspectives in Religious Studies* 31, no. 2 (Summer 2004): 135-52.

Kant, Immanuel. *Religion within the Boundaries of Mere Reason*. Edited by Allen Wood and George di Giovanni. Cambridge: Cambridge University Press, 1998.

Kavanagh, Jennifer, and Michael D. Rich. *Truth Decay: An Initial Exploration of the Diminishing Role of Facts and Analysis in American Public Life*. Santa Monica, CA: RAND, 2018.

Kestenbaum, Moshe Don. *Run after the Right Kavod: Changing the World—and Yourself!—through Proper Use of Respect, Self-Esteem, and Honor*. Lakewood, NJ: Israel Bookshop, 2011.

Kiechel, Walter. "The Case against Competing." *Harvard Business Review*, April 30, 2015. https://hbr.org/2015/04/the-case-against-competing.

Kierkegaard, Søren. *Christian Discourses*. Edited and translated by Howard V. Hong and Edna H. Hong. Princeton: Princeton University Press, 1997.

———. *Without Authority*. Vol. 18 of Kierkegaard's Writings. Translated by Howard V. Hong and Edna H. Hong. Princeton: Princeton University Press, 1997.

———. *Philosophical Fragments*. Translated by David F. Swenson and Howard V. Hong. Princeton: Princeton University Press, 1962.

———. *Practice in Christianity*. Edited and translated by Howard V. Hong and Edna H. Hong. Princeton: Princeton University Press, 1991.

———. *The Sickness unto Death: A Christian Psychological Exposition for Upbuilding and Awakening*. Edited and translated by Howard V. Hong and Edna H. Hong. Princeton: Princeton University Press, 1980.

———. *Upbuilding Discourses in Various Spirits*. Edited and translated by Howard V. Hong and Edna H. Hong. Princeton: Princeton University Press,

1993.

———. *Works of Love*. Translated by Howard V. Hong and Edna H. Hong. Princeton: Princeton University Press, 1995.

Kilgour, Maggie. "'Thy Perfect Image Viewing': Poetic Creation and Ovid's Narcissus in *Paradise Lost*." *Studies in Philology* 102, no. 3 (Summer 2005): 307-39.

Labriola, Albert C. "'Thy Humiliation Shall Exalt': The Christology of *Paradise Lost*." *Milton Studies* 15 (1981): 29-42.

Levenson, Jon D. *The Death and Resurrection of the Beloved Son: Transformation of Child Sacrifice in Judaism and Christianity*. New Haven: Yale University Press, 1995.

———. "Genesis." In *The Jewish Study Bible*, 2nd ed., edited by Adele Berlin and Marc Zvi Brettler, 10-94. New York: Oxford University Press, 2014.

———. *Inheriting Abraham: The Legacy of the Patriarch in Judaism, Christianity, and Islam*. Princeton: Prenceton University Press, 2012.

———. *The Love of God: Divine Gift, Human Gratitude, and Mutual Faithfulness in Judaism*. Princeton: Princeton University Press, 2016.

Lerner, Berel Dov. "Joseph the Unrighteous." *Judaism* 38 (1989): 278-81.

Lewis, C. S. *A Preface to Paradise Lost: Being the Ballard Matthews Lectures Delivered at University College*, North Wales, 1941. London: Oxford University Press, 1954.

Linton, Ralph. *The Study of Man*. New York: Appleton-Century-Crofts, 1936.

Lippitt, John, and C. Stephen Evans. "Søren Kierkegaard." *Stanford Encyclopedia of Philosophy*. Stanford University. First published December 3, 1996. Last modified November 10, 2017. https://plato.stanford.edu/archives/spr2023/entries/kierkegaard.

Livy. *The Early History of Rome, Books I-V*. Translated by Aubrey de Sélincourt. New York: Penguin Classics, 2002.

Lohfink, Gerhard. *Wie hat Jesus Gemeinde gewollt? Zur gesellschaftlichen Dimension des christlichen Glaubens*. Freiburg: Herder, 1982.

Löwith, Karl. *Von Hegel zu Nietzsche: Der revolutionäre Bruch im Denken des 19. Jahrhunderds*. Hamburg: Felix Meiner Verlag, 1969.

Luthar, Suniya S., and Nina L. Kumar. "Youth in High-Achieving Schools: Challenges to Mental Health and Directions for Evidence-Based Interventions." In *Handbook of School-Based Mental Health Promotion: An Evidence-Informed Framework for Implementation*, edited by Alan W. Leschied, Donald H. Saklofske, and Gordon L. Flett, 441-58. New York: Springer Science, 2018.

Luther, Martin. *The Freedom of the Christian*. In *Luther's Works*, vol. 31, *Career of the Reformer I*, edited by Harold J. Grimm and Helmut T. Lehmann, translated by W. A. Lambert, 327-78. Philadelphia: Muhlenberg, 1957.

———. "The Heidelberg Disputation, 1518." In *Luther's Works*, vol. 31, *Career of the Reformer I*, edited and translated by Harold J. Grimm, 35-70. Philadelphia: Fortress, 1957.

———. *Lectures on Romans*. In *Luther's Works*, vol. 25, edited by Hilton C. Oswald, 433-67. St. Louis: Concordia, 1972.

———. "The Magnificat." In *Luther's Works*, vol. 21, *Sermon on the Mount and the Magnificat*, edited by Jaroslav Jan Pelikan and translated by A. T. Steinhaeuser, 295-355. St. Louis: Concordia, 1956.

———. "Preface to the Epistle of St. Paul to the Romans." In *Luther's Works*, vol. 34, *Word and Sacrament I*, edited by E. Theodore Bachmann and Helmut T. Lehmann, translated by Charles M. Jacobs, 365-80. Philadelphia: Muhlenberg, 1960.

———. "Two Kinds of Righteousness, 1519." In *Luther's Works*, vol. 31, *Career of the Reformer I*, edited by Harold J. Grimm and translated by Lowell J. Satre, 293-306. Philadelphia: Fortress, 1957.

Martin, Dale. *Slavery as Salvation: The Metaphor of Slavery in Pauline Christianity*. New Haven: Yale University Press, 1990.

McClanan, Anne. *Representations of Early Byzantine Empresses: Image and Empire*. New York: Palgrave MacMillan, 2002.

Meier, Heinrich. "Rousseaus Diskurs über den Ursprung und die Grundlagen der Ungleichheit unter den Menschen: Ein einführender Essay über die Rhetorik und die Intention des Werkes." In *Diskurs über die Ungleichheit*, by Jean-Jacques Rousseau, edited by Heinrich Maier, xxi-lxvii. Paderborn: UTB, Stuttgart, 2001.

Milton, John. *Complete Poems and Major Prose*. Edited by Merritt Y. Hughes.

Indianapolis: Hackett, 2003.

———. *Paradise Lost*. Edited by William Kerrigan, John Rumrich, and Stephen M. Fallon. New York: Modern Library, 2008.

———. "The Tenure of Kings and Magistrates." In *John Milton: Complete Poems and Major Prose*, edited by Merritt Y. Hughes (Indianapolis: Hackett, 2003).

Morgan, Teresa. *The New Testament and the Theology of Trust: "This Rich Trust."* Oxford: Oxford University Press, 2022.

Morrison, Toni. *The Bluest Eye*. New York: Vintage, 2007.

Neuhouser, Frederick. *Rousseau's Theodicy of Self-Love: Evil, Rationality, and the Drive for Recognition*. Oxford: Oxford University Press, 2009.

Nietzsche, Friedrich. *The Complete Works of Friedrich Nietzsche*. Edited by Alan D. Schrift, Duncan Large, and Adrian Del Caro. Stanford, CA: Stanford University Press, 2021.

———. *Nietzsche: On the Genealogy of Morality and Other Writings*. Edited by Keith Ansell-Pearson. Translated by Carol Diethe. Cambridge: Cambridge University Press, 2017.

———. *The Portable Nietzsche*. Translated by Walter Kaufmann. New York: Penguin, 1976.

———. *The Will to Power*. Translated by Walter Kaufmann and R. J. Hollingdale. New York: Vintage, 1968.

Ousterhout, Robert G. *Eastern Medieval Architecture: The Building Traditions of Byzantium and Neighboring Lands*. Onassis Series in Hellenic Culture. New York: Oxford University Press, 2019.

Ovid. *Metamorphoses*. Translated by A. D. Melville. Oxford: Oxford University Press, 2009.

Oxford English Dictionary. 2nd ed. Oxford: Oxford University Press, 2004.

Pattison, Mark. "Milton." In *John Milton: Complete Poetical Works*. Hastings, East Sussex: Delphi Classics, 2015. Kindle.

Phillips, Edward. "The Life of Milton." In *Complete Poems and Major Prose*, edited by Merritt Y. Hughes, 1025-37. Indianapolis: Hackett, 2003.

Plato. Crito. In *Plato: Complete Works*, edited by John Cooper and translated by G. M. A. Grube, 37-48. Indianapolis: Hackett, 1997.

———. *Republic*. In *Plato: Complete Works*, edited by John Cooper and translated by G. M. A. Grube and C. D. C. Reeve, 971-1223. Indianapolis: Hackett, 1997.

Plekon, Michael. "Moral Accounting: Kierkegaard's Social Theory and Criticism." *Kierkegaardiana* 12 (June 1982): 69-82, https://doi.org/10.7146/kga.v12i0.31357. Plutarch. "Caesar." In *Roman Lives: A Selection of Eight Roman Lives*. Translated by Robin Waterfield. Oxford: Oxford University Press, 2009.

Roberts, Robert C. *Recovering Christian Character: The Psychological Wisdom of Søren Kierkegaard*. Grand Rapids: Eerdmans, 2022.

Robinson, Marilynne. *Reading Genesis*. New York: Farrar, Straus and Giroux, 2024.

Rogers, John. "The Infant Cry of God." English 220: Milton. Class lecture at Yale University, New Haven, CT, Fall 2007.

———. "*Paradise Lost*: Books V-VI." English 220: Milton. Class lecture at Yale University, New Haven, CT, Fall 2007.

Rosa, Hartmut. *Resonance: A Sociology of Our Relation to the World*. Translated by James C. Wagner. Cambridge: Polity Press, 2019.

———. *Social Acceleration: A New Theory of Modernity*. Translated by Jonathan Trejo-Mathys. New York: Columbia University Press, 2014.

Rousseau, Jean-Jacques. "Discourse on the Origin and the Foundation of Inequality among Men, or Second Discourse." In *Rousseau: The Discourses and Other Early Political Writings*, edited and translated by Victor Gourevitch, 111-231. Cambridge: Cambridge University Press, 2019.

Sandel, Michael J. *The Tyranny of Merit: What's Become of the Common Good*. New York: Farrar, Straus and Giroux, 2020.

Sarna, Nahum. *Genesis*. Philadelphia: Jewish Publication Society, 1989.

Scheler, Max. *Ressentiment*. Translated by Lewis B. Coser and William W. Holdheim. Milwaukee: Marquette University Press, 1988.

Schibille, Nadine. *Hagia Sophia and the Byzantine Aesthetic Experience*. New York: Ashgate, 2014.

Schofield, Malcolm. *Cicero: Political Philosophy*. Oxford: Oxford University Press, 2021.

Schottroff, Louise. 1 *Corinthians*. Translated by Everett R. Kalin. Stuttgart:

Kohlhammer Verlag, 2022.

Seifrid, Mark. *The Second Letter to the Corinthians*. Grand Rapids: Eerdmans, 2014.

Simmel, Georg. *Schriften zur Soziologie: Eine Auswahl*. Edited by Ottenhein Rammstedt and Heinz-Jürgen Dahme. Frankfurt am Main: Suhrkamp, 1983.

Smith, Adam. *The Theory of Moral Sentiments*. Uplifting Publications, 2009. Kindle.

Soulen, Kendall. Untitled paper. Yale Center for Faith & Culture, Consultation on "Striving for Superiority," September 9-10, 2022.

Stendahl, Krister. *Final Account: Paul's Letter to the Romans*. Minneapolis: Fortress, 1995.

Taylor, Charles. *Cosmic Connections: Poetry in the Age of Disenchantment*. Cambridge, MA: Belknap Press of Harvard University Press, 2024.

———. *Sources of the Self: The Making of the Modern Identity*. Cambridge, MA: Harvard University Press, 1989.

Theissen, Gerd. *The Religion of the Earliest Churches: Creating a Symbolic World*. Translated by John Bowden. Minneapolis: Fortress, 1999.

Urban, David V. "The Increasing Distance between *De Doctrina Christiana* and Milton's Poetry: An Answer to John K. Hale." *Connotations* 32 (April 2023): 1-10.

———. "Revisiting the History of the *De Doctrina Christiana* Authorship Debate and Its Ramifications for Milton Scholarship: A Response to Falcone and Kerr." *Connotations* 29, no. 2 (July 2020): 156-88.

US Surgeon General's Advisory. *Social Media and Youth Mental Health*. US Department of Health and Human Services, 2023. https://www.hhs.gov/sites/default/files/sg-youth-mental-health-social-media-advisory.pdf.

Virgil. *The Aeneid*. Translated by Robert Fitzgerald. New York: Vintage Books, 1990.

Volf, Miroslav. *Exclusion and Embrace: A Theological Exploration of Identity, Otherness, and Reconciliation*. Rev. ed. Nashville: Abingdom, 2019.

Volf, Miroslav, and Ryan McAnnally-Linz. *The Home of God: A Brief Story of Everything*. Grand Rapids: Brazos, 2022.

———. "Joyful Recognition: Debt, Duty, and Gratitude to God." In *A Theology of*

Gratitude: Christian and Muslim Perspectives, edited by Mona Siddiqui and Nathanael Vette, 3-17. Cambridge: Cambridge University Press, 2023.

Wallace, David Foster. *This Is Water: Some Thoughts, Delivered on a Significant Occasion, about Living a Compassionate Life*. New York: Little, Brown, 2009.

Wilson, David Sloan. *Does Altruism Exist? Culture, Genes, and the Welfare of Others*. New Haven: Yale University Press, 2015.

Wright, N. T. "Lecture Nine: Paul's Upside-Down Boast: 2 Corinthians 11:16-12:13." Second Corinthians Webinar, Summer 2020.